Die Kölsche Göttin und ihr Karneval

Triumphwagen von 1901 (Kölner Karnevalsmuseum)

Bibliografische Information der Deutschen Bibliothek: Die Deutsche Bibliothek verzeichnet diese Publikation in der Deutschen Nationalbibliografie; detaillierte bibliografische Daten sind im Internet über http://dnb.ddb.de abrufbar.

Januar 2015

Umschlaggestaltung:
Sigrid Pomaska
Grafik von ©bonsy/fotolia

Herstellung:
Druck und Verlag Pomaska-Brand GmbH
Schalksmühle

www.pomaska-brand-verlag.de

Printed in Germany
ISBN 978-3-943304-23-7

VERA ZINGSEM

Die Kölsche Göttin und ihr Karneval

Über die Ursprünge
des Rheinischen Karnevals

Pomaska-Brand Verlag

Inhaltsverzeichnis

EINLEITUNG
Karneval kosmopolitisch 7

KAPITEL I
CAR – NAVALIS, DAS WAGENSCHIFF: NICHT ABSCHIED, SONDERN ANFANG
1. Karneval – Lebe wohl, Fleisch? 12
2. Die Ursprünge des Karnevals in der Isis-Religion 19
3. Karneval – ein Name ohne Fest?! 26

KAPITEL II
DER MYTHOS VON ISIS UND OSIRIS: EINE HOMMAGE AN DIE ERSTE (UND EINZIGE) UNIVERSALGOTTHEIT DER GESCHICHTE
1. Isis, die Göttin mit den tausend Namen 35
2. Isis – Hathor (Liebe) – Maat (Weisheit) 43
3. Der Mythos von Isis, Osiris und Horus (Eros) 49

KAPITEL III
HIMMLISCHE UND IRDISCHE SEEFAHRT: LIEBE, SEXUALITÄT UND ANDERE FREUDEN
1. Vom (Himmels-)Boot der Liebesgöttin zur „Arche Noah“ 64
2. Aphrodite – Schutzpatronin der Seefahrt 76
3. Das Fest zur Eröffnung der Schiffahrt der Isis 88

KAPITEL IV
VIVAT BACCHUS! DER WEIN- UND BIERGOTT AUF DEM „SCHIFFSKARREN“
1. Der Gott des Frühlings und das Fest zur Eröffnung der Schiffahrt 99
2. Weinseligkeit und Liebesgenuss: der sanfte Erlöser .. 108
3. Einweihung: Bei Aphrodite und Demeter in der Unterwelt 113
4. Freiheit, Lust und „heilige Dunkelheit“ – ein Gott des Volkes 121
5. Ein Gott der Musen und der Frauen 126
6. Dionysos in Köln – ein weltberühmtes Mosaik 135

KAPITEL V
VON SCHIFFEN, WAGEN UND PFLÜGEN
1. Vom Himmel auf die Erde 138
2. „Koma“ oder: Ohne Wein und Liebe geht es nicht 149
3. Göttinnen und Götter ziehen im Frühling über Feld und Flur 157

KAPITEL VI
DAS SCHIFF ALS TOTENBARKE – HUMOR MIT TIEFGANG
1. Lachen und Weinen: Vom Lösen des Erstarrten 167
2. Barke und Bahre 171
3. Brücken-Späße und Büttenreden 174
4. Lachen geht vor Rache: Wie Loki die Wintergöttin zum Lachen bringt 177
5. Der heilende und heilige Clown: närrisches Treiben als Medizin 180

KAPITEL VII
ROSENMONTAG UND VEILCHENDIENSTAG
1. Die Rose – Blume der Liebesgöttin 193
2. Solidarität und Integration – auch das ist Liebe 197
3. Das Veilchen – Der Abschied wirft seine Schatten voraus 203
4. Der Nubbel oder: „Nix is ömesöns“ 206
5. Die Zahl Elf – „Hey, Kölle, du bes e Jeföhl!“ 215
6. Die Heilige Ursula mit ihren 11.000 Jungfrauen 222

KAPITEL VIII
DAS DREIGESTIRN: THE „ROYAL FAMILY OF COLOGNE“?
1. En Jungfrau 230
2. un en ahle Möhn 238
3. Held, Prinz und Bauer 242
4. Ausblick und Vision 251

Literaturhinweise 256

Menschen, die sich freuen, haben nur
einen Wunsch: in Frieden leben zu können.

Theo Röhrig, Karnevalsprinz von 1949

Karneval kosmopolitisch

Wenn die berühmte Kölner Karnevalsband Bläck Fööss gleich zu Beginn ihres Liedes „Unser Stammbaum“ singt: „Ich wor ene stolze Römer, kom mit Caesars Legion“, dann ist wohl den Wenigsten bewusst, dass zusammen mit Caesars Legion dereinst auch der Kölner Karneval an den Rhein kam und dort blieb. Die Römer brachten nicht nur Soldaten mit nach Colonia Agrippina, sondern ihre ganze Kultur, wozu zentral auch ihre Religion gehörte, die sich – man war schließlich Erbe des hellenischen Reiches – durch große Toleranz und eine damit einhergehende Vielfältigkeit auszeichnete.

Mit in ihrem religiösen Gepäck führten sie erwiesenermaßen so große Göttinnen wie Kybele, Venus, Isis und Götter wie Jupiter, Mars oder Dionysos, denen man in Köln große Heiligtümer errichtete. Deren Fundamente können wir bis heute besichtigen. Eine dieser Göttinnen, Isis, mit den Beinamen „die Große“ und „Mutter Gottes“, war schon in der hellenistischen Zeit (ab ca. 300 v. Chr.) zur ersten Universalgottheit der Geschichte aufgestiegen. Ihr zentrales Symbol, das, womit man sie auf immer und ewig verbinden würde, war das Schiff. Isis galt als seine Erfinderin – so wie sie auch ganz allgemein als „Herrin der Seefahrt“ in allen nur denkbaren Aspekten verehrt wurde. Ihr zu Ehren wurde nachweislich der erste „Karneval“ der Geschichte zelebriert:

Mit Maskenumzug und Musik und jeder Menge Frohsinn feierte man bereits im Alten Ägypten alljährlich am 5. März das sog. „Fest der Schiffahrt der Isis“. Bei diesem

Anlass opferte man der Göttin ein voll beladenes Schiff, verbunden mit der Bitte um gute Seefahrt.

So kam der Karneval über Ägypten, Griechenland und schließlich Rom bis an den Rhein. Und Isis segelte mit. Aus ihrem Schiff wurde ein *car(rus) navalis*, ein Wagenschiff, das nicht nur über Wasser fuhr, sondern vor allem auch – nach Art eines Pfluges – über Land gezogen wurde. Wobei zu beachten ist, dass unser Wort „Pflug" auf das altgriechische Wort für Schiff – *ploion* – zurückgeführt wird!

Auf diesen Wagen-Schiffen und erst recht um sie herum herrschte ein ausgelassenes Treiben, das sich seit eh und je um die Gottheiten der Liebe und des Weines drehte, von denen man annahm, dass sie auf dem *car navalis* mitfuhren, um die Menschen mit ihrer Anwesenheit zu erfreuen und zu beglücken und ihrerseits von ihnen beglückt zu werden.

Wir sehen es schon an den Namen: Kybele, Venus, Isis, Holle, Dionysos (Bacchus), Mars ... Die erste stammt aus Kleinasien, die andere aus Ägypten, die nächste aus Rom, doch ursprünglich sogar aus Babylon, nur Holle ist eine Deutsche, Dionysos wieder aus Griechenland und Mars ursprünglich auch, nur unter anderem Namen. Sie alle haben in den Kölner Karneval hineingespielt und dort ihre bis heute erkennbaren Spuren hinterlassen.

Was aber im Umkehrschluss bedeutet: Der Kölner Karneval (wie der rheinische überhaupt) ist weit, weit älter als bisher vermutet. Er hat seine Wurzeln im Alten Ägypten und gelangte über die Römer bis nach Colonia Agrippina. In ihm vereinen sich altägyptische, vorderasiatische, griechische, römische, germanische und – erst zuallerletzt – christliche Traditionen zu einer ganz neuen Einheit und Mischung. Mit Recht wird er heute noch als die fünfte Jahreszeit bezeichnet, denn er fällt komplett aus dem Rahmen. In ihm haben sich Spuren antiker Religionen erhalten, die sonst längst vergessen wären. Er ist auch beileibe nicht christlichen Ursprungs und hat am wenigsten mit der heute üblichen Herleitung aus dem Lateinischen „*carne vale*" – „lebe wohl Fleisch" zu tun.

Im Kölschen Karneval ist sozusagen die ganze Welt zu Hause und feiert dort fröhliche Urständ. Wenn also eine Tradition mit vollem Recht den Titel „immaterielles Weltkulturerbe" führen dürfte, dann sicher der Kölner Karneval, dessen Wurzeln geschätzte 2500 Jahre in der Zeit zurückreichen dürften. Oft verwandelt und dennoch niemals aufgegeben, wie ein Fluss, der auf seinem Weg ins Meer immer breiter wird, so kann er heute stolz auf eine wahrhaft kosmopolitische Tradition zurückblicken, die nicht zuletzt für Solidarität und Integration einsteht.

„So simmer all he hin jekomme", geht das eingangs zitierte Karnevalslied weiter, „mir spreche hück all dieselwe Sproch. Mir han dodurch so vill jewonne. Mir sin, wie mer sin, mir Jecke am Rhing, dat is jet, wo mir stolz drop sin."

***Die Narrenkappe** erinnert frappierend an ein Schiff oder einen auf den Wellen schaukelnden Kahn. (Moser, S. 78)*

***Ankunft der Großen Mutter in Rom** auf einem Schiff (siehe auch Abbildung auf Seite 100) Tonziegel, Ostia, 1. Jh.*

Kapitel I

CAR – NAVALIS, DAS WAGENSCHIFF:

NICHT ABSCHIED, SONDERN ANFANG

1. Karneval – Lebe wohl, Fleisch?

Schon als Kind fand ich die Herleitung des Wortes *Karneval* alles andere als einleuchtend. „Lebe wohl, Fleisch“ sollte es angeblich, aus dem Lateinischen übersetzt, heißen: „carne vale“. Ein Abschied, der mir im Prinzip nicht sonderlich schwerfiel, nur – was hatte das mit dem Verkleiden und den phantasievollen Fastnachtsumzügen, den „Möhnen“ zu „Altweiber“, den „Funkenmariechen“, der „Bütt“ dem Werfen von „Kamelle“, den Karnevalsliedern und der Ausgelassenheit zu tun? „Lebe wohl, Fleisch“ – ich fand, das war eine seltsame Bezeichnung für den Beginn der Fastenzeit, in der es für uns Kinder vor allem darum gehen sollte, kein Fleisch, keine Wurst und keine Süßigkeiten zu essen. Da ich Fleisch sowieso nicht sonderlich mochte, ging mir der Verzicht nicht allzu nah. Die anderen „fleischlichen“ Genüsse, die an den „tollen Tagen“ mit im Spiel waren und von der Kirche noch weit missbilligender beäugt wurden, hatte ich als Kind noch nicht so im Blickfeld.

Viele Jahre später erst kreuzte eine andere Herleitung des Namens meinen Weg: Car – navalis, das Wagenschiff, von lat. *Carrus* (vierrädriger Lastwagen), ein sog. gallisches Lehnwort, wie mir mein Lexikon Auskunft gibt. In dem englischen Wort „car“ für Auto, finden wir es heute noch in Gebrauch. *Navalis* steht (ebenfalls im Lateinischen) für Schiff. Ein Wagenschiff also, oder Schiffswagen, – hier funkte es bei mir sofort. Für jemanden, der im Rheinland geboren ist, wo zu Karneval „dr Zoch kütt“ und man von klein auf die Umzüge mit den bunt geschmückten, witzigen Wagen bewundert, die durch ein Labyrinth von Straßen ziehen, bedarf es da keiner weiteren Erklärung. Noch dazu, wo auch die in Köln übliche Narrenkappe, wie sie bei den Sitzungen des Festkomitees getragen wird, durchaus an ein Schiff oder einen Kahn erinnert. So unterstreicht auch Moser (in seinem Standardwerk über Fastnacht-Fasching-Karneval) die Ähnlichkeit der rheinischen Narrenkappe mit einem Schiff: In Jülich „saß Anfang dieses Jahrhunderts der Elferrat in einer Schiffsdekoration, die sich in den Narrenkappen seiner Mitglieder wiederholte." (Moser, S. 78) In der Gegend um Jülich herum war man interessanterweise bereits im Mittelalter mit den Narren- oder Wagenschiffen unterwegs, die über Land gezogen wurden, wie ich in Kap. V ausführlich erläutern werde.

Dazu kommt die Tradition des Schunkelns, die vom Rheinischen Karneval nicht wegzudenken ist. Wenn im Gürzenich etwa der ganze Saal schunkelt, dann kann man sehr leicht den Eindruck von Meereswogen bekommen. In kleineren Gastwirtschaften dagegen, wo man fröhlich singend um den Tisch herumschaukelt, sieht es eher so aus, als hätte ein Kahn Schlagseite und die darin befindlichen Menschen würden von einer Seite zur anderen geworfen. Ganz offensichtlich werden hier Erinnerungen an Schiffe und Kähne, an Meere, Flüsse und Wellen wach.

Der Karnevalswagen, ein Narrenschiff, das über Land schaukelt. Das klang nicht mehr nach drögem Verzicht und danach, dass am Aschermittwoch mal wieder alles vorbei sein sollte. Die Sache fing an, mir Spaß zu machen. Sollte es sich hier vielleicht um etwas ganz anderes als eine kirchliche Tradition handeln? Eine Festlichkeit vielmehr, auf die sich die Katholische Kirche nur eingelassen (um nicht zu sagen „daraufgesetzt") hatte, weil sie ihrer anders nicht Herrin werden konnte? Heidnisch also, womöglich mit Vielgötterei verbunden, womöglich gar mit einer großen Göttin. Große Göttinnen haben es ja so an sich, dass sie an allen Orten schon anwesend waren und Tempel bewohnten, bevor die Kirche auch nur einen Ziegelstein dort ablegen konnte. Wie das nun einmal ist, wenn man überall zu spät kommt und sich trotzdem für etwas

Besseres hält, besser genug jedenfalls, um denen, die schon vorher da waren, vorzuschreiben, wie sie fortan zu leben hätten.

Nun, ich kann Ihnen versichern, das alles war tatsächlich so, oder noch viel schlimmer, je nachdem, aus welcher Perspektive man auf die Sache schaut. Dass es solche Wagenschiffe auch vorzeiten schon in großer Zahl gegeben hat, darüber geben nicht zuletzt so unverdächtige Zeugen wie Jacob Grimm in ihrer Deutschen Mythologie reichlich Auskunft. Dass diese Überlandfahrerei von der Kirche aufs Schärfste bekämpft wurde, auch daran lässt er keinen Zweifel. Ja, diese Schiffe zogen tatsächlich über Land, über Feld und Acker wurden sie gezogen, zu Beginn der Frühlingszeit, wenn die aufgetaute Erde es wieder zuließ. Dazumal benutzte man die Wagen wie einen Pflug, mit dem man die Erde vorbereitend lockerte, damit sie die neue Saat umso besser aufnehmen konnte („Im Märzen der Bauer die Rösslein einspannt!"). Was heute Strüßjer und Kamelle sind, waren früher vielleicht Körner, – das Saatgut für eine neue Ernte.

Bis heute wird der Ursprung des Begriffes Karneval vom kirchenlateinischen Wort *carnislevamen* („Fleischwegnahme") abgeleitet, was dann zu dem italienischen Wort *carnevale* („lebe wohl, Fleisch") geführt haben soll. (Müller, S. 6) Unverkennbar ist jedoch, dass diese übliche Herleitung des Karnevals im Grunde am eigentlichen Gehalt des Festes vorbeizielt und stattdessen den Blick auf die nachfolgende Zeit richtet. Nach dem Motto „wehe, wehe, wenn ich auf das Ende sehe" wird nicht die ausgelassene Festfreude der „tollen Tage" zum Ausdruck gebracht, sondern allein auf die nachfolgende Katerstimmung Bezug genommen. Es sieht so aus, als hätte man hier kirchlicherseits ein Fest gebilligt, dessen Sinn und Zweck man zugleich unter Strafe stellen will. Damit die Bäume nicht zu hoch in den

Himmel wachsen, der Jubel nicht zu laut, die beginnende Lebenslust gleich wieder im Keim erstickt wird.

Bei alledem wird völlig übersehen, dass in den Zeiten, als der Karneval aufkam (und eigentlich bis in die jüngere Gegenwart hinein), die Leidenszeit, die Not des Winters, doch gerade erst überstanden war, was man zu recht feiern konnte, und zwar ganz ohne schlechtes Gewissen! Die Feier des Karnevals stand an der Schwelle zum knospenden Frühling, sie bezeichnete nach den kargen Winterzeiten den Übergang zu neu erhoffter Fülle reichen Erntesegens, den man, wenn alles gutging, im Sommer erwarten durfte. Da passen Gedanken an Sünde, Buße und Strafe schlecht ins Bild und können schon deshalb als Hinweis darauf gelten, dass hier etwas nicht stimmt, dass hier vielmehr ein Fest von der Kirche vereinnahmt und umgedeutet wurde, das ursprünglich in ganz anderen Zusammenhängen erfahren und begangen wurde.

Die Verbindung des Karnevals mit dem *car-navalis*, dem Wagenschiff, zeigt, dass es in der Tat einst anders war: Ein Fest, das von Gedanken an Sünde, Reue und Buße meilenweit entfernt war. Welche Sünde könnte es auch sein, mitzuhelfen, dass die aufkeimenden Energien des Frühlings zum Durchbruch kommen? Gewissermaßen ging es dabei um Fruchtbarkeitsriten und diese sind – weltweit - stets mit Sexualität verknüpft, auch mit deren unpersönlichem Aspekt.

Hier kommen wir an des Pudels Kern heran. Denn wenn es einen Bereich gibt, mit dem die Kirche seit den ersten Briefen des Apostels Paulus größte Schwierigkeiten hat, so ist es der von Eros und Sexualität, insbesondere, sobald er die Gitter des ehelichen Hausstands verlässt. Wer wollte jedoch bestreiten, dass es bis heute beim karnevalistischen Treiben unter der Maske auch promiskuitiv zugeht, ja, eine flüchtige bis ernstgemeinte Liebschaft durchaus erwünscht ist? Nicht umsonst spricht man von den tollen Tagen oder sogar der 5. Jahreszeit, womit eine Welt außer Rand und Band gemeint ist: Wo die Welt Kopf steht, kann es dazugehören, dass wir den Kopf verlieren, uns Hals über Kopf in das stürzen, was man gemeinhin eine Affäre, in Köln jedoch liebevoll „e Fisternöllsche“ nennt. „Lie-Lie-Liebelein, lass mich heute abend dein Travolta sein ... nimm mich, du hast Damenwahl“, singt der Karnevalist Bernd Stelter genüsslich dazu.

Wo die Erde, die Natur als Göttin verehrt wird, da kann ihre Fruchtbarkeit von Menschen durch sexuell konnotierte Riten durchaus befördert und energetisch unterstützt werden; eine Vorstellung, die sich weltweit und in allen Kulturen nachweisen lässt. Die Erde aber durfte in einer dem männlichen Eingottglauben huldigenden Religion keine Göttin mehr sein. Frauen galten dieser Religion zusätzlich als „des Teufels“, da sie – mit der biblischen Eva – Sünde und Tod überhaupt erst in die Welt gebracht haben sollten. In den Wagenschiffen fuhren nach altem Brauch jedoch lauter Göttinnen durchs Land, wie wir (in Kap. V) noch sehen werden. Und das Volk sah keinen Grund, von ihnen zu lassen. Zu sehr hingen Fruchtbarkeit und das Gedeihen der neuen Saat von der wohlwollenden Unterstützung dieser weiblichen Gottheiten (und ihrer männlich-göttlichen Liebespartner) ab, zuviel Wonne bereitete das ausgelassene muntere Treiben um die Narrenschiffe.

Da sie nicht abschaffen konnte, was ihr ein Dorn im Auge war, griff die Kirche zu ihrem bewährten Mittel: Sie vereinnahmte (um nicht zu sagen „kaperte“) das Schiff und ließ es unter ihrer eigenen Flagge segeln, indem sie das Fest als eigentlich sündhaftes Tun zuließ, dem sie im Nachhinein – über den Aschermittwoch – die Absolution erteilen konnte. Einer kurzen Jubelzeit sollte eine sechsmal so lange Bußezeit direkt auf dem Fuße folgen.

Klar ist, dass es bei dieser Umdeutung und Wachablösung um mehr ging als nur ein oberflächliches Kräftemessen. Hier lagen vielmehr zwei Religonen miteinander im Widerstreit, von denen die spätere die frühere ersetzen, wenn nicht ausradieren wollte. Es ist ihr im Falle des Karnevals nur notdürftig gelungen. Vor allem Köln und Mainz, die beiden Karnevalshochburgen – und nicht umsonst Bischofsstädte – haben bis heute tapfer widerstanden, wenn auch nicht, ohne Federn zu lassen. Ihre sehenswerten Umzüge erfreuen sich noch immer größter Beliebtheit und dringen – via Fernsehübertragung – inzwischen weiter vor denn je. Wobei es natürlich etwas anderes ist, ob man aktiv am Karneval teilnimmt oder ihn nur passiv konsumiert. Doch selbst im letzten Falle verfehlt er seine Wirkung nicht, wie ich – ich werde in Kapitel VI darauf zurückkommen – am eigenen Leibe erfahren konnte.

Heute stellt sich die Frage, ob man den Karneval, bis zu einem gewissen Grade, nicht aus seiner kirchlichen Umklammerung befreien könnte, die mit seinem ursprünglichen Gehalt ohnehin so gut wie gar nichts zu tun hatte. Könnte der Karneval vielleicht sogar auf neue Weise von dieser Befreiung profitieren? Eines ist jetzt schon klar: Indem wir das Fest wieder mit seinen jahrtausendealten, vorchristlichen Wurzeln verbinden, erhält es noch mehr Würde und Tiefe, als es ohnehin schon hat. Wir nehmen ihm also nichts weg (außer vielleicht den Gedanken der Sündhaftigkeit). Alles kann so bleiben, wie es ist, aber gleichzeitig könnten wir noch mehr daraus machen!

***Isis Invicta:** Inschrift auf dem Sockel einer Isis-Statue im Kölner Isis-Tempel (Römisch-Germanisches Museum Köln). In der römischen Kaiserzeit (ab ca. 50 n. Chr.) erhielt die Göttin den Titel „invicta", die Unbesiegbare (auch Isis victrix, die Siegreiche, ein Titel, der zusätzlich auf Venus überging). Das Wort ist eine Allmachtsformel und betont die souveräne Herrschaftsstellung der Isis, die sich vor allem auf ihre unabhängige Machtposition bezog, darauf, dass alles Leben in Ihren Händen lag. (vgl. Zingsem 2008, S. 435-6)*

2. Über die Ursprünge des Karnevals in der Isis-Religion

„Jeden Tag bestimmtest Du zur Freude;
Du hast auch alle Freude am Wein erfunden und reichtest ihn
Zum ersten Mal bei der Festversammlung der Götter dar."
Enkomion auf Isis aus Oxyrhynchos

Karneval ist ein Fest, das zu Beginn des Frühlings gefeiert wurde, „immer schon", denn es sieht so aus, als sei dieses Fest bereits altägyptischen Ursprungs! Im alten Ägypten beging man dereinst am 5. März unter feierlichen Prozessionen und Umzügen das sog. „Fest der Schifffahrt der Isis", zu Ehren der wohl größten Göttin, welche die Religionsgeschichte hervorgebracht hat.

Wie wir dem Mythos von Isis und Osiris entnehmen können, wurde Isis schon früh der Titel „Herrin der Seefahrt" zuerkannt (der später auf die christliche Maria überging). Auf der Suche nach dem Leichnam ihres Geliebten Osiris, dessen Sarkophag ins Meer hinausgetragen wurde, soll sie in ihrer Not das erste Schiff erfunden haben, das je über die Meere gesegelt ist, und Isis war auch seine erste Steuerfrau, die das Schiff sicher bis nach Syrien lenkte.

Dieser Göttin zu Ehren beging man offensichtlich karnevaleske Umzüge, bei denen Musik (Querflötenkorps), Verkleidung und große Heiterkeit nicht wegzudenken waren. So beschrieben beim antiken Schriftsteller Apuleius (zweites nachchristliches Jahrhundert) in seinem bis heute vergnüglich zu lesenden Isisroman „Der goldene Esel".

Wie kommt aber ein solches Fest bis zu uns an den Rhein? Dafür sind weniger die Ägypter als vielmehr die alten Römer zuständig, die neben ihren Truppen durchaus auch ihre Kultur und Religion mit in die Fremde nahmen.

Die Stadt Köln – Colonia Agrippina – verdankt ihnen schließlich auch ihren Namen. Und in Köln (wen wundert es jetzt noch?) gab es ein großes Isis-Heiligtum, dessen Überbleibsel man bis heute unweit des Doms besichtigen kann. Dort hatte man der Isis noch im 4. Jahrhundert nach Chr. einen Tempel erbaut, in dem sie als *myriónymos*, die Göttin mit den tausend Namen, verehrt wurde. (vgl. Giebel, S. 236)

Wenn man aber Isis dort so spät noch einen Tempel baute, steht zu vermuten, dass auch der Karneval zu Köln bereits vor der Übernahme des Christentums gefeiert wurde. Eine andere Karnevalshochburg am Rhein ist bis heute Mainz. Und auch dort hat man vor einigen Jahren einen Isis-Tempel ausgraben, der heute in Form eines Museums wieder begehbar ist!

Karneval – ein Fest der Göttin, wer hätte das gedacht? Und die Göttin, die hier gefeiert wurde, war nicht irgendeine, sondern die beliebteste des gesamten damals bekannten Erdkreises. Ihr Einfluss reichte vom germanischen Ein-

Eine wissenschaftliche Sensation: *Bei den Bauarbeiten für eine Tiefgarage in der Mainzer Innenstadt wurden im Jahr 2000 die Fundamente eines römischen Tempels entdeckt. Geweiht war diese Stätte der Isis und der Magna Mater (Kybele).*

zugsgebiet über die Mittelmeerländer und Kleinasien bis nach Indien, wo sie, den Hymnen zufolge, sogar mit der großen Göttin Maya gleichgesetzt werden konnte. Überall, wohin man in der damaligen Zeit mit dem Schiff segeln konnte, kannte man den Namen der Isis, der mit den Anrufungen der heimischen Göttinnen verschmolz. Mit Fug und Recht können wir sie noch heute als die erste und einzige Universalgottheit der Geschichte bezeichnen, die nicht umsonst den weitreichenden Titel „una, quae est omnia" (die eine, welche alle/s ist) verliehen bekam. Sie war, speziell in römischer Zeit, die erklärte Göttin der Frauen, welche durch die Liebe, die sie ihrem Gemahl Osiris erwies, auch die Männer an ihr Herz nahm. Frauen wie Männer ließen sich feierlich in ihre Mysterien einweihen. Sie selbst trug den Titel „Vater der Väter, Mutter der Mütter" oder auch „Mutter aller Götter" und wurde damit klar als doppelgeschlechtliche Gottheit verehrt, in der sogar die männlichen Attribute überwiegen konnten, ohne dass es ihrer Weiblichkeit auch nur den mindesten Abbruch getan hätte. (vgl. Bergmann, S. 132f) Zu recht nannte man sie *Myriónymos* – die Göttin mit den tausend Namen. Im folgenden Kapitel werden wir sie näher kennenlernen.

In den Kapiteln III bis V werden wir uns der Verbindung von Schiff und Liebe mit der Fruchtbarkeit der Felder widmen, wie sie bereits in den ältesten uns erhaltenen Schriftstücken der Welt bezeugt ist. Dazu tritt beim hiesigen Karneval die Verbindung des Schiffs mit dem Pflug, bzw. der Gebrauch des Wagenschiffs als Pflug. Auf den Schiffen anwesend waren wohl immer die Göttinnen Venus oder Holle, jene Göttinnen der Liebe, die letztlich mit Isis eins waren. Isis stellte mit ihrem göttlichen Gemahl Osiris das vollkommene Liebespaar dar.

Liebe, Eros und Sexualität hatten einen zentralen Platz in dieser Religion, denn – wie Christian Jacq betont – wurde Ägypten immer von einem Paar „mit vereintem Blick" regiert (vgl. Philae, S. 135). In Isis verehrte man zudem eine Göttin, die sogar mit Nachdruck bestimmte, „dass Frauen von Männern geliebt werden“ (Zingsem, S. 386), und es ist kaum anzunehmen, dass es dabei immer nur platonisch zuging. Insbesondere Horus, der Sohn, der aus der Verbindung zwischen Isis und Osiris hervorging, wurde ab der hellenistischen Zeit (ab dem 3. Jh. v. Chr.) mit keinem Geringeren gleichgesetzt als mit dem Gott Eros, Kind der Aphrodite (Venus) – dem Gott der Liebe, der mit seinen Pfeilen die sinnliche Leidenschaft zum Erblühen und Erglühen bringt!

Der Isis-Religion gelang somit, was wir in der christlichen Tradition schmerzlich vermissen: Die Vereinigung der sinnlich-erotischen Liebe mit der tiefsten und innigsten Spiritualität.

An dieser Stelle wird es sich dann auch lohnen, einen Abstecher zum berühmten Kölner „Dreigestirn“ zu machen, das nicht von ungefähr an die Dreiheit von Isis, Osiris und Horus erinnert. Jungfrau, Bauer, Prinz, eine auf den ersten Blick eher skurile Kombination, doch warum nicht auch sie mit den alten Gottheiten verbinden? „Die große Jungfrau“, war ein Ehrentitel der Isis, der ihre sinnlichen Aktivitäten allerdings ein- statt ausschloss, dafür allerdings ihre Unabhängigkeit betonte (die auch bei der Deutung der Kölner Jungfrau eine große Rolle spielt!). Osiris, als Korn- und Weingott, lehrte auch die Kunst von Landwirtschaft und Weinanbau, und ein Prinz ist das Kind eines Königspaars. Ganz so weit scheinen die beiden Dreiheiten nicht auseinanderzuliegen! Wir werden sehen ... und staunen.

Eine andere Tatsache sollten wir nicht außer Acht lassen: Zwischen Köln und Mainz befindet sich eines der größten und ergiebigsten Weinanbaugebiete Deutschlands. Der Gott Osiris – wie auch der mit ihm gleichgesetzte Dionysos-Bacchus – war aber im Wein geradezu „zu Hause“, er galt als Gott des Weines und in der Nähe seiner Tempel durften die Weinberge nicht fehlen! So war dieser Landstrich geradezu prädestiniert für den Kult von Isis und Osiris. Natürlich huldigte man ihm hierzulande unter seinem römischen Namen Bacchus (griech. Dionysos).

Weizen und Gerste waren das andere Element des Osiris. Aus beiden Zutaten wird Bier gebraut. Beides, Wein und Bier, darf während der Karnevalszeit reichlich fließen! Richtig verstanden befinden wir uns selbst bei diesen Trinkgenüssen noch im Wirkungsbereich des Göttlichen. („Wenn das Wasser im Rhein goldner Wein wär', ja dann möcht' ich so gern ein Fischlein sein ..."). Osiris, als Gott des Nils, konnte in jedem Fluss wiedererkannt werden. Und immerhin prägt der Rhein seine Landschaft nicht weniger eindrücklich als der Nil die seine, wenn auch natürlich in kleineren Dimensionen.

Wie ein Lindwurm bahnt sich der Karnevalszug seinen Weg durch die Stadtviertel. Hoch oben auf diesem „Drachen", d. h. auf dem letzten Prunk-Wagen thront in Köln der Prinz, früher auch Held Carneval genannt, der erst im Jahre 1872 offiziell vom Prinzen abgelöst wurde. Sollten hier alte Erinnerungen wach werden an den Chaosdrachen Seth, den Widersacher des Osiris, der jedes Jahr neu besiegt werden musste, damit die Erde aus Trockenheit oder Winterstarre gelöst und der Fluss wieder frei dahinströmen konnte?

Wem das alles zu weit hergeholt erscheint, dem möchte ich die Langlebigkeit von Traditionen an einem anderen Beispiel vor Augen führen:

Im modernen Ägypten hat man noch bis zum Bau das Assuan-Staudamms (1964) das sog. „Fest der Fülle des Nils" (Wafa el-Nil) gefeiert. Jehan Sadat, die Frau des früheren ägyptischen Ministerpräsidenten Anwar el Sadat, beschreibt in ihrer Autobiographie das Fest mit ganz ähnlichen Worten, wie es rund 2000 Jahre zuvor der Schriftsteller Achilleus Tatios schon getan hatte. Dabei schildert sie einen Brauch, der sich mit der sog. „Braut des Nils" verband: Das war die reich geschmückte Statue eines jungen Mädchens, die man auf einem bunt bemalten Boot über den Fluss fuhr, der als ihr Bräutigam bezeichnet wurde. Bei Sonnenuntergang wurde sie den Fluten des Nils übergeben, damit sie sich mit ihrem Bräutigam vereinen und so ein gutes Erntejahr gewährleisten könnte. (vgl. Sadat, S. 43f)

Ohne Weiteres denkt man hier an die antiken Bräuche im Isis- und Osiris-Kult und an die damit verbundene Heilige Hochzeit des Götterpaares. Um die Rückkehr des Nils zu befördern und den Pegel des Flusses (von dessen Überschwemmungen das Leben des alten Ägypten abhing) ausreichend zu erhöhen, hatte man ihm seit je in ritueller Weise weibliche Statuetten angeboten. Diese wurden in den Nil gegeben, um seine sexuellen Energien anzuregen. (vgl. Jacq, Philae, S. 87)

Wenn es also möglich ist, selbst in einem Land, das seit über einem Jahrtausend vom strikt monotheistischen Islam geprägt wird, derartige Riten zu vollziehen, die aus einer gänzlich anderen Denk- und Erlebensweise stammen, dann ist so etwas grundsätzlich auch beim Karneval möglich. Selbst wenn niemand mehr solche Traditionen versteht und sie in der aktuellen Religion gar keinen Platz haben dürften, werden sie trotz allem fröhlich weiter gefeiert! Weil man es eben immer schon und sinnvollerweise so gemacht hat. Und die Festfreude gibt allen recht, ganz wie es auch bei unserem Karneval der Fall zu sein scheint.

Die Erde, die Jahreszeiten, das Meer, die Flüsse, der Himmel und die Himmelsrichtungen, das Klima, die Sonne, der Mond und die Sternbilder, die Bedingungen von Fruchtbarkeit und Wachstum, sie alle bleiben schließlich auch über die Jahrtausende hinweg gleich. Desgleichen die Riten, mit denen sich Menschen auf sie beziehen. Die Kräfte des Universums, des Kosmos, die Welt, die uns umgibt und prägt, in göttlichen Symbolen widerzuspiegeln, verleiht auch unserem gegenwärtigen Leben Sinn, Schönheit und Tiefe. Wie ein Baum, dessen Krone sich je höher und weiter zum Himmel reckt, je tiefer seine Wurzeln reichen, so zeigt sich dies auch im Menschenleben, im einzelnen wie im kollektiven (Un)Bewussten einer Kultur.

Und wenn wir nun (wieder) wissen, was alles ging und geht und uns bis heute abgeht, wird sicher manches wieder möglich! So sehr viel hat sich über die Jahrtausende vielleicht gar nicht verändert. Wir müssen es nur wieder neu verstehen. Karneval war einst ein sinnenfrohes, ausgelassenes Fest zu Ehren einer Göttin (und ihres Gemahls), von der es nicht umsonst hieß:

„Du bestimmtest jeden Tag zur Freude!"

Das Karnevalsfest stand zuerst nicht am Beginn der Fastenzeit, sondern kennzeichnete ursprünglich sogar den Anfang des neuen Jahres, denn der Jahresübergang von Silvester zum 1. Januar wurde erst in späteren Jahrhunderten festgelegt. (vgl. Müller, S. 6) Man verabschiedete den Winter und begrüßte den Lenz („Nun will der Lenz uns grüßen ..."), dem man durch das Umherziehen auch rituell zum Durchbruch verhalf, – im Bewusstsein, dass auch die Freude ohne die Trauer nur halb ist. Das Schiff der Liebe fährt auch als Totenbarke und es sind die Tränen der Isis, die den Nil anschwellen lassen. Und am Ende des Kölner Karneval wird noch immer der Nubbel verbrannt ... Doch Humor ist, wenn man trotzdem – oder gerade deshalb - lacht.

3. Karneval – ein Name ohne Fest?!

Wer heute bei Wikipedia den Begriff „Karneval“ aufruft, liest dort erstaunlicherweise, die Herleitung des Wortes von *carrus navalis* sei endgültig widerlegt. Warum, wird nicht näher erläutert. Allerdings gibt man zu, dass die etymologische Verbindung von Wagenschiff und Karneval noch bis Mitte des vorletzten Jahrhunderts bestanden habe, was wiederum beweist, dass sie keineswegs abwegig ist. Kein Geringerer als der Germanist und Mythologe Karl Simrock befürwortete immerhin diese Ableitung. Vieles spricht noch heute für diese Kombination, wie ich im Fortgang meines Buches aufzeigen werde. Allerdings weniger auf sprachlicher denn auf phänomenologischer, also wirklichkeitsbezogener Basis – insofern es diese Wagenschiffe eben tatsächlich gegeben hat. (s. u. Kap. V)

Üblicherweise werden vor allem zwei Gegengründe ins Feld geführt: Das Wort *carrus navalis* habe zum einen in der lateinischen Sprache nicht existiert. Zum anderen könne die Bezeichnung *carrus* – Karre – schon deshalb mit dem Wort Karneval nichts zu tun haben, weil hier das doppelte R fehle. (vgl. Moser, S. 11) Abgesehen davon, dass dieses Doppel-R auch beim englischen Wort *car* fehlt, fehlt es selbst bei einem deutschen Begriff, der sich ebenfalls von „Karren“ ableitet: Die Bezeichnung „Kärrner“ für den Fuhrmann findet sich in unserer Sprache auch ohne Doppel-R geschrieben: „Kärner“.

Für die Herleitung des Begriffes Karneval aus dem ebenfalls zusammengesetzten Wort *carnislevamen* muss man allerdings wesentlich mehr geistige Klimmzüge vollziehen, als nur ein einziges R wegzulassen. Um in der Sprachentwicklung von *carnislevamen* zu *carnevale* zu gelangen, müssen ganze Silben umgestellt oder verdreht werden, und selbst dann hinterlässt das Endprodukt der Operation noch einen eher an den Haaren herbeigezogenen Eindruck. Von *carnislevamen* über *carnelevare* geht es zur Zwischenform *carnelevale*, bis man zum Sprung auf *carnevale* ansetzt. (vgl. Moser, S. 11) Dabei fällt nicht nur ein – ohnehin doppelt vorkommender – Buchstabe weg, sondern gleich eine ganze Silbe. Allein die Länge und Zickzackbewegung der Ableitung weist bereits auf ihre Nachträglichkeit hin. Die Deutung wurde nachgeliefert, als man den Sinn des Festes von einem zuvor heidnischen in einen christlichen Zusammenhang überführen wollte. Denn da das Fest nachweislich in Zeiten entstand, als das Christentum noch nicht einmal angedacht war, kann es mit den ihm heute beigelegten Inhalten auch nichts zu tun gehabt haben.

Mit anderen Worten: Dass man das Fest heutzutage mit „Fleischwegnahme" und christlicher Fastenzeit in Zusammenhang bringt, mag zwar stimmen, mit dem ursprünglichen und bis in die Gegenwart durchscheinenden Sinn des Karnevals muss es damit aber noch lange nichts zu tun haben. Genau genommen gibt es kein einziges christliches Fest, das nicht „heidnischen", also vorchristlichen Ursprungs wäre. Das kann auch gar nicht anders sein, denn die Erde mit ihren Jahreszeiten, dem Werden und Vergehen der Vegetation, dem beobachteten Lauf von Sonne, Mond und Planeten, wurde ja nicht neu geschaffen, nur weil es eine neue Religion gab, welche die alleinige Deutungshoheit über alle Festinhalte für sich beanspruchen wollte. Warum zudem sollte die Kirche ein Fest erfinden, nur um es in der Folgezeit erbittert zu bekämpfen?

Wie sehr sie es bekämpft hat, mag das folgende Zitat verdeutlichen: Martinus Bohemus wettert im Kirchenkalender, Wittenberg 1608, S. 158, gegen die Fassnacht: „[...] wie nimpt man es so übel auf, wenn man wieder die Fasnacht prediget! Aber man muss sich an die Welt nit keren. – Wir sehen nicht an, was die Heiden gemeinet oder was die Leute für gut achten, welchen die alte Heidnische Weise im Kopf stecket. Das (ernst sein) soll man noch heute thun und sollen die Geistlichen nicht bei der Fassnachtsburss sitzen, dass man sie in's Narrenregister zeichnet, sondern mit allem Ernst und Eifer sollen sie darwieder plitzen und donnern." (Rüttner-Cova, S. 187 - 88; siehe auch Kap V. 1.)

Um nochmals auf die Herleitung des Wortes „Karneval" zurückzukommen: Wenn man schon betont, das Wort *carrus navalis* habe es im Lateinischen niemals gegeben, dann erhebt sich erst recht die Frage, ob das denn bei dem Wort *carnislevamen* der Fall gewesen ist, und wenn ja, ob man es früher in derselben Art gedeutet hätte, wie es sich heute durchgesetzt hat, eben als „Fleischwegnahme" bzw. „Ende des Fleischgenusses".

Wie man überhaupt auf rein linguistische Weise von *levare* zu *vale* kommen will, erschließt sich nicht so ohne Weiteres. Ein Blick ins Lateinlexikon klärt darüber auf, dass man *levamen* mit „Linderung(smittel)" übersetzt. Das dazugehörige Verb, *levare*, bedeutet: „leichter machen", „aufrichten", „ermutigen", „stärken", auch „(von Fesseln) befreien". Das Adjektiv *levis* wird entsprechend mit „leicht", „nicht drückend", „sanft", „gelinde" übersetzt, auch „charakterlos" und „unzuverlässig". Ich überlasse es dem geneigten Lesepublikum, sich hier die passenden Übersetzungen zusammenzusuchen. Es lässt sich vermuten, dass ein „Wegnehmen" (von Fleisch) dabei nicht zu den bevorzugten Übersetzungen gehören wird. Zusätzlich muss man ja auch noch den Sprung von *levare* (einem Infinitiv) zu *vale* (einem Imperativ) schaffen, denn *vale* heißt ja eben „lebe wohl!" und hat weder sprachlich noch inhaltlich direkt mit *levare* zu tun. Und selbst wenn man auf halbwegs geradlinigem Weg von *carnislevamen* zu *carnevale* vordringen würde, wäre es eher eine inhaltliche als eine etymologische Ableitung. Weil man schon weiß, was man sucht, findet man auch irgendwie hin. Ob es ein Wort wie *carnevale* im Lateinischen je gegeben hat, diese Frage stellt man dann vorsichtshalber nicht mehr.

Die Ableitung gelingt ohnhehin nur unter Zuhilfenahme der italienischen Sprache. (vgl. Müller, S 6) So erhält man endlich ein Wortungetüm, das aus einem Substantiv mit angehängtem Imperativ besteht. So ein Wort, das steht wohl zu vermuten, gibt es in keiner Sprache der europäischen Welt! Auch Moser muss schließlich zugeben, dass die genannten Festbezeichnungen sich eher infolge des Verbots von Fleischverzehr ergeben haben, mithin eine nachträgliche Erfindung – um nicht zu sagen Zurechtbiegung – sind. (vgl. Moser, S. 11)

Es ist müßig, sich in derlei Spitzfindigkeiten weiter zu vertiefen. Das Wort *carrus navalis* hat es sehr wohl gegeben. Der Gott Dionysos, der Gott des Weines, der als Bacchus an den Rhein und nach Köln fand, wurde nachweislich bereits in vorchristlicher Zeit auf einem „Schiffskarren" nach Athen hineingezogen. Dies geschah alljährlich im Frühjahr, wenn man in Athen das dreitägige Blütenfest, die sog. *Anthesterien*, feierte. (vgl. Giebel, S. 57; s. u. Kap. IV)

Carrus navalis lässt sich auch ganz einfach übersetzen, ohne dass man dazu, wie bei *carnevale*, um drei Ecken herumdenken müsste: Schiffskarren oder – eleganter – Wagenschiff. Die Behauptung, dieses Wort habe in der lateinischen Sprache nicht existiert, lässt sich kaum verifizieren, da niemand für sich beanspruchen kann, sämtliche lateinischen Texte, die es je gegeben hat, übergeprüft zu haben. Rein grammatikalisch ist die Wortbildung jedenfalls ohne Weiteres möglich, insofern *carrus* ein Substantiv ist und die Bezeichnung *navalis* an ein solches angehängt werden kann. Diese Aussage lässt sich mit Hilfe jedes Lateinlexikons nachvollziehen.

Wichtiger als die sprachgeschichtliche Herleitung scheint mir allerdings, dass es diese berühmten Schiffskarren oder Wagenschiffe wirklich gegeben hat. Es gibt frühe Abbildungen aus dem kleinasiatischen oder babylonischen

Raum, die eine Mondbarke auf einem von Ziegen gezogenen Wagen zeigen (s. Abb.5.). (vgl. Harding, S. 234-237) Die Verbindung von Schiff und Wagen hat offensichtlich eine lange Tradition. Warum das so ist, werde ich in Kapitel V ausführlicher erläutern.

Übersetzt man das Wort Karneval wie heute üblich mit „Fleischwegnahme", bzw. „Ende des Fleischgenusses", so unterlegt man ihm einen negativen Sinn. Das aber würde dem Charakter eines Festes komplett widersprechen. Im Begriff des Wortes „Fest" ist die Freude prinzipiell mit eingeschlossen, sprich: Zu einem Fest gehört die Freude wesentlich dazu. Was aber gäbe es an Karneval zu feiern, wenn es dabei alleine um den Entzug des Fleisches, also ums Fasten, ginge, was ja beileibe nichts ist, worauf man sich freuen könnte. Schon gar nicht, wie ich bereits erwähnte, in einer Zeit des Jahres, da der Schmalshans ohnehin schon Küchenmeister war. Da ergab sich das „Fasten" quasi wie von selbst, wäre aber kein Grund zum Feiern gewesen.

Bleiben wir allerdings bei der Übersetzung des Wortes *levamen* mit „Linderung", dann würde es beim Karneval darum gehen, dem Leib „Erleichterung" zu verschaffen, ihn von drückenden Zwängen zu befreien: nicht, indem man ihm das Essen entzieht, sondern indem man ihn seine Sorgen vergessen lässt. Und das ist der Sinn des Karnevals von Anbeginn!

Die Mondsichel wird hier auf einem Wagen gezogen. Häufig erschien statt des Halbmonds die Göttin Kybele auf solch einem Gefährt; mehr dazu im Kap. V.3. (Harding, S. 237)

Kapitel II

DER MYTHOS VON ISIS UND OSIRIS:

EINE HOMMAGE AN DIE ERSTE (UND EINZIGE) UNIVERSALGOTTHEIT DER GESCHICHTE

Der folgende Text stammt aus dem einzigen Roman, der uns aus der Antike bis heute erhalten geblieben ist. Etwa um 150 n. Chr. verfasste der Dichter Apuleius den berühmten Isis-Roman mit dem Titel „Der goldene Esel" (zunächst „Metamorphosen" – Verwandlungen – genannt), in dessen Schlusskapitel wir die faszinierende Beschreibung einer Erscheinung der Göttin aus den Tiefen des Meeres finden: Diese Szene hat noch das erste Bühnenbild von Mozarts Oper „Die Zauberflöte" inspiriert (s. S. 59).

„Kaum war ich eingeschlummert, siehe, so erhob sich eine göttliche Gestalt mitten aus dem Meer. Erst zeigte sich ihr selbst den Göttern ehrwürdiges Antlitz, darauf entstieg nach und nach ihre ganze Gestalt den Wellen.

Das herrliche Bild schien vor mir stillzustehen.

Ich will versuchen, euch diese wunderbare Erscheinung zu schildern, wenn anders die Armut menschlicher Sprache zu der Beschreibung hinreicht oder die mir erschienene Gottheit mir Fülle der Beredsamkeit will angedeihen lassen.

Reiche, ungezwungene Locken spielten sanft in angenehmer Verwirrung um den Nacken der Göttin; ihren hohen Scheitel schmückte ein reichgestalteter Kranz mit mancherlei Blumen. Über der Mitte der Stirn glänzte mit blassem Schein ein flaches Rund nach Art eines Spiegels oder vielmehr der Scheibe des Mondes, darum her auf beiden Seiten sich gewundene Schlangen aufrichteten und darüberhin wie bei der Ceres Kornähren gelegt waren.

Ihr Kleid war von feinem Leinen, das bald weiß schimmerte, bald safrangelb leuchtete, bald rosenrot flammte. Es umhüllte sie ein Mantel von blendender Schwärze, der unter dem rechten Arm hindurch über die linke Schulter geschlagen war und da einen buckelförmigen Wulst bildete. Der Zipfel fiel in mannigfachen Falten über den Rükken hinab, und die Fransen des Saumes flatterten zierlich im Wind.

Sowohl auf der Verbrämung als auf dem Mantel selbst flimmerten zerstreute Sterne, in deren Mitte der Vollmond in seiner ganzen Pracht glänzte, und ein Gewinde allerlei künstlich geordneter Blumen und Früchte irrte allenthalben verloren darüber hin.

In ihren Händen führte die Göttin ganz verschiedene Dinge; denn in der Rechten hielt sie eine eherne Klapper (Sistrum), durch deren schmales Blech, das sich wie ein Gürtel bog, einige Stäbe gezogen waren, die beim dreimaligen Schütteln des Armes einen hellen Klang gaben. Von der Linken aber hing ihr ein goldenes Gefäß herab, über dessen Griff an der Seite, wo es sichtbar war, eine Schlange sich emporreckte mit hocherhobenem Haupt und geschwollenem Nacken.

Ihre ambrosiaduftenden Füße bedeckten Schuhe aus Blättern der Siegespalme geflochten.

Also geschmückt und des seligen Arabiens Wohlgeruch um sich her verbreitend, würdigte die hohe Göttin mich folgender Anrede:

Schau, dein Gebet hat mich gerührt. Ich, Allmutter Natur, Beherrscherin der Elemente, erstgeborenes Kind der Zeit, Höchste der Gottheiten, Königin der Geister, Erste der Himmlischen; ich, die ich in mir allein die Gestalt aller Götter und Göttinnen vereine, mit einem Wink über des Himmels lichte Gewölbe, die heilsamen Lüfte des Meeres und der Unterwelt vielbeklagtes Schweigen gebiete. Die alleinige Gottheit, welche unter so mancherlei Gestalt, so verschiedenen Bräuchen und vielerlei Namen der ganze Erdkreis verehrt: mich nennen die Erstgeborenen aller Menschen, die Phrygier, pessinuntische Göttermutter (Kybele); ich heiße den Athenern, den Ureinwohnern Attikas, kekropische Minerva (Athene), den eiländischen Kypriern paphische Venus, den pfeilführenden Kretern dictynnische

Diana, den dreizüngigen Siziliern stygische Proserpina, den Eleusiniern Altgöttin Ceres. Andere nennen mich Juno (Hera), andere Bellona, andere Hekate, Rhamnusia andere. Sie aber, welche die aufgehende Sonne mit ihren ersten Strahlen beleuchtet, die Äthiopier beider Länder, und die Besitzer der ältesten Weisheit, die Ägypter, mit den angemessensten Bräuchen mich verehrend, geben meinen wahren Namen mir: Königin Isis. Ich erscheine dir aus Erbarmen über dein Unglück; ich komme zu dir in Huld und Gnaden. Hemme denn den Lauf deiner Tränen, stelle ein dein Trauern, dein Klagen. Der Tag deines Heils ist da, kraft meiner Allmacht; öffne nur deine betrübte Seele meinem göttlichen Gebot!

Der Tag, welcher auf diese Nacht folgt, ist mir durch uralte Gewohnheit geheiligt. Die Winterstürme sind vorüber, des Meeres Ungestüm hat sich gelegt; die Schiffahrt beginnt: Meine Priester weihen mir ein neugezimmertes Schiff und opfern mir die Erstlinge jeglicher Ladung. Erwarte ihren heiligen Zug weder mit schüchternem noch mit unheiligem Gemüt.'

Die große Isis-Erscheinung nach Apuleius
Der Goldene Esel, Kap 11

1. Isis – Die Göttin mit den tausend Namen

Der Mythos von Isis und Osiris (mit ihrem gemeinsamen Sohn Horus) wurde über die Jahrtausende hinweg zum zentralen Mythos der altägyptischen Kultur und strahlte von da aus über die Zeit des Hellenismus (ab dem 3. Jh. v. Chr.) in die ganze damals bekannte Welt hinein.

Für die Entwicklung unserer biblischen und christlichen Tradition wurde dieser Mythos gleich in zweifacher Hinsicht bedeutsam:

Zum einen hat der altägyptische Name der Isis, Auset, den gleichen Klang wie der Name des biblischen Gottes Jahwe (Jahwe = Iaoua, Auset = Iaaw; wobei der hebräische Buchstabe Vaw bis heute auch als o oder u ausgesprochen werden kann!). Es steht also zu vermuten, dass die sich entwickelnde patriarchale monotheistische Religion des alten Israel bereits bei der Auswahl ihres Gottesnamens heimliche Anleihen bei der ägyptischen Kultur gemacht hat! (vgl. Houston, S. 336)

Zum anderen hat das Bild von Isis mit dem Horusknaben auf dem Schoß unzählige Madonnenbilder inspiriert.

Isis mit Horusknaben

Maria mit Jesuskind

Hinzu kommt, dass alle wesentlichen Inhalte des Christentums ohne den vorbereitenden Boden der Isis-Religion nicht denkbar wären. Selbst das „Schiff, das sich Gemeinde nennt", könnte ohne Isis nicht segeln, ganz zu schweigen davon, dass so gut wie alle Attribute, die man Maria, der Mutter Jesu, über die Jahrtausende hinweg zugeschrieben hat, ihren Ursprung im Isis-Kult fanden.

Ab der hellenistischen Zeit, sprich ab dem 3. Jahrhundert v. Chr. gedieh die große Göttin Isis schließlich zur ersten (und bisher einzigen) Universalgottheit der Religionsgeschichte überhaupt und wuchs damit weit über ihren Ursprung hinaus. Sie wurde zur „Una, quae est omnia", zur einen, die alle ist, ein Titel, den man zahlreichen Texten der damaligen Zeit entnehmen kann und der sich nicht zuletzt auch in ihrem Tempel zu Köln (zur Römerzeit „Colonia Agrippina") eingraviert fand.

***Te tibi una, quae es omnia dea Isis** – der einen Gottheit gewidmet, welche alle anderen in sich begreift; Inschrift aus dem 3. Jh., deren Stifter bekennt: „Du Eine, die Du Alle(s) bist, Göttin Isis." (Neapel, Archäologisches Nationalmuseum)*

Im Mittelpunkt der Isis-Verehrung standen Freude und Wohlergehen der Welt und der Menschen: „Du bestimmtest jeden Tag zur Freude", heißt es in einem ihrer Hymnen aus dieser Zeit. Ganz besonders gibt sie sich zudem als „die Göttin der Frauen" zu erkennen, die bestimmte, „daß Frauen von Männern geliebt werden". (Isis-Aretalogie von Kyme-Memphis aus dem 2. nachchristlichen Jahrhundert, zitiert bei Zingsem, S. 386f)

Dieser frauenfreundlichen Weltsicht hatte seit langem bereits eine freiheitliche Stellung der Frau in der ägyptischen Gesellschaft entsprochen, von der ihre Schwestern in Hellas und Rom nur träumen konnten. Weshalb in der hellenistischen Zeit, als die Isis-Religion sich anschickte, einen beispiellosen Siegeszug in der Welt anzutreten, dieser frauenfördernde Aspekt besonders betont werden musste (der im alten Ägypten als pure Selbstverständlichkeit galt).

Da Isis – nach Apuleius – alle Religionen „mit fraulichem Schein" von innen erleuchtet, hat sie (bzw. hatten ihre Anhänger/innen) es nicht nötig, sich den anderen Kulturen aufzuzwingen (sprich: zu missionieren). Vielmehr erkennt man Isis in sämtlichen damals bekannten Göttinnen des Erdkreises wieder und „findet" sie sozusagen überall, nur eben unter anderem Namen. Es ist also nicht von Bedeutung, unter welchem Namen sie bei den Völkern auftritt, wichtig ist allein, dass man das weibliche Prinzip in der Welt gebührend würdigt und kulturell verehrt.

Und so wird Isis zur Göttin mit den vielen oder gar tausend Namen: *polyónimos* und *myriónimos* werden ihre geläufigen Beinamen, unter denen sie selbst hierzulande in Mainz und Köln Verehrung genoß. Ein Beispiel von religiöser Toleranz und Akzeptanz, wie es bis heute unerreicht bleibt!

Für die ägyptische Kultur war diese Entwicklung jedoch nur folgerichtig, denn hier huldigte man seit je dem Prinzip der Vielfältigkeit und Mehrdeutigkeit und misstraute jeder Form von Eingottglauben (weshalb sich auch der berühmte Pharao Echnaton mit seinem Aton-Kult dort nicht halten konnte). Nur durch Erkennen und Darstellen von Vielfalt wird man den Erscheinungsformen der Welt annähernd gerecht. Deshalb setzte das ägyptische Denken laut Erik Hornung nicht zuallererst auf Abstraktion, sondern erhob die Mehrdeutigkeit zu seinem Prinzip, die sich im Reichtum der Ausdrucksfähigkeit äußert. (vgl. Hornung, Die Welt als Spiegel der Zeichen, Eranos-Jahrbuch 1986, S. 430 - 438)

Trotz seiner allgemeinen Beliebtheit, die stetig anwuchs, war der Mythos von Isis und Osiris in Ägypten nur einer unter vielen gewesen und blieb dies in gewisser Weise auch, denn sämtliche anderen Göttinnen und Götter genossen neben diesen beiden weiterhin und weithin Verehrung, insbesondere in den ihnen geweihten Tempeln. Die ins Land reisenden Griechen, Makedonen und Römer konnten allerdings feststellen, dass diesen beiden allerorten gehuldigt wurde. Diesen „Ausländern" verdanken wir, dass die Geschichten um Isis und Osiris überhaupt vereinheitlicht und für nicht ägyptische Ohren zu einem in sich schlüssigen Mythos zusammengefasst wurden. Erst der bekannte griechische Schriftsteller Plutarch – selbst Priester der Isis-Mysterien – sorgte im 1. Jahrhundert n. Chr. mit seiner bahnbrechenden Abhandlung „De Iside et Osiride" („Über Isis und Osiris") für eine dem westlichen Geschmack entsprechende Vereinheitlichung des Mythos, auf die wir noch heute zurückgreifen können.

In der hellenistischen Zeit versuchte man auch, die wichtigsten Gottheiten mit griechischen (später lateinischen) Namen zu belegen, um ihr Wirken und ihre Zuständigkeit besser verstehen zu können. So wurde Isis mit der griechischen Mondgöttin Selene (lat. Luna), Osiris mit Dionysos (lat. Bacchus), Horus mit Eros (lat. Amor), Nephthys, die

Ägyptische Mondbarke, die sich selbsttätig fortbewegt. *Der darin ruhende Sichelmond umschließt den Vollmond/die Sonne. Die beiden Augen des Sonnengottes Horus bewachen die Fahrt. (Harding, S. 237)*

Schwester von Isis und Osiris, wahlweise mit Aphrodite (lat. Venus) oder Nike (Göttin des Sieges) und schließlich Seth als das Widersacherprinzip mit dem Chaosdrachen Typhon gleichgesetzt. Über die Identifizierung mit Dionysos wurde Osiris, neben seiner zentralen Eigenschaft als Korngott, nun ausdrücklich zum Gott des Weines erklärt. Von da ergibt sich seine Verkörperung in den Gestalten von Brot, Wasser und Wein.

Isis allerdings wurde erst ab der hellenistischen Zeit zusehends mehr als Mondgöttin verehrt, was über die erwähnte Gleichsetzung mit ihrem griechischen Pendant, der Göttin Selene gelang. Bis dahin war sie eher als Sonnengöttin gefeiert worden, die mit ihrem himmlischen Gemahl, dem Mondgott Osiris, in der Zeit des Vollmonds ihre „heilige Hochzeit" feierte. Die christliche Vorstellung, die Maria zum „Mond der Kirche" erklärte, geht auf diese späte Gleichsetzung von Isis mit Selene zurück.

Während allerdings die christliche Welt den Mond (Maria) in Abhängigkeit von der Sonne (Jesus Christus) und von daher minderwertig sah (der Mond hat kein eigenes

Licht), spielt diese Vorstellung in der Isis-Religion keine Rolle. Hier blieb die Göttin vielmehr „die Uranfängliche, die das Entstehen begann", und damit machtvolle Schöpfergöttin, womit auch die Erklärung ihres Namens zusammenhängt. In der Geburtslegende im kleinen Tempel zu Dendera ruft ihre Mutter, die Himmelskönigin Nut, freudvoll aus:

„Du bist älter – *is* – als deine Mutter", worauf der Text ergänzend erklärt: „Und so entstand ihr Name *Isis*". (Zingsem, S. 432)

Isis war demnach „die Alte", eine Benennung, die sich aus ihrem ewigen und vorzeitlichen Entstehen herleitete. Altersvorrang aber bedeutete in Ägypten Oberhoheit. Wenn Isis die „Älteste" war, wurde sie damit zwangsläufig in diesem Denken auch zur Allermächtigsten; daher auch ihr Beiname „die Große" oder „die Größte", was nach ägyptischem Verständnis zugleich „die Alte" oder „die Älteste" besagte. Aus dieser Sicht liegt sogar ihre letztendliche Gleichsetzung mit den Urgewässern des „Nun" nahe, aus deren Fluten sich dereinst ihre Mutter, die Ur- und Himmelskuh Nut erhob.

Nicht nur wurde die Göttin Isis (nach Plutarch) im „Ganzfeuchten" geboren, – dieses Urwasser, das auch im Nil dahinströmt, befindet sich erst recht zwischen ihren Beinen, was auf das Fruchtwasser der Frau ebenso anspielt wie auf die geographischen Gegebenheiten in Ägypten, wo die fruchtbaren Ufer des Flusses mit Isis gleichgesetzt wurden. Im ähnlichen Sinne wurden diese beiden Ufer auch verklärt als „die Lippen der Isis":

„Wasser ist in meinem Munde, Nil zwischen meinen Beinen. Ich komme, um das Feuer zu löschen", ruft sie dem Papyrus Ebers (Kap. 69) zufolge aus. (vgl. Merkelbach 1962. S. 68f)

Noch Plutarch weiß in seinem Werk „Über Isis und Osiris" (Kap. 38) zu erzählen:

„Wie sie also den Nil den Ausfluß des Osiris nennen, so halten sie die Erde für den Leib der Isis, doch nicht etwa die ganze Erde, sondern nur, soweit sie der Nil besamt, sich mit ihr vermengt und sie besteigt."

Auf der anderen Seite bringen die Tränen der Göttin, die sie um den toten Geliebten weint, den Nil überhaupt erst zum Anschwellen und damit ins Land Ägypten zurück. Hier wie auch sonst wird der konsequent androgyne Charakter der Göttin sichtbar: Sie steht nicht nur für die Ur- und Himmelskuh, sondern gleichzeitig auch für die männlich vorgestellten Urgewässer des Lebens, aus denen diese Kuh sich dereinst erhob. Sie ist Nun *und* Nut, männliche und weibliche Urkraft in einem.

Wie bei der anderen großen ägyptischen Schöpfergöttin Neith diente diese Doppelgeschlechtlichkeit dazu, sie als im Grunde unabhängig von einem männlichen Gefährten vorzustellen. Als wahre Urgöttin und „Mutter aller Götter" (una, quae est omnia!) hatte sie sowohl die Rolle der Mutter als auch die des Vaters übernommen. Wie Neith wurde sie als „Vater der Väter" und „Mutter der Mütter" angerufen. In einem schönen Schöpfungslied, das man auf beide Göttinnen gleichermaßen beziehen kann, heißt es:

„Du bist die Wasserfläche, die den Nun machte und aus deren Gebären alles, was ist, hervorgegangen ist." (vgl. Zingsem, S. 426f)

Schon in ihrem Geburtstempel zu Dendera verkündete man deshalb, Isis sei „die Tochter und Mutter, die ihren Erzeuger erschuf" oder „die Mutter ihres Erschaffers"! (vgl. Zingsem, S. 432) Sie ist „Isis, die Große, Mutter des Gottes", gleich, ob er in Gestalt von Re, Osiris, Thot oder Horus in ihr Leben tritt.

Mit ihrer symbolischen Nähe zum Wasser stimmt auch das Bild von Isis als Regengöttin überein. Im Papyrus Rhind heißt es dazu:

„Jahr 11 ... Geburt der Isis: Es ließ der Himmel regnen."

Damit wollte man zum Ausdruck bringen, dass der Regen dem Wesen dieser neugeborenen Göttin entspricht. (vgl. Zingsem, S. 346)

„Ich bin die Herrin von Wasser und Regen", verkündet sie selbstbewusst noch in der Aretalogie von Kyme-Memphis aus dem 2. nachchristlichen Jahrhundert. (vgl. Zingsem, S. 386f)

Mit ihrer Beziehung zum Wasser stimmt wiederum überein, dass man Isis schon früh den Titel „Herrin der Seefahrt" verlieh. Im Mythos von Isis und Osiris erscheint sie als die Erfinderin des ersten Schiffes überhaupt, das sie zugleich auch steuern konnte. (vgl. Alic, S. 28) Das Schiff der Isis segelt allerdings gleich auf zwei Ebenen, es ist auf dem irdischen Meer genauso zu Hause wie auf dem himmlischen (Wolkenmeer). Als Herrin und Lenkerin der Sonnenbarke sitzt Isis an deren Bug und sorgt dafür, dass die Sonne bei Tag und bei Nacht sicher über den Himmel fährt. Da sie sowohl der Tages- als auch der Nachtbarke vorsteht, steuert sie folglich die Zeitenregelung als ganze. Damit wird sie zur „Gefährtin des Weges der Sonne" erklärt, die in den Strahlen der Sonne sogar selbst gegenwärtig ist! (Aretalogie von Kyme-Memphis, s. o.)

Isis Pelagia – Isis als Schutzpatronin der Seefahrt *sorgt für gute Winde und eine sichere Überfahrt (ca. 150 n. Chr., Rom, Kapitolinische Museen)*

2. Isis – Hathor (Liebe) – Maat (Weisheit)

Als Muttergattin des Sonnengottes Re wurde Isis zudem schon früh mit einer anderen Verkörperung der Himmelskuh gleichgesetzt, der berühmten Göttin Hathor, deren Name nichts anderes bedeutet als „Haus des Horus", sprich „Haus der Sonne". Als Himmelskuh nimmt sie bei deren Untergang die Sonne in ihren Mund, lässt sie nächtens ihren ganzen Körper durchlaufen, um sie jeden morgen aufs Neue als goldenes Sonnenkalb auf die Welt zu bringen. So ist der Sonnenlauf ganz und gar an das Erscheinen der Himmelskuh in ihren unterschiedlichen Gestalten gebunden.

Hathor, die Goldene, Göttin der Liebe, der Musik, des Rausches und des Tanzes, galt auch als die „Herrin der südlichen Sykomore", eines hochgewachsenen, Schatten spendenden Maulbeerbaums, den man noch heute in den Gärten von Assuan bewundern und genießen kann. Dieser Leben spendende Baum wurde als das irdische Heim der Hathor betrachtet und aufgesucht, aus dem heraus sie den Menschen alle guten Gaben der Erde darreichte.

Man kann also sagen, dass der Himmel im alten Ägypten auf dreierlei Weise symbolisch dargestellt wurde: als Kuh, als Baum und als nackte Frau, die sich über das gesamte Firmament erstreckt und sich wie ein wärmender Sternenmantel schützend über die Erde wölbt. In allen drei Fällen wurde mithin der Himmel weiblich vorgestellt!

Dank ihrer Verbindung zu Hathor tritt Isis als wasser- und nahrungsspendende Baumgöttin in Erscheinung und wird dann auch stillend abgebildet. Dabei finden wir ihre Gleichsetzung mit Hathor bereits seit der 6. Dynastie belegt (ab ca. 2300 v. Chr.). Fortan zeigt sich Isis selbst mit dem Hauptschmuck der Hathor: Kuhgehörn und Sonnenscheibe über einem Kronen-Kranz von aufgerichteten Kobras, den berühmten Uräusschlangen. Ganz wie Hathor kann auch Isis zudem als das „Auge des Re" auftreten, nach deren Befehlen der Sonnengott in allen Belangen handelt. Auf der Gründungsstele zur Cheopspyramide wird die Göttin in überschwenglichen Tönen als „Isis, die Große, Mutter des Gottes" gepriesen. Von Hathor hat sie ferner noch deren charakteristisches Musikinstrument, das Sistrum, übernommen, das später mit der Isis-Religion im gesamten Mittelmeerraum verbreitet und dann auch „Isis-Klapper" genannt wurde. Sein Schütteln diente dazu, die Feinde des Osiris allein durch seinen Klang zu vertreiben. Daher wurde es bei allen bedeutenden Prozessionen mitgeführt und im gesamten Isiskult von den Priestern und Priesterinnen eifrig betätigt.

Wie Hathor konnte auch Isis als Liebesgöttin den Titel „die Goldene" tragen, was im Übrigen auch zum Beinamen der griechischen Liebesgöttin Aphrodite (lat. Venus) wurde, die ihrerseits

***Isis mit Sistrum und heiligem Gefäß,** in dem sie das Nilwasser, die Substanz des Gottes Osiris, aufbewahrt, bis sie ihm die Wiedergeburt ermöglichen kann. Sehr schön sichtbar: der typische Isis-Knoten zwischen den Brüsten der Göttin (Rom, Kapitolinische Museen)*

mit dem Sonnenkreis auf der Brust dargestellt wurde. Die Hathorkuh konnte schließlich sogar als die „Seele der Isis" verehrt werden.

Sowohl Hathor als auch Isis fanden überdies ihre symbolische Verkörperung in den Eigenschaften zweier Katzengöttinnen, der lieblichen Bastet und der wilden, löwenköpfigen Sachmet, deren Name übersetzt „die Mächtigste" bedeutet.

„Fröhlich ist sie Bastet, zornig ist sie Sachmet", war ein geläufiger Spruch, der auf beide Göttinnen gleichermaßen zutraf. Während es bei Bastet eher um Sinnenfreude und Lebenslust geht, tritt bei der Löwin die unberechenbare Wildheit des Raubtiers in den Vordergrund, die sich wiederum durch Musik, Poesie und Rauschtrank in ein schnurrendes Katzentier verwandeln lässt. Von größter Bedeutung ist daneben die Fähigkeit der Sachmet, Schutz vor Feinden zu gewähren und sogar Krankheiten zu heilen. In dieser segensreichen Eigenschaft galt sie als Schutzgöttin der Heilberufe. Da Löwen zudem als Wüstentiere den sonnigen Charakter der mit ihnen verbundenen Göttinnen kundtun, gelten sie – nicht nur in Ägypten – als „Sonnenkatzen", ein weiterer Beweis für den lichten, sonnenhaften Charakter der Isis-Hathor. Nicht zuletzt galten auch die (durchweg weiblich vorgestellten) Uräusschlangen, welche die Kronen der beiden Göttinnen bilden, den Ägyptern als Verkörperungen der weiblichen Sonne! Weshalb sie auf bildlichen Darstellungen immer wieder mit einer roten Sonnenscheibe auf dem Kopf erscheinen. (vgl. Jacq, Osiris, S. 257 u. 357)

Es gibt noch eine andere signifikante Verbindung zwischen Hathor und Isis: Beide treten gerne als Maat auf. Und damit kommen wir zu einem weiteren Herzstück der ägyptischen Mythologie. Maat, die Göttin der Weisheit und der Gerechtigkeit, ist symbolischer Ausdruck, ja Verkörperung des Weltgesetzes einer schöpferischen Harmonie.

Ihre Verbindung zu und Verwirklichung durch Isis wird außerdem durch die zweite Bedeutung hergestellt, die man ihrem Namen beilegte. Plutarch nämlich leitet den Namen der Isis von dem griechischen Wort eidénai (= wissen) ab. Von ihrem Vater, dem Weisheitsgott Thot, hat sie demnach seine gesetzgebende Funktion übernommen. Wie Hathor erhält auch Isis den Titel: „Frau, die groß ist an Gesetzen" und wird genannt: „Isis, die Große, Mutter des Gottes, Maat in Dendera, diejenige, welche Anordnungen gibt den beiden Ländern (von Ober- und Unterägypten), der weibliche Wesir, Tochter des Thot, die Befehle erlässt". (Zingsem, 2008, S.432)

Welch beeindruckende Namensreihe! Schon früh spricht man von Isis als der „Zauberreichen", deren machtvolles Wort sich in dem Augenblick, da sie es ausspricht, bereits erfüllt und wirksam wird. Wort und Tat werden hier eins, ganz wie bei der Göttin Neith, von der es heißt, dass sie mit sieben Sprüchen die gesamte Welt erschaffen hat. Beide Göttinnen verfügen über das handelnde Wort, das bereits zur Tat wird, wenn es ihren Mund verlässt. Das Organ jedoch, das für jegliches Tun verantwortlich ist – sei es göttlich oder menschlich – war nach ägyptischer Auffassung das Herz.

„Ich bin Isis, die göttlich ist durch die Formeln meines Mundes und durch die Weisheit meines Herzens", bekennt sie von sich selbst. (Zingsem, S. 435)

Die Kraft des Zaubers, die in ihrem Beinamen „die Zauberreiche" zum Ausdruck kommt, bedeutet dem ägyptischen Denken nichts anderes als Schöpferkraft; womit wir wieder bei Isis als der uranfänglichen Schöpfergöttin der Welt, ja des ganzen Kosmos angekommen wären.

Mit ihr als dem schöpferischen Prinzip schlechthin tritt zugleich die Göttin Maat als Verkörperung und Personifizierung der Weltgerechtigkeit ins Erscheinen. Maat wird sowohl als eigenständige Göttin, deren Symbol eine schlichte Straußenfeder ist, verehrt, als eben auch mit den Göttinnen Hathor und Isis in einem Atemzug genannt. Sie verkörpert jenes weitreichende Prinzip, ohne dessen ebenso kraft- wie geistvolle, spirituelle Energie die Welt, wie wir sie kennen, nicht einen Augenblick Bestand haben könnte. Sie ist gleichsam der Atem der Welt und als Odem wird sie etwa dem Pharao an die Nase gereicht, damit er vollständig und mit jedem Atemzug, den er tut, aus ihr lebt und während seiner Amtszeit eine gerechte Welt für alle Lebewesen (Menschen, Tiere, Pflanzen) erschafft.

Maat verwirklicht sich in unserer Welt nicht allein durch das Halten von Geboten, sondern vor allem im eigenen schöpferischen Tun, mit dem wir etwas „erbauen", und sei es noch so klein. Hierin lag einer der Gründe für die rege Bautätigkeit der Pharaonen: Die Verwirklichung von Maat wurde auf diese Weise in der Welt manifestiert und damit die Teilhabe an der beständigen Erschaffung der Welt. Wie genau diese Verwirklichung auszusehen hatte, darüber konnte es im letzen keine Vorschriften geben, denn schöpferisches Tun lässt sich nicht vorherbestimmen. Wohl aber gab es Vergehen, die in gar keinem Fall mit Maat übereinstimmen konnten. Dazu gehörten Mord und Totschlag, Habgier, Tierquälerei, unterlassene Hilfeleistung gegenüber den Armen, Schwachen und Mittellosen, Missachtung der rituellen Vorschriften. Auch Sklaverei, Folter und Geldgeschäfte galten als mit den Gesetzen der Maat unvereinbar, weshalb die Ägypter bis in die Zeit des Pythagoras, also bis ins 6. Jahrhundert hinein, ohne Geld auskamen und trotzdem (oder gerade deshalb?) eine blühende Wirtschaft unterhielten. Wir bringen Maat in die Welt, wenn wir die Wahrheit der Lüge vorziehen und die Gerechtigkeit der Ungerechtigkeit. Vor Gericht waren deshalb alle gleich, durfte kein Reicher einem Armen vorgezogen werden. Was Frauen anging, so war es den Männern verboten, sie zu schlagen, und Vergewaltigung wurde mit dem Tod bestraft.

Schließlich kommt für alle Menschen am Ende ihres irdischen Daseins der entscheidende Augenblick: das Wiegen ihres Herzens an der Gerichtswaage im Angesicht des Totengottes Oriris und der „Großen Fresserin". Wird das Herz dann so leicht sein wie die Feder der Maat oder schwer aufgrund von Taten, mit denen Harmonie und Ausgewogenheit des Weltgewebes zerstört wurden?

Wessen Herz gewogen und zu schwer befunden wird, den zermalmt die „Große Fresserin" gleich bei der Waage. Dieses Tribunal vergibt keine Schuld. Wer jedoch das Wiegen des Herzens überlebt und im Tode eins wird mit Osiris, wird auch durch, mit und in ihm weiterleben, denn so wie Isis dereinst ihren Geliebten Osiris auferweckt hat, so wird sie es mit allen tun, die eins mit ihm werden, Menschen wie auch Tieren.

Maat war weniger eine Utopie als vielmehr ein Leitbild. Auch dem ägyptischen Volk war klar, dass es nicht gelingen würde, Lüge, Ungerechtigkeit und Unvernunft vollständig aus der Welt zu schaffen. Stattdessen ging es darum, Maat zu mehren, wo man nur konnte. In den Gräbern der Beamten konnte man z. B. immer wieder formelhaft lesen, was sie zur Mehrung von Maat beigetragen hatten:

„Ich gab Brot dem Hungrigen, Wasser dem Dürstenden, Kleider dem Nackten, ein Fährboot dem Schifflosen." (Hornung 1989, S. 141) Heutzutage mehren wir Maat auch durch jeden noch so kleinen Beitrag, welcher der Zerstörung unserer Welt entgegenwirkt.

Mehrung der Maat ging mit einem höheren Maß an Verantwortung einher und es versteht sich von selbst, dass hier vor allem der Pharao (bzw. die Pharaonin) in die Pflicht genommen war. Die Maat als tragender Grund unseres Seins „schließt alle Lebewesen und die ganze Natur mit ein. Es ist das universalste und gerechteste ethische Prinzip, das von Menschen aufgestellt wurde", erklärt Erik Hornung. (ebd. S. 145)

3. Der Mythos von Isis, Osiris und Horus (Eros) – eine Vision für die Zukunft?

Der Mythos von Isis und Osiris, in dem die Göttin ihre zentrale Rolle spielt, wurde über die Jahrtausende allmählich zum Rückgrat des altägyptischen Lebens.

Gehen wir der Reihe nach vor. Ehe all diese Gottheiten in das nachfolgende Drama verwickelt werden, müssen sie zunächst einmal geboren werden. Und so finden wir sie alle beieinander: Isis mit ihrem Geliebten Osiris, ihrer Schwester Nephthys und dem ungeliebten Bruder Seth (griech. Typhon), nebst einem älteren Horus, der für diesen Mythos weniger von Belang ist. Diese fünf Gottheiten befinden sich als Geschwister im Leib der uns schon bekannten Himmelsgöttin Nut (griech. Rhea). Diese Göttin hatte zur fraglichen Zeit gleich drei Liebhaber: den Sonnengott Re (griech. Helios) den Erdgott Geb (griech. Chronos) und den Weisheitsgott Thot (griech. Hermes). Re, der Nut am liebsten ganz für sich allein haben wollte, wird rasend eifersüchtig auf die beiden anderen und verflucht die schon mit den Fünflingen schwangere Mutter, dass sie in keinem Monat noch Jahr gebären solle, welche von ihm regiert werden. Thot jedoch war schlauer als Re. Er begann ein Brettspiel mit der Mondgöttin Selene, und es gelang ihm, ihr den siebzigsten Teil eines jeden Tages abzugewinnen. Da ein Sonnenjahr aus 360 Tagen bestand, ergaben all diese Teile zusammen fünf volle Tage, die an die bisherigen 360 angehängt wurden und das Sonnenjahr auf 365 Tage verlängerten. Die fünf Tage aber wurden zu den Geburtstagen der nun aus dem Mutterleib befreiten Götter.

Osiris und Horus, der Ältere, gelten als direkte Söhne des Sonnengottes Re. Seth und Nephthys (was übersetzt heißt „die Herrin des Tempels“) entstammen dem Erdgott

Geb. Allein Isis hat den Weisheitsgott Thot zum Vater, weshalb sie später selbstbewusst von sich sagen kann:

„Mich erzog mein Vater zum Wissen, ich bin seine geliebte leibliche Tochter." (Zingsem 2008. S. 435)

Von Isis und Osiris wird erzählt, dass sie sich schon im Mutterleib liebten, und auch später wird es von ihnen heißen, dass sie den Menschen die vollkommene Liebe zwischen Frau und Mann vorlebten. Seth fällt von vornherein als Querschläger auf, der seine Geburt nicht abwarten kann. Weder zur rechten Zeit noch am rechten Ort sprang er heraus, sondern indem er mit einem Schlag die Weiche seiner Mutter aufriss, tut er seinen späteren ungebärdigen Charakter kund. Nephthys, im Wesen ihrer Schwester verwandt, wird zwar mit Seth vermählt, arbeitet jedoch mehr mit ihrer Schwester zusammen. „Die beiden Weihen" werden sie genannt, wenn sie als zwei Milanweibchen (die alte Bezeichnung für Milan war Gabelweihe) ihre Flügel um die Toten schlagen, was für diese gleichzeitig Schutz und Wiederbelebung bedeutet. Nephthys wird eines Tages zusammen mit Osiris den Sohn Anubis zeugen, der allerdings von Seth abgelehnt wird. Isis, die zu dieser Zeit noch kein Kind geboren hat, adoptiert den Neugeborenen und liebt

Osiris von Kanopos
Alexandria, Mitte 2. Jh.

ihn wie ihren eigenen Sohn. Als Schakalsgott mit seiner feinen Spürnase wird er zum Führer der toten Seelen und hilft Isis, die zerstückelten Teile des Osiris wieder zusammenzufinden. (vgl. Plutarch, Kap. 12 – 21)

In seinem Kern ist der Mythos von Isis und Osiris ein schlichtes Brüdermärchen über einen, der auszog, der Welt den Frieden, den Feldanbau und die Kultur zu bringen. Er wusste durch Gesang, Poesie und Musik zu überzeugen, weshalb ihm die Herzen der Menschen (und Tiere) überall, wo er hinkam, nur so zuflogen. Bekämpft wird diese Lichtgestalt von seinem dunklen, neidischen Bruder, einem Gott mit Namen Seth, der ihn töten und für immer aus dem Weg räumen will. Isis, seine Schwestergattin, findet sich mit dem Tod ihres Geliebten jedoch nicht ab. Sie begibt sich auf eine aufopferungsvolle Suchwanderung und erfindet während dieser Zeit das erste Schiff, das je die Meere durchquert hat. Als seine erste Kapitänin geht sie an Bord und steuert ihr Schiff bis nach Byblos in Syrien, wo sie endlich den Sarkophag mit ihrem toten Gemahl darin findet und ihn zurück nach Ägypten mitnimmt. Selbst als der grausame Bruder Seth in einem unbewachten Augenblick den Leichnam aus dem geöffneten Sarg zerrt und in vierzehn Teile zerreißt, lässt sie sich nicht entmutigen, sondern sucht alle diese über das ganze Land verstreuten Stücke hingebungsvoll wieder zusammen. Sobald ihr dieses Werk gelungen ist, verwandelt sie sich in ein Geier- oder Milanweibchen, setzt sich auf den Phallus des Geliebten und zeugt aus dem noch toten Osiris das neue Leben: Horus, das Kind (griech.: Harpokrates), lebendiger Beweis und Erbe einer Liebe, die wahrhaft stärker ist als das Nichts. (vgl. Jacq, Osiris, S. 468)

In einer der ältesten ägyptischen Fassungen dieses Mythos aus dem 14. Jahrhundert v. Chr., den uns der „Pariser Osirishymnus“ überliefert hat, liest sich das so:

„Seine Schwester Isis war sein Schutz, die die Feinde fernhielt, die die Anschläge des Unheilstifters mit den Sprüchen ihres Mundes zuschanden werden ließ, die mit sicherer Zunge, deren Wort nicht fehlgeht, die mit wirksamen Befehlen, Isis, die Nützliche, die ihrem Bruder hilft, die ihn suchte, ohne zu ermüden, die dieses Land klagend durchzog, ohne daß sie haltgemacht hätte, bevor sie ihn gefunden hatte, die mit ihren Flügeln Schatten machte und mit ihren Schwingen Luft entstehen ließ, die lobpries und ihren Bruder ans Land brachte, die die Regungslosigkeit des Starren löste, seinen Samen empfing und den Erben hervorbrachte, die das Kind in der Einsamkeit aufzog, man weiß nicht wo ..." (Hopfner 1940, S. 17f, vgl. Manniche, S. 88f)

Osiris wird fortan, als Totengott, zum Herrscher der jenseitigen Welt, während Horus später sein Nachfolger auf

Die Strahlen der Sonne wecken neues Leben aus der Mumie des Osiris. (Sarg, um 1000 v. Chr.)

Erden und als Sonnenfalke mit ausgebreiteten Schwingen vom Himmel strahlen wird. Solange er Kind ist, ist er jedoch, wie alles, was neu ins Leben will, zahlreichen Gefährdungen ausgesetzt. Da Seth auch den neugeborenen Erben des Osiris töten will, bleibt Isis nichts anderes übrig, als sich mit ihrem kleinen Sohn im Schilf und an wechselnden Plätzen zu verstecken. In dieser schwierigen Zeit sucht sie immer wieder auch Herberge bei den Menschen. Die stillende Isis aber mit dem Horusknaben auf dem Schoß wird spätestens ab dem Neuen Reich zu einem beliebten Darstellungsmotiv ägyptischer Künstler/innen. Figurinen der stillenden Isis konnten sogar serienweise hergestellt werden. Unschwer erkennen wir hier die direkten Vorlagen für die späteren christlichen Madonnenbilder.

Der Mythos von Isis und Osiris reflektiert allerdings auch einen ganz konkreten Naturzusammenhang: Der Gott Osiris erscheint in Ägypten in zweierlei Gestalt – er ist symbolisiert im Korn sowie im Wasser des Nils, dank dessen Überschwemmung wiederum das Korn überhaupt in die fruchtbare Erde gelegt werden kann. Soweit dieses fruchtbare Land zu beiden Seiten des Nils reicht und überflutet werden kann, wird es mit der Göttin Isis gleichgesetzt. Isis hält somit symbolisch gesehen den Nil nicht nur zwischen ihren Beinen. Sie birgt auch das Weizenkorn im Inneren ihres Leibes und verwandelt es dort in eine Frucht, die wir verarbeiten und essen können und die uns am Leben erhält. Wasser und Brot sind hier rituell geheiligte Substanzen, die bis heute zu unseren Grundnahrungsmitteln gehören.

Im Schöpfen des Nilwassers tranken die Ägypter/innen ihren Gott Osiris und im Brechen des Brotes verzehrten sie seinen heiligen Leib. Da in der Festfreude über den alljährlich in sein Bett zurückfließenden und die Ufer mit seinem fruchtbaren Schlamm überziehenden Fluss den Menschen das Wasser wie Wein schmeckte, lag es für die

Griechen nahe, den Osiris mit ihrem eigenen Weingott Dionysos gleichzusetzen, wie weiter oben schon angedeutet.

Seth aber, der mythische Gegenspieler des Osiris, verkörperte zunächst die Trockenheit der Wüste im Lande und in der Folge alles, was Osiris am Leben hindern konnte. Dass er den Leib des Osiris zerstückelt, ist dessen Kornaspekt geschuldet: Das Weizenkorn wird auf vielfältige Weise gespalten, geschnitten, gedroschen und gemahlen, bevor wir es zu uns nehmen können. Selbst das Kauen des Brotes lässt sich noch als Zerstückelungsvorgang deuten, wie auch das Zerreißen oder Brechen der Brotfladen und das Zerschneiden des Brotlaibs als Akte der Gewalt gegen das „Opfer" empfunden werden können.

So verkörpert der Gott Seth zunächst nicht unbedingt ein böses Prinzip, sondern vielmehr ein Naturgesetz, dass alles Leben durch Tod und Verwandlung hindurchgehen muss, um zu neuem Leben voranzuschreiten. Die vierzehn Stücke, in die Seth seinen Bruder zerteilt, lassen sich zudem als die Anzahl von Tagen erkennen, die der Mond braucht, bis er voll wird (s. o.). In einer anderen Mythe wird erzählt, dass eines Tages mit diesem vierzehnten Stück ausgerechnet der Phallus des toten Osiris abhanden kam, weil ihn ein Fisch verschluckt hatte! Isis weiß jedoch auch hier umgehend Abhilfe zu schaffen: Aus Lapislazuli, ihrem eigenen heiligen Stein und Ausdruck ihres himmlischen Wesens, formt sie ein neues Glied und setzt es ihrem hilflosen Gatten ein. Darauf verwandelt sie sich in ein Geier- oder Milanweibchen und zeugt aus dem Toten das neue Leben, Horus das Kind:

„Sie empfing von ihm sein Wesen und machte daraus einen Erben", heißt es im Osiris-Hymnus bei Ledrain (zitiert nach Hopfner 1940, S. 83) – Sätze, die ein ums andere Mal auf die Androgynität dieser großen Muttergottheit anspielen, die sich nicht zuletzt in ihrer stets wachsamen

Aktivität zeigt. „Ich bin Isis, ich wache!“ (Giebel, S. 152)

In einem Klagelied um Osiris sagt die Göttin von sich selbst: „Es gibt keinen Gott, der (für dich) das getan hätte, was ich getan habe, keine Göttin. Denn ich machte mich zum Manne (d. h. handelte wie ein Mann), obwohl ich ein Weib bin, um deinen Namen auf Erden leben zu lassen.“ (ebd. S. 60)

Es ist Isis, die das Leben des Osiris in allen Stationen seiner vielfältigen Wandlungen buchstäblich in der Hand hält. Zahlreiche Isis-Statuen zeigen die Göttin mit einem Gefäß in der Hand, welches das Nilwasser, die Substanz ihres Gemahls enthält. Solange er tot ist, solange der Nil aus dem Land verschwunden ist, birgt sie die Essenz seines Lebens. Die Tränen, die sie um den Geliebten weint, werden den Nil zum neuerlichen Rückfluss bringen, und wenn nach dem Rückgang der Nilschwemme die ersten zarten grünen Triebe aus dem fruchtbaren Ackerboden (Isis) sprossen, konnten die Ägypter alljährlich neu frohlocken: Der Gott ist auferstanden! Dank des nimmermüden Einsatzes seiner Gemahlin konnte sich Osiris seines neuen Lebens erfreuen: „Lebe das Leben, stirb nicht den Tod.“ Die Göttin des Anfangs wird hier zur Göttin, die ein ums andere Mal ihren Gatten aus den Klauen des Nichtseins errettet, dem scheinbaren Ende einen neuen Anfang entgegensetzt.

Da nach den Vorstellungen des Neuen Reiches (etwa ab dem 12. Jh. v. Chr.) sich allmählich die Überzeugung herausbildete, dass jeder Mensch (und beinahe jedes Tier) im Tod mit Osiris eins wird, so wurde der kühne Gedanke gefasst, dass folglich auch alle, die mit Osiris sterben, dank der Liebe der Isis zu neuem Leben auferweckt werden. Davon ausgenommen waren allein diejenigen, die dauerhaft gegen die Weltharmonie der Maat verstoßen hatten. Sie hatten sich selbst das Nichtsein erwirkt, aus dem es kein Zurück mehr gab.

Isis schützt das Leben des (toten) Osiris, indem sie die Flügel um ihn legt und mit ihren großen Schwingen Wind macht, um ihn neu zu beatmen und seinen Geist zu erwecken. Zahlreiche Darstellungen zeigen sie daher, wie sie von hinten ihre Flügel um den Gemahl legt, um ihm den Rücken gegen etwaige feindliche Angriffe zu sichern. Für diese liebevolle Geste hatten die Ägypter und Ägypterinnen schon früh ein Abbild am Himmel gefunden: Orion und Sirius (auch Hundsstern genannt) sind die beiden Sternbilder, die das göttliche Geschehen, das sich dank der Ankunft der Nilschwemme im Land abspielte, geradezu perfekt am Himmel widerspiegelten. Wie oben, so unten!

Am 14. Juli ging über Ägypten der erste Stern des Sternbilds des Orion auf. Da, wenn alles gutging, zur selben Zeit der Nil mit Macht zurück ins Land strömte, galt dieses Datum als der Geburtstag des Osiris. Fünf Tage später erschien am nächtlichen Himmel der Siriusstern, in Ägypten auch Sothis genannt. Sothis galt als die Seele der Isis. So zeigte sich am Firmament, was auch Kern des Mythos war: Isis geht hinter Osiris und hält von seinem Rücken alles Feindliche fern. Und weil diese Vorstellung auf die „ewigen" Sterne projiziert wurde, galt dieses Zusammenspiel als Zusage für Zeit und Ewigkeit:

„Du erglänzest am Himmel als ein einzelner Stern. Du bist der Orion am Leibe der Himmelsgöttin Nut. Isis ist als Sothis mit dir am Himmel und entfernt sich nicht von dir in Ewigkeit." (Hopfner 1940, S. 30) Überflüssig zu betonen, dass dieses Versprechen schließlich für jeden Menschen galt, der im Tode mit Osiris eins wurde!

Bis ins Jahr 29 v. Chr. feierte das alte Ägypten am 19. Juli mit dem Aufgang des Sirius den Beginn seines Neuen Jahres, dann nämlich, wenn er zum ersten Mal wieder zeitgleich mit der Sonne am östlichen Horizont sichtbar wurde. Deshalb hieß Isis als Sothis auch „die Herrin des Jahresanfangs":

„Die Königin von Ober- und Unterägypten, die Große in Dendera, welche das Feld bei ihrem Aufgang schön macht, Herrin des Jahresanfangs, Herrscherin der Jahresdämonen, welche das Feld mit den Pflanzen glänzen läßt, mit Malachithaut und Lapislazulikopf, Isis, die Große, Mutter des Gottes.“ (Bergmann, S. 246)

Der Sonnengott Horus, das Kind der Liebe zwischen Isis und Osiris, wurde in der hellenistischen Zeit mit dem griechischen Gott Eros, Gott der Liebe und Sohn der Aphrodite (mit der auch Isis um diese Zeit verschmolz), gleichgesetzt. Das Verbindende zwischen den beiden wurde wohl darin gesehen, dass sie beide als Kinder dargestellt wurden. Der Gott der Sonne wurde so zum Gott der Liebe! („Gottes Liebe ist wie die Sonne“, singen wir noch heute.) Seit der römischen Kalenderreform aus dem Jahre 30 v. Chr. legte man seinen Geburtstag auf den 25. Dezember, in die Zeit der Wintersonnenwende, wenn die Sonne gewissermaßen neu geboren wird.

Das, was mit Isis (Osiris und Horus) in die Welt kam, ist bis heute unerreicht geblieben. Auffallend ist, wie stark betont

Isis mit dem Horusknaben
(Bronzestatue, Ägypten, 8.-6. Jh. v. Chr.)

wurde, dass weder Osiris noch Isis je zu Waffen oder Gewalt greifen mussten, um die Herzen der Menschen ganz verschiedener Völker für sich zu gewinnen. Ihr Mythos von Verlust und Wiederfinden eines bereits verloren geglaubten Lebenszusammenhangs erfüllte die Menschen auf allen Ebenen ihres Daseins mit Freude und Zuversicht, – nicht erst für ein jenseitiges, sondern zu allererst für ein im Hier und Jetzt zufriedenstellendes Leben:

„Jeden Tag bestimmtest du zur Freude. Du hast auch alle Freude am Wein erfunden und reichtest ihn zum ersten Mal bei den Festversammlungen der Götter dar", heißt es im „Enkomion auf Isis aus Oxyrhynchos". (Zingsem, S. 397)

„Herrin der Freude, Wohlgeruch des Tempels, Nahrung, welche die Welt mit ihrer Schönheit überschwemmt", zitiert Christian Jacq einen alten Hymnus. (Philae, S. 128)

Missionierung war hier überflüssig, weil es um zutiefst einleuchtende Lebensverhältnisse und -zusammenhänge ging. Und weil es eine mütterlich-töchterliche wie auch sinnlich-liebende Göttin war, die alle unterschiedslos an ihr Herz nahm und zu der zu beten schön war. Von Isis ließen die Menschen sich nur mit Gewalt trennen. In ihrem Haupttempel zu Philae, tief im Süden Ägyptens an der Grenze zu Nubien, wurde die Göttin noch bis ins 6. Jahrhundert hinein verehrt. Bis Kaiser Justinian im Jahre 535 n. Chr. den Tempel schließen und die Priester und Priesterinnen ins Gefängnis werfen ließ.

Doch selbst unter den christlichen Kaisern Europas dauerte der Isiskult noch lange fort: Köln, Mainz, Paris, London, Klagenfurt, Pompeji – allerorten hinterließ die Göttin Tempel und Spuren: Als Himmelskönigin mit Krone und Zepter, den Mond als Barke zu ihren Füßen, schmückt sie bis heute die Kirchen und Plätze der christlichen Welt. Mozart machte sie in seiner Oper „Die Zauberflöte" zur „Göttin der Nacht", beinahe unerhört für die damalige Zeit, und er hätte sie obsiegen lassen, wenn man ihn nicht von höchster Stelle aus daran gehindert hätte. Um dennoch kundzutun, auf wessen Seite er stand, hat er die vielleicht schönsten weiblichen Arien der Musikgeschichte für sie komponiert.

Pamina und Tamino weihen sich in dieser Oper als Liebespaar den Mysterien der Isis „ganz", wie es heißt. Und auch das Einweihungsgeschehen verläuft in der „Zauberflöte" ganz im Sinne der alten Isis-Religion: Es ist Pamina, die den Geliebten, Tamino, in die Mysterien einweiht:

„Ich werde aller Orten
An deiner Seite sein.
Ich selbsten führe dich
Die Liebe leitet mich.
Sie mag den Weg mit Rosen streun,
Weil Rosen stets bei Dornen sein."

Karl Friedrich Schinkels (1781 – 1841) Entwurf zum zweiten Bild des ersten Aktes für die Berliner Aufführung von Mozarts Oper „Die Zauberflöte" im Jahre 1816

Das Glück nach bestandener Einweihung ist überbordend:

> „Ihr Götter! Welch ein Augenblick!
> Gewähret ist uns Isis' Glück
> Triumph! Triumph! Du edles Paar!
> Besieget hast du die Gefahr!
> Der Isis Weihe ist nun dein!
> Kommt, tretet in den Tempel ein!"
> *(Csampai, S. 108f)*

Die Zauberflöte gilt bis in die Gegenwart als eine der beliebtesten Opern überhaupt. „Im Bereich des deutschsprachigen Musiktheaters hält sie sogar bis heute ungefährdet den Spitzenplatz aller Aufführungsstatistiken." (Csampai, S. 9) Ich kann mich erinnern, dass mich die Arie „Oh Isis und Osiris" schon als Kind beeindruckt hat, lange bevor ich überhaupt ahnte, wer Isis und Osiris wirklich waren. Etwas geheimnisvoll-mystisches umwehte den Klang dieser Namen. Noch immer scheinen sie etwas seltsam Anziehendes für uns zu haben. Erst recht, wenn man an das berühmte Bühnenbild Karl Friedrich Schinkels denkt, mit dem er nicht nur sich selbst unsterblichen Ruhm verliehen hat: Im zweiten Bild des ersten Aktes erscheint sie wieder, – die Göttin auf der Mondsichel, umhüllt vom funkelnden Rund des Sternenhimmels, Ausdruck ihres die Zeiten überdauernden erhabenen Wesens. Jahrhunderte des Vergessenseins fallen von ihr ab und man fühlt sich zurückversetzt in jene Atmosphäre der Isis-Erscheinung, die uns der Schriftsteller Apuleius im 2. nachchristlichen Jahrhundert in ebenso einmaliger Weise überliefert hat. (s. S. 32; vgl. Zingsem, 2008, S. 370 – 373)

Mit der Einweihung des neuen Herrscherpaares Pamina (immerhin Tochter der Göttin der Nacht!) und Tamino in die Isismysterien lässt die Zauberflöte – ob bewusst, sei hier dahingestellt – überdies einen Brauch des alten Ägypten wieder aufleben, denn „Ägypten wurde immer von einem Paar mit vereintem Blick regiert“, wie Christian Jacq betont. (Philae, S. 135)

Könnte so eine Vision für das neue Jahrtausend aussehen? Die Vision eines Göttlichen Bildes für eine Religion, die endlich und erstmalig wieder ein liebendes, gleichrangiges und erwachsenes Paar in ihren Mittelpunkt stellt – statt einer Mutter mit dem Sohn auf dem Schoß, bei Abwesenheit des göttlichen Vaters ...

Mit Fug und Recht können wir Isis als die erste und bisher einzige Universalgottheit der Geschichte bezeichnen, weil sie auf Frauen wie Männer gleichermaßen Bezug nahm und beide Geschlechter sich in ihr wiederfinden konnten. Ihre monotheistischen Nachfolgereligionen können diesen (von ihnen gleichwohl vertretenen) Anspruch schon allein deshalb nicht einlösen, weil in ihnen das Männliche einseitig dominiert und die Frau von ihrem wahren Wesen abgeschnitten wird, und zwar auf der sozialen wie auch der spirituellen Ebene, sehr zum Schaden der Verwirklichung von „Maat“!

Erst wenn die Spaltung des Göttlichen in unserer offiziellen Religiosität – und damit auch in unserer Seele - überwunden wird, können wir uns Hoffnungen auf eine wahre Gleichstellung von Frauen und Männern auch im gesellschaftlichen Leben machen, die auch die Liebe zwischen den Geschlechtern wieder auf eine andere Basis stellen würde. Dass davon ebenso der Umgang mit der (ebenfalls als „weiblich“ verachteten) Natur profitieren würde, muss wohl kaum eigens betont werden.

In Mainz wurde unlängst das Isis-Heiligtum in Teilen wiederhergestellt und zum Museum gemacht. Zeichen einer neuen Zeit?!

Statuette der Isis-Fortuna
mit Kopfschmuck und Gewand der Isis (Isisknoten), dazu Ruder und Füllhorn der Fortuna als Schicksalsgöttin.

„Ich bin Siegerin
über das Schicksal,
Mir gehorcht das Schicksal.
Freue sich,
wer mich hegt und pflegt."

(Isis-Aretalogie von Kyme-Memphis, 1.-2. Jh., Neapel, Archäologisches Nationalmuseum)

Kapitel III

HIMMLISCHE UND IRDISCHE SEEFAHRT:

LIEBE, SEXUALITÄT UND ANDERE FREUDEN

1. Vom (Himmels)Boot der Liebesgöttin bis zur „Arche Noah“

Obwohl sich die Tradition des Car-navalis letztendlich vor allem im Gefolge der Isis-Tradition herausbildete, spielte das Boot auch in den Mythen des Zweistromlandes, zwischen Euphrat und Tigris, eine zentrale Rolle. In ähnlicher Weise wie Ägypten dürfen wir auch Mesopotamien symbolgeschichtlich als die Wiege unserer Kultur begreifen. Das spiegelt sich noch in den sog. Stammvätergeschichten des alten Israel wider: Abraham zieht aus Ur in Chaldäa (und damit aus dem Zweistromland) und Mose aus Ägypten ins „gelobte Land“.

Aus Mesopotamien stammen die ältesten zusammenhängenden mythischen Texte, die wir bisher kennen. Sie sind rund 4000 Jahre alt und erst im letzten Jahrhundert ausgegraben und übersetzt worden. Es sind die Geschichten um die große Inanna, Königin von Himmel und Erde, Göttin der Liebe, des Kampfes und der Gerechtigkeit. Am Himmel erscheint sie in der Gestalt von Morgen- und Abendstern, der die beiden Seiten ihres Wesens trefflich zum Ausdruck bringt. Ihr Symbol ist der achtzackige Stern. Diese bisher ältesten Texte der Welt erzählen uns bereits von einem Boot der Göttin, das auf zwei Ebenen zugleich segeln kann: im Himmel und auf der Erde. Am Himmel wird es für alle sichtbar in der Form des Sichelmondes, des zunehmenden Mondes, der im Vorderen Orient eher waagerecht am nächtlichen Firmament „liegt“, was die Vorstellung von einer Mondbarke sicherlich begünstigte. Der achtzackige Stern in der Mondbarke kündet von Inannas beständiger Reise zwischen den Welten.

Da Inanna Göttin von Himmel *und* Erde ist, versteht es sich von selbst, dass auch ihr Boot in beiden Welten zu Hause ist. Ihr Haupttempel lag in Uruk, der damals wohl größten Stadt der Welt, wenn man der aktuellen Ausstellung „Uruk, Mega-City“ (ab 20. 10. 2013 in Mannheim) glauben will. Dort lag auch ihr Boot „am Weißen Kai“ vor Anker, das am nächtlichen Himmel als liegende Mondsichel erstrahlte. Dieses Boot war jedoch nicht nur ein gewöhnliches Fortbewegungsmittel. Vielmehr erblickten die Sumerer, die damaligen Bewohner des Landes, darin zu allererst das Abbild der heiligen Vulva ihrer größten und beliebtesten Göttin! So waren mit der Vorstellung des (Himmels-)Bootes von Anfang an die Verheißungen sexueller Freuden verbunden, welche die alten Texte frank und frei und unverblümt zum Ausdruck zu bringen wissen.

Eine Göttin der Liebe wäre ohne Erfahrung eigener sexueller Wonnen auch schwer vorstellbar gewesen. Und ganz selbstverständlich gehört dazu auch ein Gefährte, mit dem sie diese Wonnen auskosten kann. Diesen Geliebten findet sie in einem Gott mit Namen Dumuzi, der seinerseits Sohn und „Lamm“ der Schafgöttin Sirtur ist und symbolisch zugleich selbst als Hirte und König für die Bevölkerung des Zweistromlandes auftritt. Er ist der eine, der „Honig-Mann“, den ihr Schoß am meisten liebt, denn er „glättet ihr schmales Boot mit Milch“, was bedeutet, dass er ihre heilige Vulva auf dem Bett liebkost. Die Texte lassen hier nichts an Deutlichkeit zu wünschen übrig:

> „Er umfaßte meine Lenden mit seinen schönen
> Händen.
> Der Hirte Dumuzi füllte meinen Schoß mit Sahne
> und Milch.
> Er streichelte mein Schamhaar,
> Er wässerte meinen Schoß.
> Er legte seine Hände auf meine heilige Vulva,
> Er glättete mein schwarzes Boot mit Sahne,
> Er belebte mein schmales Boot mit Milch,
> Er liebkoste mich auf dem Bett.“
>
> *(Zingsem, 2008, S. 48)*

Doch die Göttin der Liebe ist sehr wohl in der Lage, auch ihr eigenes Begehren freimütig zum Ausdruck zu bringen. Als Dumuzi sich ihr als Liebespartner zugesellt, fordert sie ihn ganz direkt auf, es nicht nur bei leeren Versprechungen zu belassen, sondern sie endlich sexuell zufriedenzustellen:

„Meine Vulva, das Horn,
Das Boot des Himmels,
Ist von Begierde erfüllt wie der junge Mond.
Mein unbebautes Land liegt brach.

Was mich betrifft, Inanna,
Wer wird meine Vulva pflügen?
Wer wird mein reifes Feld pflügen?
Wer wird meinen feuchten Boden pflügen?
Was mich betrifft, die junge Frau,
Wer wird meine Vulva pflügen?

Dumuzi antwortete ihr:
‚Große Fürstin, der König wird deine Vulva pflügen.
Ich, Dumuzi, der König, will deine Vulva pflügen.'"

Worauf Inanna den Geliebten unmissverständlich auffordert:

„Dann los, pflüge meine Vulva, Mann meines Herzens!
Pflüge meine Vulva!"
(Zingsem, 2008, S. 43 – 45)

Dumuzi scheint sich dabei so geschickt anzustellen, dass er die Königin seines Herzens ein ums andere Mal aufjauchzen lässt. Ein Hinweis auch auf die himmlischen Freuden, welche der sinnliche Genuss zwei Liebenden schenken kann. Zur Nachahmung durchaus empfohlen, denn zu allen Zeiten haben sich Menschen ihre Gottheiten zum Vorbild genommen. Oder vielmehr umgekehrt: Was sie als höchste Werte für sich erkannt hatten und feiern wollten, das schrieben sie denen zu, die sie als höchste Wesen verehrten. Die immer wieder betonte Heiligkeit der Vulva hängt somit auch mit ihrer Wertschätzung in der damaligen Welt zusammen.

Von Inanna heißt es, dass sie sich an den Apfelbaum (ein Symbol für ihren Geliebten) lehnt und dabei ist ihre Vulva „wunderschön anzusehen":

> „Die junge Frau Inanna jauchzte über ihre
> wundervolle Vulva und beglückwünschte sich
> selbst zu ihrer Schönheit."
> *(Zingsem, 2008, S. 39)*

An anderer Stelle spornt sie ihre Freundinnen an:

> „Tanzt, tanzt,
> Wir wollen jubeln über meine Vulva,
> Tanzt, tanzt,
> So wird Dumuzi sich freuen!" *(ebd.)*

Wann hätte man solche Worte je in den liturgischen Texten (und um nichts anderes handelt es sich hier!) der Kirchen vernommen?! In den Religionen der Liebesgöttinnen wird nicht schamhaft versteckt, was doch Quelle höchster Lust und tiefster Beglückung sein kann. Die Vulva der Frau, sichelförmig wie ihr Abbild am Himmel, ist ein Tempel der Sinnenfreude. Sexualität und Erotik erscheinen hier als Möglichkeit der Menschen, sich mit den Kräften des Göttlichen zu verbinden, den göttlichen Funken in sich selbst zu entdecken und zu entfachen.

Man beachte zudem, dass bereits in dieser frühen Zeit Boot und Pflug in einem Atemzug genannt werden! Eine

Vorstellung, die uns bei der Entwicklung der Karnevalstraditionen noch beschäftigen wird.

Das „Himmelsboot" kann jedoch auch andere Dinge aufnehmen und befördern. Die Göttin transportiert darin nichts Geringeres als ihre sämtlichen Weisheitskräfte, die sogenannten *me*. Und das kam so: Inanna macht sich eines Tages auf, um ihren Schwiegervater, den Weisheitsgott Enki, in seinem Heiligtum in Eridu zu besuchen. Der Gott ist ein aufmerksamer Gastgeber, der seiner attraktiven Schwiegertochter Butterkuchen und Emmerbier anbietet. Beide trinken zusammen „immer mehr Bier", wobei vor allem der Weisheitsgott immer redseliger wird. Bis er zu guter Letzt in seinen Trinksprüchen der jungen Göttin seine gesamten *me*, die Kräfte der Weisheit, als Geschenk vermacht. Und Inanna, nicht faul, nimmt diese unverhofften Gaben, ohne mit der Wimper zu zucken, selbstbewusst und unumwunden an. Was immer der Gott ihr bietet, beantwortet sie mit dem Satz: „Ich nehme alles an!"

Während Enki seinen Rausch ausschläft, packt seine Schwiegertochter all die wunderbaren Gaben, die er ihr geschenkt hat, seelenruhig in ihr Himmelsboot und segelt damit in ihre Hauptstadt Uruk zurück.

> „Inanna sammelte alle *me* um sich.
> Die *me* wurden auf das Himmelsboot geladen.
> Das Himmelsboot mit den heiligen *me* wurde vom
> Kai abgestoßen."
>
> *(Zingsem, 2008, S. 34)*

Kaum jedoch ist Enki aus seiner Trunkenheit erwacht, bereut er auch schon, was er getan hat. Siebenmal schickt er dem Boot seine Dämonen hinterher. Sie sollen die Himmelskönigin zwingen, ihm seine Weisheitsgaben zurückzubringen. Die Dämonen können jedoch nichts ausrichten. Die Göttin Ninschubur, Inannas beste und unverbrüchliche Freundin, rettet jedes Mal das Himmelsboot vor den Angriffen der Unholde, indem sie sie mit markerschütternden Schreien und gezielten Handkantenschlägen zu ihrem Herrn zurückschickt. Inanna, der die Kräfte der Weisheit buchstäblich in den Schoß gefallen sind, muss während dieser Bootsfahrt beweisen, dass sie imstande ist, sie gegen feindselige Angriffe zu verteidigen. Schließlich ist sie nicht nur Göttin der Liebe, sondern auch des Kampfes! Während Inanna ihr Boot, allen Dämonenattacken zum Trotz, sicher in ihren Hafen lenkt, stellt sie zugleich unter Beweis, dass sie sich die *me* bereits angeeignet hat. Enki kann dagegen nichts mehr ausrichten und versucht es auch gar nicht mehr. Stattdessen erweist er sich als guter Verlierer und sichert der Göttin seine Hilfe für den Fall zu, dass sie je in Not gerate.

Wenn er Inanna die *me* wie Postpakete in ihr Himmelsboot packen lässt, zeigt der Mythos damit auf, dass Weisheit nicht nur eine Sache des Verstandes, sondern ebenso sehr eine Angelegenheit des „Bauchgefühls" ist. Heutzutage würden wir Weisheit wohl überall vermuten, nur nicht in der Vulva. Die Göttin der Liebe jedoch vereint in ihrer Mondbarke Herz und Verstand mit den Gaben des Eros. Die Kunst des Liebens, das Küssen des Phallus, sie gehören für die damalige Welt noch unabdingbar zur Weisheit dazu. Jene sinnlichen Freuden, welche die Vulva zu schenken vermag, sind nicht losgelöst von geistiger Erfüllung zu genießen. Liebe, Eros und Weisheit sind in diesem sinnenfrohen „Schiff" nicht voneinander zu trennen.

Das wird auch deutlich beim Entladen der kostbaren Fracht: Hier zeigt sich zum einen, dass Inanna noch über einiges mehr an Weisheit verfügt als ihr Schwiegervater, zum anderen wird wiederum deutlich, dass ihre eigene Weisheit mit Sinnenfreude und der Ekstase fördernden Musik von Rhythmusinstrumenten gepaart ist.

„Das Himmelsboot legte an am heiligen Schrein
von Uruk;
Das Himmelsboot legte an am heiligen Haus
von Inanna.

Die heiligen *me* wurden nach und nach ausgeladen.
Während die *me*, welche Inanna von Enki
empfangen hatte, ausgeladen wurden,
Wurden sie dem Volk von Sumer verkündet und
dargeboten.
Dabei kamen noch mehr *me* zum Vorschein - mehr *me*,
als Enki Inanna übergeben hatte.
Und auch diese wurden verkündet,
Und auch diese wurden dem Volk von Uruk
dargeboten:

Inanna brachte die *me* herbei:
Sie brachte das Ausbreiten des Gewandes auf dem
Boden.
Sie brachte Verlocken und Liebreiz.
Sie brachte die Kunst der Frauen.
Sie brachte die vollkommene Ausführung der *me*.
Sie brachte die *tigi*- und *lilis*-Trommeln.
Sie brachte die *ub*-, die *meze*- und die *ala*-Tamburine.

Inanna sprach:

Die Stelle, an der das Himmelsboot vor Anker ging,
diese Stelle soll *Der Weiße Kai* genannt werden.
Die Stelle, an der die heiligen *me* dargeboten wurden,
diese Stelle werde ich *Lapis-Lazuli-Kai* nennen."

(Zingsem, 2008, S. 36f)

Das Himmelsboot wird in diesen Geschichten zuerst von zwei miteinander befreundeten Frauen befahren, bevor Inanna Dumuzi als Liebespartner begegnen kann. Es sieht so aus, als müsste die Frau und Göttin erst mit sich selbst im Reinen sein (sprich ihre eigenen „Dämonen“ erkannt und gebannt haben), ehe sie für die Begegnung mit dem Geliebten bereit ist. Nur so kann sie ihn später mit ihrer Weisheit inspirieren und in die Welt der weiblichen Macht einweihen. Ninschubur, die „Königin des Ostens“ und engste Vertraute der Göttin, wird später auch Dumuzi an ihr Liebeslager führen:

> „Ninschubur, die getreue Dienerin des heiligen
> Schreins von Uruk,
> Führte Dumuzi zu den süßen Schenkeln von Inanna
> und sprach:
> ‚Meine Königin, hier ist die Wahl deines Herzens.‘“
> *(Zingsem, 2008, S. 49)*

Inanna füllt ihr Boot mit Glück, Freude und Weisheit. Die Mondbarke birgt und hält den ganzen Segen in ihrer Schale zusammen, erst zur rechten Zeit und am rechten Ort wird die Göttin ihre Gaben verschenken. (Auf-)Nehmen und Geben werden so eins, ein Gedanke, der auch beim Karneval eine nicht unbedeutende Rolle spielen wird. Der Sinn des Nehmens ist recht eigentlich das Geben. Auf diesem Hintergrund entstand im alten China z. B. die Vorstellung, dass der Halbmond das Licht der Sonne in sich aufnimmt, um es dann selbstlos an die Sterne auszuschütten! Noch heute sprechen wir ja vom „Bauch eines Schiffes“ als seinem Laderaum!

Erst als die Göttin ihr „Boot“ bestellt hat, heißt sie ihren Geliebten darin willkommen, zur wechselseitigen Freude. Schließlich ist auch der „Apfelbaum“, an den sie sich lehnt, um sich zu ihrer Vulva zu beglückwünschen, nichts anderes als ein Symbol für den Geliebten, der ihr reiche Frucht bringen soll. Und wie die Texte zeigen, hat er sich nicht zweimal bitten lassen!

Inannas Himmelsboot geht vor Anker in ihrem Haupttempel in Uruk. Eros und Sexualität finden im Tempel ihr Zuhause. Erotik und Spiritualität sind nicht getrennt voneinander, sondern treffen sich im heiligen Raum. Der Tempel, ein „Freudenhaus"! Als Inanna ihre gesammelten *me*-Kräfte am *Weißen Kai* auslädt, hat die versammelte Menge allen Grund zur Freude. Trommeln und Tamburine lassen fröhliche Feste erwarten. Weisheit, die mit der Gerechtigkeit Hand in Hand ging, reichte auch der Sinnlichkeit und dem Festtaumel ihren Arm. Eine solche Weisheit entspricht ganz dem Wesen der Göttin, von der es heißt:

Links: *Der Mondgott rudert seine Barke (die Mondsichel) über den Himmel. (2300-2100 v. Chr.)*
Rechts: *Der Mondgott Sin, begrüßt, auf der Mondsichel stehend, den Morgenstern, seine Tochter Inanna-Ischtar, die ihn in späteren Jahrhunderten als Hauptmondgottheit ablösen wird. Das Himmelsboot ruht auf dem heiligen Baum, der oft als ein Emblem des Mondes vorkommt. (ca. 2000 v. Chr., Harding, S. 203)*

„Honigsüß ist sie an ihren Lippen, Leben ist ihr Mund:
an ihrer Erscheinung wird voll das Lachen.
Bei dieser Göttin ist Rat zu finden,
die Geschicke von allem faßt sie in ihre Hand.
Wo sie hinsieht, ist Heiterkeit geschaffen,
Lebenskraft, Pracht, Fortpflanzungskraft von Mann
und Frau."

(Zingsem, 2008, S. 120)

Am *Weißen Kai* geht Inannas Himmelsboot vor Anker. Die Farbe Weiß erinnert wiederum an die strahlende Helligkeit des Mondes am nächtlichen Firmament. Wie aber kommt die Göttin überhaupt zu ihrem Mondbezug, wo doch ihr eigentliches Symbol und Charakteristikum der Morgen- und Abendstern, mit seinem Doppelaspekt von Kampf (Morgen) und Liebe (Abend) ist?

Um dies zu verstehen, müssen wir uns ihren Eltern zuwenden. Ningal, ihre Mutter, und Nanna, ihr Vater, bilden zusammen das „Paar im Mond", sind also beide Mondgottheiten. Auf einer frühen Darstellung von 2300 v. Chr. sehen wir bereits den Mondgott, wie er mit seiner Barke über den Himmel rudert. (vgl. Harding, S. 237) Es versteht sich von selbst, dass die Tochter gleichsam die Mondqualitäten von ihren Eltern „erbt". Beide Eltern verehren und bewundern ihre Tochter:

„Der Tag war ihr (Inanna) günstig, sie war mit
Schönheit angetan und erfüllt mit Frohlocken.
Und wie sie ihre Schönheit zur Schau trug – wie
das aufgehende Licht des Mondes!
Nanna, der in ehrlichem Staunen hervorkam,
Und ihre Mutter Ningal richteten Gebete an sie
Und grüßten sie an der Türschwelle des Tempels."

(Zingsem, 2008, S. 102)

Auch unser Wort „Arche“ hängt im Übrigen mit der Mondsichel zusammen. Das Wort wird zurückgeführt auf die indische Sanskritsprache: Dort bedeutet *argha* soviel wie Sichel (wovon sich nicht zuletzt das französische Wort *arc* für Bogen ableitet). Die wohlbekannte „Arche Noah“ unserer Bibel war demnach ein Mondschiff (vgl. Harding, S. 99). Und auch dieses biblische Mondschiff war mit sexuellem Leben erfüllt: Alle Tiere, die existierten, befanden sich – wie von Gott befohlen – paarweise darin!

Die Sichelmond hängt natürlich mit der Erscheinung des Neumonds nach dem Dunkelmond zusammen. Er konnte zum Symbol für Neuanfänge aller Art werden. In der griechischen Sprache bezeichnet *arché* noch heute den Anfang von etwas.

Da die anfängliche, schmale Mondsichel nach und nach zum Vollmond anschwellen wird, lag im Neumond zugleich die Verheißung von Wachstum und Fülle. Aus diesem Grund wohl wurde die sog. Heilige Hochzeit von Inanna und Dumuzi (vertreten durch Hohepriesterin und König) auf die Zeit unmittelbar vor einem Neumond gelegt und damit zugleich der Beginn eines Neuen Jahres gefeiert. (vgl. Zingsem, 2008, S. 95f)

Das mythische (Mond-)Schiff verband von Anfang an das Diesseits mit dem Jenseits, den Himmel mit der Erde (und sogar der unteren Welt), weil es in beiden Welten segeln konnte. So konnte es allmählich zum Symbol von Neuanfängen und Übergängen jeglicher Art werden. Wollte man das himmlische Schiff auf die Erde holen, so musste man es zur See fahren lassen oder aber über Land tragen und ziehen, eine Tradition, die nicht zuletzt den rheinischen Karneval mitbegründen half.

Die größten Göttinnen des Vorderen Orients waren allesamt Herrinnen der Seefahrt. Das fing mit Inanna und ihrer Nachfolgerin Ischtar in Babylon an und hörte mit der ägyptischen Isis noch lange nicht auf. Auf der Aphrodite-

Insel Zypern trafen sie schließlich beide zusammen, die mespotamische wie auch die ägyptische Tradition. Wundert es uns da noch, dass auch Aphrodite in der griechischen Welt alsbald zur „Herrin der Seefahrt" erklärt wurde? Um so mehr als sie mit der ägyptischen Isis zu einer Einheit verschmolz. In der hellenistischen Zeit, als Isis gar noch mit der griechischen Mondgöttin Selene zusammenwuchs, erhielten diese Vorstellungen neue Nahrung. Selene finden wir immer wieder dargestellt, wie sie auf einem Mondbogen steht, der wie eine Barke auf dem Wasser zu ruhen scheint. Wie Isis galt überdies auch diese Göttin den Griechen als doppelgeschlechtlich, als Hekate und Hermes in einer Gestalt! (orphischer Hymnus 42,8; vgl. Zingsem, 2008, S. 448)

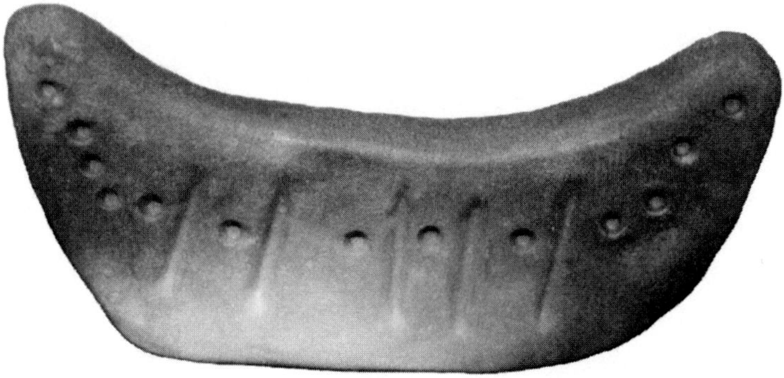

Mond-Idol aus der bronzezeitlichen Siedlung von Unteruhldingen am Bodensee

Solche Mond-Idole, die wie Mondbarken aussehen, waren am Ende der Bronzezeit, vor rund 3000 Jahren, in ganz West- und Osteuropa verbreitet. Man nimmt an, dass sie als eine Art von Hausaltar Verwendung fanden, denn die üblichen Idole waren 40 bis 50 cm groß. Das vorliegende Stück ist eine kleinere Ausführung davon, die Kopie eines Idols, das man in der bronzezeitlichen Siedlung von Unteruhldingen gefunden hat.

2. Aphrodite – Schutzpatronin der Seefahrt

Kypris gehört dieser Ort. Denn ihr gefiel es, vom Festland
Immer hinauszuschaun auf das glänzende Meer,
Daß sie freundliche Fahrt den Schiffern bereite.
Doch ringsum
Sieht des heiligen Bildes Pracht und erschauert die Flut.

Anyte von Tegea, 4. Jh. v. Chr.

Die Tradition des Schiffs wie auch der Schiffsumzüge stand von Anfang an im Zeichen der Liebesgöttin, gleich ob sie Isis, Inanna, Astarte, Aphrodite, Venus oder Holle genannt wurde. Insofern macht es Sinn, sich nun jener Göttin zuzuwenden, deren Name uns bis in die Gegenwart als Inbegriff der Liebe erscheint. Wie keine andere verschmolz sie zudem in der hellenistischen Zeit zu einer Einheit mit der ägyptischen Isis, und noch die große Königin Kleopatra hatte sich zum Ziel gesetzt, die griechische und die ägyptische Kultur miteinander zu verbinden, indem sie diese beiden Göttinnen in ihrer eigenen Person vereinen und darstellen wollte.

Obgleich sie heute die sicherlich bekannteste von allen griechischen Göttinnen ist, war Aphrodite gerade keine ursprünglich griechische Göttin. Als ihre Heimat gilt die Insel Zypern, nach der sie auch „Kypris“ genannt wird. Die Ruinen ihres dortigen Hauptheiligtums zu Paphos, das ihr in römischer Zeit den Beinamen paphische Venus eintrug, gehören zum absoluten Muß jeder Zypernreise. Auf dieser Mittelmeerinsel begegneten sich die mesopotamisch-babylonische und die hellenische Kultur, und ihr Zusammenspiel brachte eine neue Göttin auf die Welt. Die Liebesgöttin war auf Zypern zunächst unter ihrem phönikischen Namen Astarte oder As(ch)toreth bekannt, was klar auf ihre Herkunft aus dem Zweistromland verwies. Aus

Inanna war in den Nachfolgekulturen Sumers längst Is(ch)tar geworden. Da in den damaligen Sprachen nur der Konsonantenstamm zählte (wie bis heute im Hebräischen und Arabischen), ergab sich daraus der Kern „str", der sich auch in Astarte oder Astoreth wiederfindet, und selbst noch bei unserer heimischen Göttin Ostara (deren Herkunft damit sichtbar wird)! Unschwer erkennen wir im Zentrum dieses Namens auch unsere Worte „Stern", im Englischen „star", wieder. Die Liebesgöttin war in der Tat der „Star" unter den Gottheiten, der bedeutendste und strahlendste Stern am Himmel überhaupt: der Abend- und Morgenstern (bei uns noch immer Venusstern genannt). Seit den Zeiten der Göttin Inanna hatte sich seine Symbolik so gut wie nicht verändert.

Die Liebe, als der leuchtende, wegweisende Stern einer Kultur, das faszinierte offenbar auch die alten Griechen, die für die Liebe bis dahin keine eigene Göttin und somit wohl auch noch kein wahres Wort gefunden hatten. Zwar kannten und benannten sie mit Hera eine Göttin für die Ehe, aber mit Astarte trat eine andere Energie in ihr gesellschaftliches Leben, schien sie doch eher die Möglichkeit einer freieren Liebe anzudeuten, die mit dem System der Ehe nur bedingt zu vereinbaren war. (Wir erinnern uns, dass auch Gilgamesch dem gleichnamigen Epos zufolge, die Liebe der Göttin Is(ch)tar vor allem deswegen ablehnte, weil sie ihm angeblich nicht treu war, sprich nicht ausschließlich nur für ihn da sein wollte!) Die Ehe kann und sollte zwar von der Liebesgöttin ihr Glück und ihren Segen empfangen, aber es wäre sinnlos und weltfremd, die Freuden der Liebe allein auf eine solche Institution zu beschränken. Die Liebe ist eine kosmogonische, eine welterschaffende Kraft, die sich nicht auf die kleinlichen Gesetze einlassen kann, mit denen Menschen ihre unabsehbar berauschenden wie auch beängstigenden Folgen zu zähmen versuchen. Aus eben diesem Grunde schreiben wir

Kolossalkopf der Aphrodite *(Griechisch, ca. 500 v. Chr.)*

ihr ja göttliche Eigenschaften zu. Weil sie größer sind als menschliches Wollen und Sollen. Und aus demselben Grund galten „Furcht“ und „Schrecken“ als ihre Söhne.

Die Liebe ist eine Tochter der Freiheit, weshalb sie dem beginnenden Patriarchat, das sie vor allem bei den Frauen beschneiden wollte, schon immer ein Dorn im Auge war. Während Zeus so vielen Frauen nachstellen durfte, wie er wollte, versuchte man, seine Gemahlin Hera zur Einehe zu zwingen. So wurden Zeus und Hera zum Prototyp des patriarchalischen Ehepaares, mit den bis heute sattsam bekannten Folgen. Vielleicht ist auch hier einer der Gründe zu suchen, weshalb man die Liebesgöttin erst so spät in den Reigen der griechischen Götterwelt aufgenommen hatte. In dem es immerhin schon so illustre Göttinnen wie Demeter, Selene, Hekate, Hestia, Athene und Artemis gab. Die drei letztgenannten galten dann auch als immun gegen die Verlockungen der Liebe, von Ehe ganz zu schweigen.

Wirft es nicht ein bezeichnendes Licht auf die Anfänge des Patriarchats, wenn gleich drei große und kulturschaffende Göttinnen weder Mann noch Ehe favorisieren? Wird uns hier nicht sozusagen durch die Blume mitgeteilt, dass die neue Zeit den Frauen mehr Verdruss als Freude bringen wird? Die Griechen jedenfalls hatten ihre liebe Mühe damit, die neue Göttin in ihr Pantheon zu integrieren. Ein ums andere Mal versuchten sie, die Neue mit einem anderen Gatten oder Gefährten zusammenzubringen, doch was dabei herauskam, war alles andere als die Einehe. Am Ende wird sie mit fünf Liebespartnern mehr oder weniger gleichzeitig in Verbindung gebracht. Heute würden wir so ein Verhalten promiskuitiv nennen, der damaligen Welt galt es als heilig, denn jedes Paar für sich genommen ergab sehr wohl einen Sinn. Hephaistos (lat. Vulkan), der Gott des (Gold-)Schmiedehandwerks, der den feinsten Schmuck für Aphrodite herstellt, wird zunächst ihr offizieller Gemahl. Dem Gott der aufziehenden Eisenzeit gesellte man die neue Göttin nur zu gerne zu. Es wird nicht lange dauern, da schenkt sie nebenher auch dem Kampf- und Kriegsgott Ares (lat. Mars) ihre Gunst, der im Grunde jedoch nichts anderes darstellt als eine Seite ihres eigenen Wesens, die sie in der griechischen Götterwelt nicht mehr so ganz ausleben darf.

Von Inanna bis hin zu Astarte (und selbst noch zu der germanischen Freya) waren alle Göttinnen der Liebe zugleich als Kampfgöttinnen erschienen. Wobei deren kämpferische Seite sich stets mit ihrem Schutz- und Gerechtigkeitsaspekt verbunden hatte. Es versteht sich von selbst, dass eine Schutzpatronin auch selbst Grenzen setzen können muss, sonst kann sie niemanden beschützen. Da die Griechen mit Artemis und Athene jedoch schon zwei kampfbetonte Göttinnen hatten, drängten sie diesen Aspekt der Liebesgöttin zugunsten ihres neuen Partners zurück. Aus der Beziehung von Aphrodite mit Ares wird schließlich die gemeinsame Tochter „Harmonia“ hervorgehen.

Mit dem jugendlichen Geliebten Adonis wird Aphrodite ein den Göttern Isis und Osiris entsprechendes Liebespaar bilden. Wie der ägyptische Gott war Adonis ein Fluss, der ganz Syrien durchzog, bis er in Byblos ins Meer mündete. Ihn, der – gleich Osiris – das flüchtige Leben der Vegetation wie auch des Menschen symbolisiert, wird sie in jedem Spätsommer verlieren und in jedem Frühling zu neuem Leben erwecken.

Mit dem Troer Anchises hat sich die Göttin am Ende gar einem sterblichen Menschen verbunden, dem sie den vortrefflichen Sohn Aeneas auf die Welt bringt, der eines Tages die Stadt Rom gründen wird. Hier steigt die Göttin ganz direkt zur Erde nieder, um einem geliebten Mann unsterbliche und unvergessliche Liebeswonnen zu schenken. Der gemeinsame Sohn wird von edlem Charakter sein und für eine der berühmtesten Kulturen der Welt Pate stehen.

Bleibt als fünfter im Bunde noch der Gott Eros, der in römischen Zeiten als Aphrodites Sohn verspielt auf ihrem Schoß saß, ein niedlicher kleiner Junge, der gleichwohl mit seinen Pfeilen die Welt in Aufruhr versetzen konnte. Eros war allerdings nicht immer so dargestellt worden. Der alten Welt galt er vielmehr als ein weltschöpferisches Prinzip, das unmittelbar nach der Geburt der Erde aus dem Chaos in Erscheinung trat. Ohne ihn hätte es keine Fortpflanzung und damit überhaupt kein Leben auf der Erde geben können:

„Als erster vor allen andern war Chaos,
aber als nächste die weitbrüstige Erde,
der unerschütterliche Grund allen Seins,
und tief in der verästelten Erde der finstere Tartaros
und Eros, der schönste unter den unsterblichen Göttern,
der die Glieder löst und Geist und Sinn
aller Götter und Menschen bezwingt."

(Hesiod, 8. Jh. v. Chr., Stammtafel der Götter)

Fast scheint es so, als hätte Aphrodite, wenn man ihn zu ihrem Sohn erklärt, den frühen Eros sogar in seiner Bedeutung abgelöst. Beide konnten jedoch sehr wohl auch ein gleichberechtigtes Paar bilden, denn ihrer beider Aufgabe bestand vor allem darin, die Liebe zur Welt in schöpferischer und freudvoller Weise zum Ausdruck zu bringen. Es gibt wohl kein Gedicht, in dem die Gaben der Göttin (hier Venus) schöner und ergreifender besungen werden als in den Versen, die der römische Dichter Lukrez ihr im 1. Jh. v. Chr. gewidmet hat:

„Mutter des Aeneas, Liebling der Götter und Menschen,
Venus unsere Hüterin, unter den kreisenden Sternen
des Himmels
erfüllst du das Schiffe tragende Meer
und das fruchtbare Land mit Leben.
Durch dich erst wird alles Lebendige empfangen,

um geboren zu werden, das Tageslicht zu erblicken.
Göttin, vor dir weichen Stürme.
Bei deinem Kommen öffnen sich die Schleusen des
    Himmels,
Daedalus' süße Erde läßt ihre Blumen sprießen
für dich. Besänftigt lächeln Meereswogen dir,
und aus des Himmels Frieden strömt Licht.
Die Quelle kommt zum Leben wie des Westwinds
zeugungskräftiger Atem, die Vögel in der Luft
    verkünden deine Ankunft, ihr Herz ergriffen
von deiner Macht. Der neue Überfluß
läßt wilde Tiere Freudensprünge tun.
Gefangene deiner Güte folgen dir, wohin du führst,
durch Meer und Höhen, Ströme, Blätterwerk,
wo Vögel wohnen, und grüne Felder.
In alle Herzen dringet unausweichlich deine Liebe,
damit sich *alle* Arten
auf Erden *freudig* mehren."

Für Lukrez ist diese Göttin die Voraussetzung aller Dinge, die in sich erfreulich, harmonisch und schön sind, was sie ganz selbstverständlich auch zur Schutzpatronin der Dichter und Dichterinnen macht. (vgl. Grigson, S. 93f)

Die Griechen jedenfalls, so scheint es, lernten ihre Liebesgöttin auf Zypern als Astarte/Astoreth kennen, gaben ihr allerdings einen neuen Namen, den sie zum einen besser aussprechen konnten und der sie in die Mythologie ihrer eigenen Kultur einband. So wurde sie zur „Schaumgeborenen", was jedoch weniger romantisch war, als es für unsere Ohren klingen mag. Es war der blutige Schaum, der sich um die abgeschnittenen Genitalien ihres himmlischen Vaters Uranos herum gebildet hatte, dem die junge Göttin entstammte. Gaia, die Göttin der Erde und Mutter der Aphrodite, hatte bis dahin wenig Freude in den Armen des Himmelsgottes gefunden. Als er eines Tages Kinder, die sie auf die Welt gebracht hatte, brutal wieder in ihren Leib zurückstieß, weil er sie nicht annehmen wollte, war das Maß für die Erdgöttin endgültig voll geworden. Sie stiftete ihren jüngsten Sohn, den Gott Chronos an, den Vater zu entmannen. Als der sich eines nachts wie gewohnt auf die Erde legen wollte, schnitt sein Sohn ihm mit einer Flintsteinsichel die Geschlechtsteile ab. Sie fielen vom Himmel herunter aufs Meer, wo alsbald ein liebliches weibliches Wesen aus dem Blut entstand, das die abgetrennten Teile umschäumte. Aphrodite, die Tochter von Himmel und Erde war auf die Welt gekommen.

Die Wellen trugen sie fort und halfen der neuen Göttin, in Zypern an Land zu gehen. Weiße Rosen folgten ihren Fußspuren, wohin sie auch trat. Und Eros, der Gott der Liebe war von Anfang an ihr Begleiter, wobei die beiden in ihrem Wirken durchaus auch unabhängig voneinander gedacht werden konnten. Die Göttin der Liebe hatte sich gleichsam selbst geboren. In der Weise ihres Entstehens verband sie den Himmel mit der Erde. Sie wuchs heran im Mutterschoß des Meeres (das sumerische Wort für Mutterschoß war „*mar*"), und es schien, als müsse sie die Geschlechtsteile ihres Vaters erst liebbar machen. „Die Genitalienliebende" wurde jedenfalls einer ihrer Beinamen, was sich laut Hesiod, der diese Geschichte im 8. Jh. v. Chr. erzählte, auf die Geschlechtsteile ihres himmlischen Vaters bezog.

In ihrem Heiligtum zu Paphos übernimmt Aphrodite die Sternen- und Mondsymbolik ihrer Vorgängerin Astarte; eine Göttin des Meeres auch sie, die ebenfalls unter dem Titel „Herrin Aschera des Meeres" bekannt war. (vgl. Pritchard 1973, S. 98) Griechische Münzen, auf denen der Aphrodite-Tempel abgebildet ist, zeigen den altbekannten achtzackigen Stern der mesopotamischen Liebesgöttin, wie er von einer Mondbarke getragen wird. (vgl. Harding, S.

201 – 203) Wie schon ihre Vorgängerinnen wird Aphrodite symbolisch im Morgen- und Abendstern verehrt, den wir noch heute mit dem Namen ihrer römischen Nachfolgerin Venusstern nennen. Obwohl sie selbst nicht in einer Barke oder einem Schiff segelnd abgebildet ist, wird sie dennoch zur „Herrin und Schutzpatronin der Seefahrt" erklärt, was natürlich durch die exponierte Lage ihrer Heimatinsel Zypern begünstigt wurde. Von Meereswogen dereinst an Land getragen, blieb sie der Welt des Ozeans auf immer verbunden.

Doch auch sonst sehen wir ihre Tempel oft auf ausgesetzten, schroffen Klippen und felsigen Höhen, von wo aus sie den Schiffen, welche die Meere passieren, wie Leuchttürme entgegenwinken. Von diesen Hochsitzen aus sorgte Aphrodite „Pelagaia", die Meeresgöttin, unter dem Beinamen „Euploia" für eine gute Schifffahrt und als „Galenaia" für ruhige Winde. So wie der Abend- und Morgenstern den Menschen als Leitstern und Orientierungshilfe bei nächtlichen Unternehmungen diente, so erhielten auch die Tempel der Göttin ihre wegweisenden Funktionen, durchaus auch, wie schon bei Inanna, im moralischen Sinne. Die „leuchtende Fackel von Himmel und Erde", wie die Liebesgöttin gerne gerufen wurde, sorgte auch im übertragenen Sinne für Erleuchtung. *Phosphoros aster*, der lichtbringende Stern, der die Welt wieder ins rechte Licht setzt! Der Aspekt von Weisheit und Inspiration ist noch von dieser neuen Form der Liebesgöttin nicht wegzudenken.

Das Tor des Tempels der Venus *auf Paphos (Zypern), mit Mondbarke und achtzackigem Stern (Harding, S. 203)*

Dazu kam eine andere Allegorie: das Umschiffen der Klippen, die Gefahren, denen eine tiefe Liebe beständig ausgesetzt ist, sowie das „Heimleuchten" der Liebenden, die über das Meer fahren mussten, um einander zu sehen, mit alledem vertraute man sich Aphrodite in Gedichten an:

„Morgenstern, Künder des Tags, auf Wiedersehn! –
Die du jetzt fortnimmst,
bring sie als Abendstern bald heimlich mir wieder
zurück!"

So dichtete (um 150 v. Chr.) der syrisch-griechische Liebesdichter Meleager. Und ein anderer Zeitgenosse steht ihm kaum nach:

„Hesperos (Abendstern), goldenes Licht der Lieblichen,
aus dem Schaum Geborenen,
freundlicher Hesperos, heiliger Glorienschein der
blauen Nacht,
nicht so hell wie der Mond, aber strahlendster
aller Sterne, guten Abend, freundlicher Stern. Gib mir,
wenn ich zu meinem Schäfer gehe, dein Licht, denn neu
ist der Mond, und er geht früh unter
heute nacht. Ich bin nicht ein Dieb im Dunkeln,
ich tue nicht Leides den andern der Nacht,
aber ich bin verliebt, und Liebende brauchen der Hilfe."
(vgl. Grigson, S. 198f)

Die Schutzpatronin der Seefahrt sorgte nicht nur dafür, dass die Schiffe nicht an den felsigen Klippen zerschellten, sie verlieh den zu ihr Flehenden auch seelischen Beistand in Liebesnöten und -wirren, so wie es die folgenden Zeilen belegen:

„Verehre die Cyprin, und ich will einen sanften Wind
für deine Liebe senden und für das strahlenäugige Meer."
Anonym

„Dieser Tempel, in dem ich
an mächtiger Woge als Herrin
über das feuchte Gestade hier
mich erhebe, ist klein,
aber mir lieb. Gern
seh ich's, wenn Schauer verbreitend die weite
Meerflut sich aufbäumt
Und wenn Schiffer sich retten zu mir.
Bete zu mir, dieser Kypris!
Dann sende ich dir in der Liebe
Oder in Meeres Azur
Gerne behilflichen Wind."

Antipatros v. Sidon, 2. Jh. v. Chr.

„Hort von Klippen im Meer,
dir leg ich den wenigen Kuchen
und dies schlichte Geschenk
meiner Verehrung hierher.
Morgen will ich die Wogen
Des ionischen Meeres durchfahren,
meine Eidothea ruft zu ihrem Busen mich hin.
Fächle mir freundliche Schimmer
Aufs Schiff wie über die Liebe,
Herrin des Ehegemachs,
Kypris, und Herrin der See."

Gaetulicus I, 1. Jh. n. Chr.

Von der Göttin Astarte übernahm Aphrodite auch den Delphin als ihr heiliges Symboltier, das den Schutzpatroninnen der Seefahrt, gleich unter welchem Namen sie verehrt wurden, hilfreich zur Seite stand. Bis heute erleben wir Delphine als Seismographen für günstige Witterungsverhältnisse. Sobald diese munteren Tiere auftauchen, sind sie ein Signal für ruhigeren Seegang, die Boten der gnädig gestimmten Aphrodite.

„Das ruhigste, stillste Meer legt sich in Sorgenfalten,
wenn die Delphine es verlassen und ihm Freude rauben.
Sobald die reizenden jedoch im Tanz sich wieder
necken,
wird jede Welle fröhlich, und die Wasser lächeln."

William Diaper in Anlehnung an ein Gedicht von Oppian, bei Grigson, S. 125

Delphine galten als Musik liebende, musische Tiere. Darüber hinaus waren speziell in Griechenland viele Geschichten in Umlauf, in denen die Meeressäuger sich als Retter in höchster Not bewährt hatten. Sie zu verletzen oder gar zu töten, galt deshalb als ein Vergehen gegen die Liebesgöttin.

Prinzenwagen von 1824 in Gestalt eines Delfins, *seit jeher Symbol der Liebesgöttin Aphrodite. Durch den gebogenen Schwanz erinnert er noch an eine Mondsichel, die auf einem Karren gezogen wird. In diesem Wagen feierte der Prinz seine „Hochzeit" mit der Prinzessin Venetia. (Rheinisches Bildarchiv)*

3. „Es wird zu lachen geben“ Das Fest zur Eröffnung der Schiffahrt der Isis am 5. März nach Apuleius

(Der Goldene Esel, Kap 11)

Hoch hinaus hatte er fliegen wollen, der junge Philosoph, zur Sonne, zum Licht der Erkenntnis, und gelandet ist er im dumpfen Körper eines Esels! – Das ist der Ausgangspunkt für den ältesten Roman der Antike, der uns bis heute ungekürzt erhalten geblieben ist. Nicht ganz zufällig ist er der Göttin Isis gewidmet. Eine Burleske mit einem durchaus weihevollen Ausklang, der einzigen Überlieferung eines Einweihungsritus in die Isis-Mysterien, die uns bis ganz nahe an das Geschehen heranführt, um uns am Schluss doch vor einem Rätsel stehen zu lassen.

Der Autor, Apuleius, warnt uns vor: „Merke auf, es wird zu lachen geben“ (ebd. S. 327) und er hat uns nicht zuviel versprochen. Den glücklichen Ausgang seines Romans würzt er mit der ältesten Beschreibung einer Prozession nach Art eines Karnevalsumzugs, wie er offensichtlich seit alters her zu Ehren der großen Isis vollführt wurde. Bis es allerdings so weit ist, durchleben und durchleiden wir in zehn Kapiteln mit dem Romanhelden etliche Verwandlungen, um nicht zu sagen „Verkleidungen“. Die erste Verwandlung ist, wie gesagt, voll und ganz danebengegangen. Lucius, ein junger Philosoph, lässt sich heimlich am ganzen Körper mit einer Hexensalbe bestreichen, damit er den Himmel als Adler durchstreifen kann. Durch Verwechslung der Tinkturen landet er stattdessen im Körper eines Esels. Das Mittel für seine Rückverwandlung scheint ihm zunächst zum Greifen nah: Nur ein paar frische Rosen muss er zu sich nehmen, dann wird er augenblicklich wieder zum Menschen. Doch genau hier liegt der Hase im Pfeffer begraben. Die Rosen, die er fressen könnte, befinden sich meist in gepflegten Gärten oder schmücken, als frische Blütenkränze, die Statuen der Göttinnen in und außerhalb der Tempel. Für einen Esel sind das keine angemessenen Aufenthaltsorte und so sieht sich der Arme ein ums andere Mal, sein Ziel kurz vor den bebenden Nüstern, brutal von den Objekten seiner Begierde getrennt.

Rosenkränze, geflochten aus frischen Rosen, sind Gaben an die Göttin Isis-Aphrodite, wie auch an alle anderen Göttinnen, die mit ihr in eins gesehen wurden. Der junge Lucius stolpert durch die Räume der Göttin, seine Erlösung stets und ständig vor Augen, und doch blind seinem eigenen Schicksal gegenüber. Er, der die Welt von Religion und Philosophie distanziert aus der Adlerperspektive betrachten wollte, wird kopfüber in die Unterwelt hinabgeschleudert, denn der Esel galt zu allem Unglück auch noch als das Tier des Gottes Seth, der den Tod seines Bruders Osiris verursacht hatte. Weil Esel die Mühle zogen, mit denen das Korn gemahlen (sprich: Osiris stets aufs Neue zerstückelt und zermalmt) wurde, erklärte man dieses Tier zu einem Geschöpf der Unterwelt, das Osiris nach dem Leben trachtete. Wer in einen Esel verwandelt wurde, konnte also nicht mit dem Mitgefühl der Menschen rechnen. Er befand sich vielmehr in einem unterweltlichen, „höllischen“ Zustand, aus dem es nur einen legitimen Ausweg gab: die Gunst und Gnade der Göttin. Die erreicht der ehemals hochmütige Philosoph ausgerechnet in jenem karnevalesken Umzug, den wir im 11. Kapitel seines Romans so anschaulich beschrieben finden.

Als Lucius sich, noch in Eselsgestalt, am Meeresstrand zum Schlafen ausgestreckt hatte, war ihm die Göttin Isis im aufgehenden Vollmond erschienen und hatte ihm in einem Traumgesicht seine Erlösung in Aussicht gestellt: Während des Umzugs würde er einen Priester mit einem frischen Rosenkranz in der Hand entdecken. Auf den solle er ohne Scheu zutraben und die dargebotenen Rosen unverzüglich fressen. So werde er alsbald seine menschliche Gestalt zurückerlangen. Und damit der Priester ihn auf keinen Fall davonjagen würde, wolle sie auch jenem zeitgleich im Traum erscheinen und ihn entsprechend auf diese nicht eben alltägliche Situation vorbereiten.

Alles geschah so, wie von der Göttin vorhergesagt:

„Der Tag, welcher auf diese Nacht folgt, ist mir durch uralte Gewohnheit geheiligt. Die Winterstürme sind vorüber, des Meeres Ungestüm hat sich gelegt; die Schiffahrt beginnt: Meine Priester weihen mir ein neu gezimmertes Schiff und opfern mir die Erstlinge jeglicher Ladung. Erwarte ihren heiligen Zug weder mit schüchternem noch mit unheiligem Gemüt. Auf mein Geheiß wird der Hohepriester einen Rosenkranz in der rechten Hand an der Klapper hängen haben. Dränge dich nur unverzüglich durch die Menge hindurch, gehe im Vertrauen auf meinen Schutz getrost am Zuge entlang, bis du dich so nahe bei dem Hohenpriester befindest, daß du unter dem Schein eines Handkusses unvermerkt einige Rosen ihm rauben kannst: sofort wirst du die Gestalt dieses garstigen, mir längst verhaßten Tieres ablegen.“ (S. 304)

Nach seiner sozusagen „zweiten Geburt“ wird Lucius ohne Wenn und Aber zum glühenden Anhänger der Religion von Isis und Osiris. Nach vollzogener Einweihung in die Isis-Mysterien wird er auch noch in den Osiris-Kult aufgenommen. Doch lassen wir zunächst seine lebendige Beschreibung des Umzugs auf uns wirken:

„Siehe, da erschien auch gemach der lustige Vortrab des heiligen Aufzuges. Ein jeder ging nach seiner Phantasie aufs komischste maskiert. Der eine, mit einem Schwertgehänge über der Schulter, stellte einen Soldaten vor; der andere, einen Mantel um, mit derben Stiefeln und in der Hand einen Jagdspieß, war ein Jäger. Ein dritter, in goldenen Schuhen, von einem seidenen Gewand umflossen, mit dem köstlichsten Geschmeide geschmückt, die Haare um den Kopf mit Flechten gewunden, schwebte als Frau einher. Noch ein anderer, mit Beinschienen, Schild, Helm und Schwert ausgerüstet, schien eben aus der Fechterschule zu kommen. Einer war auch da, der mit einem purpurverbrämten Kleid und mit Fackeln eine Magistratsperson darstellte. Nicht minder sah man einen mit Mantel, Stock, Sandalen und langem Ziegenbart den Philosophen spielen. Es fehlte auch nicht an solchen, die mit Leim- und Angelruten die Vogelsteller und Fischer nachäfften. Auf einem Tragesessel prangte ferner ein zahmer Bär, in eine vornehme Dame verkleidet. Ein Affe folgte ihm, wie der Mundschenk des Zeus herausgeputzt: eine geflochtene Mütze auf, einen safrangelben phrygischen Rock an und einen goldenen Becher in der Hand. Den Beschluss machte ein Esel, dem man Fittiche angeklebt hatte und dem zur Seite ein schwacher Alter ging: Dieser sollte den Bellorophon vorstellen so wie jener den Pegasus; man musste lachen, wie man sie sah.

Nach diesen Possen, die dem umherschwärmenden Volk unsägliches Vergnügen machten, kam endlich die feierliche Prozession meiner Schutzgöttin einhergezogen. Frauen in blendend weißen Gewändern, bekränzt mit jungen Blüten des Frühlings, trugen voller Freude mancherlei Dinge. Den Schoß mit Blumen angefüllt, bestreuten die einen den Weg, welchen der heilige Zug nahm; andere führten auf dem Rücken schimmernde Spiegel, in denen der Göttin zahlreiches Gefolge als ihr entgegenkommend erschien. Einige hatten elfenbeinerne Kämme in den Händen und taten mit Gebärden und Bewegungen ihrer Arme und Finger, als schmückten sie das königliche Haar der Isis. Noch andere besprengten die Gassen mit allerlei wohlriechenden tropfenden Salben und mit köstlichem Balsam.

Darauf folgte eine große Menge beiderlei Geschlechts mit Lampen, Fackeln, Wachskerzen und anderen Arten künstlicher Lichter zu Ehren der Mutter der Gestirne. Allerlei liebliche Flöten und Pfeifen ließen sich nun hören. Ein munterer Chor der auserlesensten Jugend, mit schneeweißem Staatskleid angetan, vermählte seine Stimmen mit ihren süßen Weisen und sang ein Lied, das ein großer Dichter unter Eingebung der Musen komponiert und eingeübt hatte: ein Vorgesang für die feierlichen Gebete. Bei diesen Sängern befanden sich die Pfeifer des großen Serapis. Auf Querpfeifen, die nach der rechten Seite gehalten wurden, bliesen diese die beim Dienste dieses Gottes gewöhnlichen Melodien.

Jetzt kamen Herolde, die mit weit schallender Stimme ausriefen: ‚Platz, Platz für die heiligen Symbole.' Hierauf strömten die in den Gottesdienst Eingeweihten einher, männlichen und weiblichen Geschlechts, jeglichen Standes, jeglichen Alters. Alle trugen linnene Kleider von blendender Weiße; die Frauen das gesalbte Haar in durchsichtigen Flor gehüllt, die Männer das Haupt so glatt geschoren, daß die Scheitel glänzten. Diese irdischen Gestirne der erhabenen Religion machten mit ehernen, silbernen, ja auch goldenen Klappern eine sehr hell klingende Musik.

Allein die Oberpriester, in einem knapp anliegenden Gewand von weißem Leinen, das ihnen bis auf die Füße hinabging, trugen die Symbole der allgewaltigen Götter. Der erste hielt eine hell leuchtende Lampe, denen nicht eben ähnlich, denen wir uns bei unsern Schmäusen bedienen, sondern von Gold und in der Gestalt eines Nachens, in dessen Mitte eine breite Flamme aus einer Öffnung hervorloderte. Der zweite, wie jener gekleidet, hielt in beiden Händen Altäre, die mit besonderem Namen ‚Hilfen' heißen, da die Göttin sich vorzüglich hilfreich zu diesen herab neigt. Der dritte hielt einen Palmzweig, dessen Blätter sauber aus Gold gearbeitet waren, nebst einem geflügelten Schlangenstab, gleich dem des Merkurius. Der vierte trug das Sinnbild der Gerechtigkeit zur Schau: eine nachgebildete linke Hand mit ausgestreckten Fingern, denn da die linke von Natur unbehend und langsam ist, so scheint sie der Gerechtigkeit angemessener als die rechte. Derselbe Oberpriester trug ein goldenes Gefäß, in der Gestalt einer Brust gerundet, aus der er Milch opferte. Der fünfte erschien mit einer Schwinge, die von goldenen Lorbeerzweigen geflochten war, und der sechste mit einem Wasserkrug.

Unmittelbar darauf sah man die Götter selbst, die sich herabließen, auf den Füßen sterblicher Menschen einherzuwandeln. Da war, mit schrecklichem, langhalsigem Hundekopf, der Bote der oberen und unteren Götter, Anubis. Er trug sein halb schwarzes, halb goldenes Antlitz empor und schwang in der Linken den Heroldsstab und in der Rechten einen grünen Palmzweig. Dicht hinter ihm folgte eine Kuh in aufrechter Stellung. Diese Kuh, das segenvolle Bild der allgebärenden Göttin, trug einer der seligen Priesterschaft, glücklich schreitend, auf seinen Schultern. Von einem andern wurde die mystische Truhe getragen, welche die Geheimnisse der wundertätigen Religion in ihrem Innern verwahrt. In seinem Schoße hielt ein anderer Glückseliger des höchsten Wesens ehrwürdiges Bild. Weder mit einem Vogel noch mit einem zahmen oder wilden Tier, noch auch mit einem Menschen hatte es Ähnlichkeit; doch war es, der sinnreichen Erfindung und selbst der Neuheit wegen, nicht nur anbetungswürdig, sondern auch der unaussprechlichste Beweis der höheren, aber in tiefstes Stillschweigen einzuhüllenden Religion. Es war eine kleine, aus schimmerndem Gold sehr künstlich gebildete Urne mit rundem Boden, außen mit den wundersamen, hieroglyphischen Bildern der Ägypter geschmückt. Ihr kurzer Hals, der sich vorn zu einem breiten Schnabel verlängerte, verlor sich hinten zu einem weit ausschwingenden Griff, an welchem sich eine Schlange hinan wand, deren Kopf mit buntschuppigem, giftgeschwollenem Nacken hoch darüber emporragte."

Sobald der Zug am Gestade des Meeres angelangt war, „wurden die Bilder der Göttin in aller Ordnung aufgestellt. Mit keuschem Munde verrichtete sodann der Hohepriester ein förmliches Gebet, reinigte mit brennender Fackel, Ei und Schwefel ein kunstvoll gezimmertes, ringsum mit ägyptischen Wundermalereien geziertes Schiff und weihte und heiligte es der Göttin.

Im blendenden Segel dieses heiligen Kiels stand mit großen Buchstaben das Gelübde für die gesegnete Schifffahrt des neuen Jahres geschrieben. Hoch erhob sich der runde, glatt behauene Pinienmast, weit sichtbar durch das herrliche Segel. Auf dem Heck prangte eine vergoldete Gans mit gewundenem Hals, und über und über glänzte das ganze Schiff von geglättetem, köstlichen Zitronenholz.

Nun kamen Priester und Laien und trugen um die Wette Körbe voll Gewürz und ähnliche Geschenke herbei und gossen eine Mischung aus Milch über die Wellen hin.

Als endlich das ganze Schiff mit reichlichen Gaben angefüllt war, wurden die Ankertaue gelöst, und ein eigener, frischer Wind trieb es in die hohe See hinaus.

Sobald es unserem Gesicht entschwunden war, nahmen die heiligen Träger ein jeder wieder, was er gebracht hatte, und unter den gleichen Gebräuchen, mit denen die feierliche Prozession gekommen, kehrte sie fröhlich wieder nach dem Tempel zurück.

Wie wir vor diesem angelangt waren, begab sich der Hohepriester mit denen, welche die Bilder der Göttin trugen, und denen, welche vorlängst in das Allerheiligste waren aufgenommen worden, in das Gemach der Göttin und setzten da gehörig die Leben atmenden Bilder nieder. Darauf erschien einer von ihnen, der von allen der Geheimschreiber genannt wurde, vor der Pforte und berief das Kollegium der Pastophoren (das sind sie Erzpriester) zusammen. Sodann sprach er von einer hohen Kanzel herab nach einem Buche und aus besonderen Schriften den Segen über den Kaiser, den Senat, die Ritter und das ganze römische Volk, über die Schifffahrt und über alles, was der Herrschaft unseres Reiches untertan ist, und verkündet endlich mit griechischem Wort und Brauch die Eröffnung der Schiffahrt. Daß dieses Wort allen Glück verheiße, drücken die darauf folgenden Rufe des Volkes aus. Und heilige Zweige und Kräuter oder Kränze tragend, küßten alle, überströmend vor Freuden, die Füße der Göttin, die, aus Silber gebildet, auf den Stufen des Tempels stand, und zogen dann jeder seines Weges heim." (S. 305 – 313)

Der gesamte Roman des Apuleius mit seinen Verwandlungen und Verwicklungen, Verwechslungen und Verkleidungen erscheint wie ein einziger Karneval, in dem das Unterste zuoberst und das Oberste zuunterst gekehrt wird. Die Heiterkeit tut dem Ernst der Lage nicht den geringsten Abbruch, ja steigert im Grunde noch seinen Effekt. Ein Aspekt, der uns beim Thema des Schiffs als Totenbarke noch beschäftigen wird.

Man kann den ganzen Roman auch als einen mystischen, wenngleich heiteren, Einweihungsweg nachvollziehen. Um so mehr, als wir in den Roman eingeflochten das Märchen von „Amor und Psyche" finden: Die Liebe, die der Seele als Schrecken in die Glieder fährt und aus Angst vor Selbsterkenntnis lieber in den Mummenschanz flüchtet.

Es ist die Göttin selbst, die uns auf ihren eigenen Weg des Liebens und Leidens mitnimmt. Auch sie musste lange Irr- und Umwege erdulden, bis sie Osiris, und mit ihm die Liebe, zu neuem Leben erwecken konnte. Doch sie gab niemals auf, so aussichtslos die Lage auch sein mochte, und blieb erfinderisch bis zum letzten Zauberwort, das sie dem Geliebten ins Ohr flüsterte, bis zum letzten Flügelschlag, mit dem sie seinen Geist neu belebte. Nicht nur wird sie Osiris auf diese Weise aus der Totenstarre erlösen, sie wird auch mitten im Tode ein Kind der Liebe hervorbringen: Horus das Kind, „Erbe einer Liebe, die stärker ist als das Nichts." (Jacq, Osiris, S. 468) Dass die Griechen ihn mit ihrem eigenen Liebesgott Eros gleichsetzten, erschien nur folgerichtig.

Das Schiff (oder die Barke) der Isis, mit dem sie die Sonne sicher über den Himmel geleitet, gemahnt an beide Aspekte: an die Liebe und an die Gefahren, denen sie ausgesetzt ist. Am Tag trägt sie die göttliche Sonne (bzw. den Sonnengott) vom Aufgang bis zu ihrem Untergang sicher und heiter über den Himmel. Nachts hingegen sieht sie sich mit den Schrecken der Finsternis konfrontiert. Isis, die weibliche Sonne, die Uräusschlange am Bug der Sonnenbarke, scheut keinen Kampf: „Vor mir weicht alles zurück" kann sie deshalb selbstbewusst von sich sagen (Aretalogie von Kyme-Memphis). Das betrifft die nächtlichen Dämonen, die sich der Sonnenbarke entgegenstemmen, ebenso wie die (Winter-)Stürme, die den irdischen Schiffen den Garaus zu machen drohen. Wer sich unter den Schutz dieser allmächtigen Göttin stellt, der segelt mit günstigem Wind und hat am Ende gut lachen. Mögen die Stürme des Lebens ihm auch noch so übel mitspielen, er weiß sich auch darin eins mit seiner Göttin, die ihrem Schicksal nicht ausgewichen ist, sondern es mutig und klug angenommen, die Trauer schlussendlich in Freude verwandelt hat. Und die deshalb von sich behaupten kann: „Mir gehorcht das Schicksal, ich bin Siegerin über das Schicksal." Für Ägypten, und schließlich die ganze Welt, ein weiterer Grund zur Freude: „Freue dich Ägypten, das mich hegt und pflegt!" So lauten die letzten Sätze der berühmten Isis-Aretalogie von Kyme-Memphis.

Diesen Hinweis auf das Hegen und Pflegen sollte man nicht unterschätzen. Wer gibt, der soll auch nehmen dürfen, und wer nimmt, soll seinerseits etwas zurückgeben, von dem, was ihm geschenkt wurde. Die Gabe verlangt nach einer Gegengabe. Nur so bleibt die Welt im Gleichgewicht. Im Grunde sah sich ganz Ägypten als ein Schiff, das von Isis mit vollen Segeln zu seinem großen Heil durch alle Stürme und Widrigkeiten des Lebens hindurchgelenkt wurde. Ihr jährlich zu Beginn des Frühlings ein voll beladenes Schiff als Gegengabe zu weihen, schien da nur allzu recht und billig. Die fröhlichen und ausgelassenen Umzüge, die diesem feierliche Anlass voraufgingen, schienen so recht nach dem Herzen einer Göttin, von der man glaubte, dass sie jeden Tag zur Freude bestimmt hätte.

Dass Isis selbst kein Kind von Traurigkeit war, zeigen die ebenso lustigen wie lustvollen Umzüge, die man ihr in Gestalt der berühmten Katzengöttin Bastet widmete. „Fröhlich ist sie Bastet“, sagte man der Göttin nicht umsonst nach. Der folgende Text macht deutlich, dass es bei solchen Ausfahrten hoch herging:

„Wenn sie nun zum Fest nach Bubastis ziehen, tun sie folgendes: Männer und Frauen fahren zusammen, und auf jedem Kahn eine Menge von beiden. Einige Frauen haben Klappern bei sich, und damit klappern sie, die Männer aber blasen Flöte, die ganze Fahrt über, die restlichen Frauen und Männer aber singen und klatschen mit den Händen. Und wenn sie auf ihrer Fahrt zu einer anderen Stadt kommen, legen sie mit dem Boot am Ufer an und tun folgendes: Einige Frauen tun, wie ich schon sagte, andere aber höhnen und necken mit lauten Rufen die Frauen in dieser Stadt, andere führen einen Tanz auf und andere stehen auf und heben ihre Kleider hoch. Das tun sie bei jeder Stadt am Fluß. Wenn sie aber nach Bubastis gekommen sind, feiern sie und bringen große Opfer dar, und Wein aus Reben geht bei diesem Fest drauf mehr als in dem ganzen Jahr sonst.“ (Herodot, 5. Jh. v. Chr; nach Manniche, S. 13f)

Man merkt der Schilderung des griechischen Autors an, wie fremd ihm diese Bräuche sind, und sieht ihn schon missbilligend den Kopf schütteln, insbesondere wenn es um das freizügige Verhalten von Frauen und Männern im selben Boot geht. Die Katzengöttin Bastet wurde so sehr mit Isis gleichgesetzt, dass man sie sogar als „die Seele der Isis" verstand und feierte. Ihr eigentlicher Kultort war die Stadt Bubastis, weshalb man sie auch als „die heilige Bubastis" ansprechen konnte. „Mir wurde die Stadt Bubastis erbaut", erklärt Isis in der Aretalogie von Kyme-Memphis und gibt damit ein weiteres Zeugnis für ihre Einheit mit der vergnügten Katzengöttin, die oftmals mit einem Korb am Arm dargestellt wird, als Zeichen der guten Gaben, die sie für die Menschen bereithält.

Eine Katze, das lebende Abbild der großen Göttin, zu töten, galt deshalb in Ägypten als ein Kapitalverbrechen und hatte zur Folge, dass man aus dem harmonischen und Leben spendenden Wirkungskreis der Göttin Maat herausfiel, was gleichbedeutend war mit dem Verschwinden ins endgültige Nichtsein.

In Ägypten war es seit je üblich, an besonderen Festtagen die Bilder der Göttinnen und Götter auf Barken im Lande umherzutragen. In feierlichen Prozessionen wurden diese Boote von kräftigen Priestern bewegt, damit die darin befindlichen Gottheiten alles Land und die Menschen, Tiere und Pflanzen darin unter ihren Schutz nehmen, heiligen und fruchtbar machen konnten. (vgl. Schulze, S. 97) Jacob Grimm bewertet dieses Umherziehen und -fahren von Göttinnen und Göttern, das sich allerorten und auch hierzulande beobachten ließ, in sehr ähnlichem Sinne:

„[...] wie das Fahren des Pflugs mit dem des Schiffs durch die Landschaft auf einer und derselben altheidnischen Idee zu beruhen scheine [...]: auf der Sichtbarwerdung einer wohltätigen, gütigen Gottheit unter den Menschen, die sich ihr allenthalben in Freudenbezeugungen nahten, wann im Lenz die Erde wieder weich geworden und das Eis von den Strömen gelöst war, daß Ackerbau und Schiffahrt neu beginnen konnten." (S. 219)

Mit diesen Gedanken möchte ich auf das übernächste Kapitel verweisen, wo es um die Bedeutung von Schiffen, Wagen und Pflügen geht und auch um die sowohl kultische als auch praktische Austauschbarkeit aller drei Begriffe, die für uns Heutige auf den ersten Blick nur noch wenig miteinander zu tun zu haben scheinen.

Davor noch sollten wir allerdings Bekanntschaft schließen mit jenem Gott, der bereits vor rund 3000 Jahren auf dem Schiffskarren nach Athen gezogen wurde: Dionysos-Bacchus, der in Wirkung und Wesen dem Gott Osiris gleicht.

Maria mit dem Jesuskind auf einem Schiff: *Boulogne Sur Mer, Notre-Dame-du-Grand-Retour (Zingsem, 2008, S. 454)*

Ankunft der Kybele in Rom auf einem Schiff. *Die Geschichte zu diesem Bild wird anschaulich im „Festkalender“ des Dichters Ovid erzählt: Das Schiff, das die Göttermutter Kybele (mater deum) von Kleinasien nach Rom bringen sollte, war in der Tibermündung vor Ostia auf Grund gelaufen und ließ sich nicht fortbewegen. Da trat die Vestalin Claudia Qiunta vor, die man verleumderischerweise der Unkeuschheit bezichtigt hatte. Sie aber rief vor der versammelten Menschenmenge, die sich zu Ehren der Göttin am Gestade eingefunden hatte, die Göttin um ihren Beistand an: „Wenn ich frei von Schuld bin, bürge du für meinen Lebenswandel durch die Tat und folge, eine reine Göttin, meinen reinen Händen!“ Das Schiff ließ sich daraufhin leicht von ihr ziehen, und was vorher hunderten von Händen nicht gelungen war, gelang nun ihr ganz allein: „Die Göttin regte sich - sie folgt der Führerin und gibt durch ihr Folgen Zeugnis.“ Vgl. Ovid, Die Fasten IV, 305 - 328 (Rom, Kapitolinische Museen)*

Kapitel IV

VIVAT BACCHUS!

DER WEIN- UND BIERGOTT AUF DEM „SCHIFFSKARREN“

„Vivat Bacchus! Bacchus lebe!
Bacchus war ein braver Mann.
Vivat Bacchus! Bacchus lebe!
Bacchus, der den Wein erfand."

Arie des Pedrillo in Mozarts Oper „Die Entführung aus dem Serail"

„Schon feiern alle Nichthellenen seinen Kult."

Euripides

„Und er hat den Sterblichen den Wein gebracht, der allen Kummer, so sagt man, von der Erde tilgt. Und gäbs den Wein nicht, so gäbs auch Liebe nicht und keine andre Freude."

Euripides

„Oh, Bakchos, Gottes Sohn,
er liebt die festlichen Gelage:
er liebt den Frieden,
der die Menschen ernährt,
und schenkt den Armen,
schenkt den Reichen
gleiche Freude:
den sorgenlösenden Wein."

Euripides

1. Der Gott des Frühlings und das Fest zur Eröffnung der Schiffahrt

Auch er fand in Köln sein Zuhause, Bacchus, der vor allem als Gott des Weines bekannt wurde und der den Griechen zuerst unter dem Namen Dionysos erschienen war (und von den Ägyptern mit Osiris gleichgesetzt wurde). In Köln ist eine Weihe-Inschrift aus dem 3. Jh. n. Chr. erhalten, die der Semele, der Mutter des Gottes, und ihren „göttlichen" Schwestern gewidmet ist. Sie gibt Zeugnis von einem Kölner Bacchuskollegium „mit einer Oberpriesterin, deren Amt erblich war". (Giebel, S. 83) Dies spricht dafür, dass der Kult dort längere Zeit Bestand hatte.

In Anlehnung an den Gott des Weines nannte man Fastnacht und Karneval mit lateinischem Namen *Bacchanalia* oder *Bacchanalien*. Somit können wir den Gott Bacchus geradezu als die Personifikation des Karnevals begreifen. Gern wurde er dargestellt, wie er auf einem mit Weinfässern beladenen Wagen mitfuhr, dabei selbst zuoberst auf einem Fass thronte und fröhlich seinen Weinbecher schwenkte. Mit ihm wurde die Fastnacht dann ganz schnell zur Fass-Nacht! (vgl. Moser, S. 15-16)

Diesem Gott zu Ehren wurde bereits seit etwa 1000 v. Chr. alljährlich im Februar/März das berühmte „Blütenfest" begangen, zu dem Dionysos auf einem Schiffskarren, einem *carrus navalis* also, seinen Einzug in die Stadt Athen hielt. Wie wir es schon von Isis kennen, so eröffnete auch Dionysos anlässlich dieses Frühlingsfestes gleichzeitig die Seefahrt. Es ist folglich nicht nur der Wein, der ihn zum Gott des Karnevals macht, sondern gerade diese Verbindung mit der Eröffnung der Schifffahrt. Der Gott, den man während des Festes aus dem Meer herbeirief, erteilte dem Beginn der Seefahrt seinen Segen und wurde dazu – über Land – selbst auf einem Schiffskarren in die Stadt gezogen. (vgl. Giebel, S. 57; Walter F. Otto: Der finstere Wahnsinn, in: Kommentare, S. 30)

„*Charma*", „Freude der Sterblichen" wurde er genannt, doch bei keinem anderen Gott der antiken Mythologie liegen Freude und Leid, Rausch und Zerrissenheit, Leben und Tod so eng beieinander wie in Mythos und Geschichte des Dionysos-Bacchus. Er, der als Gott des Weines als der Freudenbringer schlechthin gilt, der uns den Becher des Frohsinns reicht, der uns von Sorgen, Kummer und Leid befreit, er ist zugleich auch die tragischste Figur der griechischen Götterwelt.

Es fängt schon bei der Geburt des Gottes an: Seine Mutter ist eine Sterbliche – wenngleich Königstochter – mit Namen Semele, sein Vater niemand anderes als der machtvolle, blitzeschleudernde Zeus höchstpersönlich. An diesen Blitzen lag es auch, dass die Mutter des neuen Halbgottes sterben musste, noch ehe sie ihren Sohn auf die Welt bringen konnte. Nichtsahnend, doch von der Göttin Hera dazu angestiftet, verlangte die im sechsten Monat schwangere Semele danach, den Vater ihres Kindes in seiner wahren Gestalt zu erblicken, und zeitgleich mit der Erfüllung ihres Wunsches wurde sie von seinen Blitzen zu Asche zerstäubt. Der Vater rettete den winzigen Jungen, indem er ihn in seinen eigenen Oberschenkel einnähen ließ, um ihn drei Monate später selbst zu „gebären".

So ist der kleine Dionysos bereits bei seiner Geburt vom Tod umgeben, wird die Freude über das Neugeborene von der Trauer über den Tod der Mutter überschattet.

Nicht genug damit, trachtete ihm auch seine Stiefmutter Hera nach dem Leben. Die stets eifersüchtige Gemahlin des Zeus empfand keinerlei Freude über die jüngste Frucht seiner sexuellen Eskapaden. Sie selbst war es gewesen, die – als ihre alte Amme auftretend – der Semele jenen unseligen Wunsch in den Kopf gesetzt hatte, ihren Gatten in seiner wahren Gestalt erblicken zu wollen, wohl wissend, wie die Sache ausgehen würde. (vgl. Ovid, Metamorphosen III, 275-288)

Hera war nur zu bald klar, dass Zeus sehr an seinem jüngsten Sprössling hängen würde, um so mehr, als er ihn gewissermaßen selbst ausgetragen hatte. Schon als kleines Kind erhält der neue Halbgott das Privileg, auf dem Thron seines Vaters zu sitzen und mit dessen Blitzen zu spielen, was noch niemandem zuvor erlaubt worden war. Darauf fasst die Göttin Hera den folgenschweren Entschluss, das von ihr verabscheute Kind ein für allemal aus dem Weg zu räumen. Sie stiftet die Titanen an, das arglose Kind beim Spielen zu töten, und drückt ihnen sogar das Spielzeug dazu in die Hand. Die Titanen leisten ganze Arbeit: Sie reißen den kleinen Dionysos in sieben Stücke, kochen sie in einem Kessel gar und verzehren anschließend sogar einen Teil seines Fleisches. Die Göttermutter Rhea jedoch sammelt fürsorglich alle Stücke auf und setzt sie liebevoll wieder zusammen. So wird das Kind gerettet und gilt schon früh als der zweimal Geborene, Zeichen für seinen unzerstörbaren Wesenkern, seine göttliche, unsterbliche Natur.

Zeus, der vor Wut außer sich gerät, als er den Frevel entdeckt, verbrennt die Mörder seines Sohnes zu Asche. Aus dieser Asche wird er später die Menschen erschaffen. Da die Titanen jedoch zuvor von dem Fleisch des Getöteten gegessen hatten, haben auch die Menschen Teil an der göttlichen Natur des Dionysos. Der Gottesfunke lebt also auch in ihnen, und durch Ritus und Zeremonie werden sie dazu befähigt, diesen dionysischen Kern in sich selbst zu erwecken. Dies konnte natürlich am besten während der Feiern zu Ehren des Dionysos geschehen, von denen viele im ausgehenden Winter oder beginnenden Frühjahr begangen wurden. Eines der bedeutendsten Feste stellten in Athen die bereits erwähnten Anthesterien dar, das „Blütenfest“, das im Februar/März gefeiert wurde. Bei diesem dreitägigen Fest wird am zweiten Tag Dionysos aus dem Meer herbeigerufen, um die Schifffahrt zu eröffnen.

Die Herkunft des Gottes ist durchaus nicht eindeutig. Inschriftenfunde weisen darauf hin, dass er bereits im 12. Jh. v. Chr. auf Kreta verehrt wurde. Anderen Überlieferungen zufolge kam er sogar aus Indien, wahrscheinlicher aber aus Thrakien. Die unterschiedlichen Geschichten über seine Herkunft lassen sich mit seinem Schicksal nach der Zerstückelung in Verbindung bringen. Nachdem das Kind zerrissen wurde, hat seine Großmutter, die Göttermutter Rhea, es wiederbelebt, indem sie alle seine Körperteile geborgen und sorgfältig wieder zusammengefügt hat. Die Parallele zum ägyptischen Gott Osiris ist hier offensichtlich! Auf der Flucht vor den Nachstellungen der Hera gelangte Dionysos, den Erzählungen zufolge, sogar bis auf die ägyptische Insel Pharos, die gegenüber der Nilmündung lag, was seine spätere Gleichsetzung mit Osiris erleichterte. (vgl. v. Ranke-Graves, S. 91) Bei all den Geschichten über die Verfolgungen, denen der neue Gott quasi von Kindesbeinen an ausgesetzt war, geht es wohl vor allem darum, die Ausbreitung der Weinkultur in Europa, Asien und Nordafrika zu erklären und nachzuvollziehen. Dabei blieb es nicht aus, dass Dionysos selbst zur See fuhr, um die kostbarste Gabe, die mit ihm verbunden wird, über die ganze damals bekannte Welt zu verbreiten. Der Wein, so scheint es, war keine Erfindung der Griechen, wohl aber der Kreter, denn das griechische Wort *oinos* für „Wein“ ist kretischen Ursprungs. Dionysos, und mit ihm der Wein, kamen also tatsächlich übers Meer zu den Griechen! (vgl. v. Ranke-Graves, S. 94 und 97)

Nachdem die Erdgöttin Rhea das Kind wieder zusammengesetzt hat, gibt sie es in die Obhut der Unterweltsgöttin Persephone (lat. Proserpina), dorthin, wo bereits seine Mutter Semele Aufnahme fand. Er wächst also in unmittelbarer Nähe des Todes auf, und es wird diese Nähe zum

Tod sein, die schließlich alle großen Dionysos-Feste auszeichnen wird. So galt insbesondere auch das Blütenfest als eine Feier zu Ehren der Toten. Die Toten, so nahm man an, kamen aus diesem Anlass auf die Erde, um mit den Lebenden zusammen glücklich zu sein. Am ersten Tag des Festes wurden die Fässer mit dem jungen Wein geöffnet und der erste Trunk dem Dionysos dargebracht. Am zweiten Tag hielt man einen rituellen Umtrunk, um in der allgemeinen Begeisterung den Einzug des Gottes auf dem Schiffskarren zu begehen. Der Rausch, den der Wein bewirkt, lässt sich ohne Weiteres auch als eine Art Tod begreifen, zumindest ist er das für den Kopf, den man teilweise oder ganz dabei verliert!

Der Rausch als eine Form von Beseligung ist schließlich ein Zustand, der sich durchaus als eine Art von „Jenseits" beschreiben lässt: Wir befinden uns jenseits des Verstandes und seiner Nüchternheit, die alles im Griff zu haben meint; stattdessen werden die Schritte schwankend und so wird es auch mit unserer geistigen Verfassung, etwas löst sich in uns und wir meinen zu schweben. So wird der Gott des Weines vor allem dort abgelehnt, wo man sich erhaben über das grenzenauflösende Wesen der Ekstase fühlt und lieber den „Kopf oben behalten" will. Und ganz besonders den Mächtigen ist er, wie nicht zuletzt Euripides in den „Bakchen" zeigt, ein Dorn im Auge!

2. Weinseligkeit und Liebesgenuss: der sanfte Erlöser

„Ihm ist das selige Schwärmen gegeben,
das Tanzen und Lachen
zum Klang der Flöten.
Die Sorgen fliehen dahin,
wenn aus dem Mischkrug
Bromios (der Lärmende) verteilt der Rebe
golden fließende Gabe,
und süßen Schlaf schenkt er
den Zechern nach frohem Gelage."

Euripides

Dionysos wird am ehesten von denen verstanden, die nicht auf ihren Stolz pochen müssen, die über genügend Humor und Selbstironie verfügen, um wenigstens einmal im Jahr fünf gerade sein zu lassen, die sich nicht zu schade sind, von ihrem hohen Thron herunterzusteigen und sich lächerlich zu machen. Denn was die Anhänger des Gottes bei seinen Festen vollführen, erscheint den Machthabern dieser Welt als lächerlich: Tanzen zum Takt dröhnender Pauken und jubilierender Flöten.

Sich wie ein Clown aufzuführen, mag ja für Frauen gerade noch angehen, nicht aber für ernsthafte, ehrenwerte Männer. Solche Ausgelassenheit verträgt sich angeblich nicht mit hehren männlichen Zielen. Weshalb Dionysos vom antiken Dichter Homer verschmäht wurde, der mehr auf seiten der Aristokratie stand. Der Weingott hingegen hielt es eher mit dem Volk, galt deshalb als ein volkstümlicher Gott, bei dem Junge und Alte, Arme und Reiche gemeinsam in Rausch und Reigen schwelgten.

„Denn er schenkt dem armen Volk das Glück:
der Rebe feuchten Trank, der dunkelrot und golden
hinab die Kehle fließt und rasch Vergessenheit
beschert den Sterblichen. So befreit von Müh
und Leid durch Wein und Tanz genießen sie den Tag."

Diese Worte legt Euripides dem berühmten greisen Seher Teiresias in den Mund, der sich nicht zu schade ist, das Tanzbein zu schwingen, was Pentheus, dem Herrscher von Theben, nur ein verächtliches Lächeln abringt. (S. 12) Doch der Seher lässt sich nicht beirren:

„So mancher wird behaupten, daß ich meinem Alter
die Ehre raube ja, wenn ich, bekränzt mit Efeu,
zum Reigentanze schreite. Nein! Ob alt, ob jung:
den Gott zu ehren ist für alle Pflicht!" (S. 10)

Und offensichtlich wirkt der Tanz auf den Hochbetagten wie ein Jungbrunnen: „Ich fühl mich jung und will nun nichts als Reigen tanzen!", erklärt er seinem Begleiter. (ebd.)

Selbst die Schönheit des Gottes wird unter echten Männern zum Stein des Anstoßes: In den „Backchen" wird seine goldene Lockenpracht gleich an mehreren Stellen hervorgehoben:

„Wo führst Du den heiligen Reigen an
der selig Berauschten?
Wo schüttelst du
die Pracht deiner goldenen Locken?
Dionysos!" (S. 20)

Mit seinem lieblichen Äußeren steht er der Liebesgöttin Aphrodite näher als einem echten Helden und Kämpfer, und das können „richtige Männer" wie Pentheus nicht vertragen, die deshalb grundsätzlich an der Männlichkeit des damals noch neuen Gottes zweifeln:

„Lang gelockt das Haar,
vom Ringkampf nicht zerzaust, die Haut ist weiß
und zart,
von Sonnenstrahlen fern, im Schatten wohlgepflegt;
auf deinen Wangen leuchtet Aphrodites Huld." (S. 17)

„Sein Haar sei blondgelockt, von Wohlgeruch erfüllt;
mit Aphrodites Liebreiz im Aug ..." (S. 11)

Sein Gegenspieler Pentheus in den „Backchen" würde ihn am liebsten vor Wut in der Luft zerreißen, wenn er denn könnte. Und hier dürfen wir vielleicht sogar einen der Gründe dafür suchen, dass es im Umkreis dieses Gottes so viele Zerreißungs- und Zerstückelungsgeschichten (um nicht zu sagen: -phantasien) gibt. Immer ist es die herrschende Klasse, die sein Da- und Sosein, seine Lockerheit und seinen Charme (*Charma*!) nicht versteht. Nie könnten wir uns einen Dionysos als Krieger oder Heerführer vorstellen. Er schießt keine Pfeile ab wie Apollo, sondern verbreitet

***Jugendlicher Dionysos/Bacchus** in klassischem Standmotiv. Die aufwendige Figur ist durch Efeulaub und ein langes Band zusammengehalten. In seiner Rechten hält der Gott ein Gefäß, mit dem er Wein ausgießt. Die Linke hielt wohl den heute verlorenen Thyrsosstab, der als Attribut den Gott und seine Anhänger/innen kennzeichnet.*
(1. Jh., Neapel, Archäologisches Nationalmuseum)

stattdessen Freude, Lachen und Begeisterung um sich herum. Die Ekstase und Beflügelung, die er bringt, müssen allerdings denen als Wahnsinn erscheinen, die sich ins Gefängnis ihres Vernunftgebäudes eingekerkert haben, aus denen der Gott sie vielleicht mit Recht herauszulocken sucht.

„Und er haßt auch jene,
die versäumen, sich fernzuhalten
von der Macht des überheblichen Geistes.
Was des Volkes Meinung ist,
die schlichtere Wahrheit,
die lasse ich gelten!“ (S. 16)

Wer ihm nachgibt und aufrichtig mittut bei Fest und Zeremonie, der wird es nicht bereuen. Nicht umsonst gilt der Gott des Weines als „Löser“ und „Erlöser“, als Befreier von Sorgen und Leid. Wer ihm jedoch widerstrebt, ihn sogar fesseln und töten lassen will, wie König Pentheus in den „Bakchen“, den bringt er unweigerlich zu Fall. Und hier tut sich tatsächlich eine Parallele zur Göttin Aphrodite auf! Auch sie steht den Menschen gnädig und hilfreich zur Seite, hilft selbst bei Liebeskummer, doch die Hochmütigen stürzt sie vom Thron herab. Das macht uns Euripides in einem anderen Werk, dem „Hippolytos“ klar:

„Ist Kypris (Aphrodite) unwiderstehlich doch,
wenn sie mit Macht heranstürmt,
Und wer ihr nachgibt, dem geht milde sie zur Seite;
doch wen sie überheblich trifft und stolz, den packt sie,
bevor man sich dessen versieht, und wirft ihn nieder.
Am Himmel wandelt Kypris, wohnt im Wogenschwall
des Meeres, alles wächst heran durch ihre Kraft.
Sie streut den Samen und erweckt den Liebestrieb,
von dem wir allesamt auf dieser Erde stammen.“
(Grigson, S. 91)

Von der höchsten Höhe geht es da plötzlich hinab in die tiefste Tiefe. Dieses Hinunterstürzen ist kein böser Wille oder gar ein Rachegelüst der Göttin, sondern Teil ihres eigenen Schicksals und somit auch Teil des Wesens der Liebe selber, in das sie die Menschen durch ihr Handeln einweiht. Denn auch die Göttin der Liebe macht ihre Unterweltsfahrt. In den ältesten Texten (aus dem Zweistromland), die wir bisher überhaupt gefunden haben, verlangt es sie aus der höchsten Höhe hinab in die tiefste Tiefe, um dort in der Welt der Toten zu einem neuen, reicheren Leben zu finden. Diejenige, der sie dort unten begegnet, ist niemand anderes als die Göttin des Getreides: Ereschkigal hieß sie im Vorderen Orient, bei den Griechen Demeter mit ihrer Tochter Persephone, bei den Römern wurde sie schließlich Ceres und Proserpina genannt.

3. Einweihung: Bei Aphrodite und Demeter in der Unterwelt

Wieder berühren sich die Mythen von Aphrodite und Dionysos, insofern auch er von Rhea in die Obhut der Unterweltsgöttin Persephone gegeben wurde. Nach einer anderen Version des Mythos zog er sich ins Meer zurück, wo die Göttin Thetis ihn aufnahm. (vgl. Giebel, S. 56) Thetis wiederum gilt einigen als Mutter der Aphrodite. (vgl. v. Ranke-Graves, S. 41)

Beiden Geschichten ist gemeinsam, dass sie den Gott gleichsam unter die Erde schicken. Er wächst sozusagen im Reich des Todes auf! Das, was uns von dort unten jedoch in jedem Frühling aufs Neue entgegenwächst, ist das Korn, das Getreide, das „blonde Haar“ der Erde: „Demeter Schönhaar“ nennt sie der griechische Dichter Homer, die Erd- und Korngöttin mit den weizenblonden oder gerstengoldenen Locken. Das erinnert doch geradezu an die blonden Locken des Dionysos! Das Ganze wird noch einleuchtender, wenn wir uns vergegenwärtigen, dass der Weingott zuerst wohl gar als Biergott verehrt worden war (z. T. unter dem Namen Sabazios; vgl. v. Ranke-Graves, S. 95, unter Berufung auf Jane E. Harrison). Bier allerdings wird zweifellos aus Getreide hergestellt. Wir haben es hier also mit einer gewissen Doppelnatur des Gottes zu tun. Vielleicht sogar musste er deshalb zweimal geboren werden?

Um dies zu verstehen, müssen wir noch einmal in die Kultur des frühen Zweistromlandes eintauchen: Als die Göttin der Liebe (Inanna-Ischtar) nach drei Tagen aus der Unterwelt zurückkehrt, schickt sie an ihrer Stelle ihren geliebten Gemahl Dumuzi (Tammuz) dort hinunter. Da er nicht freiwillig geht, wird er von den Dämonen, die ihn gefangennehmen, zerstückelt. Dumuzi aber ist die göttliche Kraft, die in der Gerste lebt. Aus der Gerste wiederum wurde bereits vor mehr als 4000 Jahren Emmerbrot und Emmerbier hergestellt. So ist der Korngott zugleich ein Biergott. Damit der Gemahl der Liebesgöttin jedoch nicht für alle Zeiten in der Unterwelt bleiben musste, bot sich, dem Mythos nach, seine Schwester, die Göttin des Weinstocks, an, ihn jeweils für die zweite Jahreshälfte dort abzulösen. Es sieht so aus, als hätte Dionysos in Kleinasien sowohl den Part des Korngottes als auch den seiner Schwester, der Weingöttin, übernommen. Damit ist er nicht nur zweimal geboren, sondern – durch seine Pflanzenform –

***Persephone und Pluto** auf ihren Thronen (ca. 450 v. Chr., Marmorrelief, Italien, Nationalmuseum Kalabrien)*

gleich in zweifacher Hinsicht an die Unterwelt gebunden. Wo sich dereinst der Korngott und die Weingöttin noch abwechseln konnten, übernimmt der neue Gott die Rolle von beiden. So wird die Welt des Unten, das Reich des Todes, zu seiner zweiten Heimat.

Diesen Umstand bringt noch einer seiner Beinamen zum Ausdruck: „Der Reichtumspender“ wird er genannt. Bei den Römern hieß dieser Gott Pluto (griech.: Hades) und der galt nicht umsonst als Gemahl der Proserpina (griech.: Persephone), der Göttin des Korns und der Unterwelt. Pluto bedeutet übersetzt „Reichtum“. Mit diesem Namen wird die Vorstellung genährt, dass die Unterwelt nicht nur ein Reich des Todes ist, sondern ebenso die Schätze in sich birgt, die uns Freude, Nahrung und einen Zuwachs an Lebendigkeit bescheren. Wobei die alte Welt sicherlich nicht nur an Gold und Edelsteine dachte, sondern eher an das nachwachsende „Gold“, das Getreide, und eben den goldenen Wein, der dem Bacchus die Beinamen „der Freudebringer“ und sogar „der Heiler“ eintrug. (vgl. Walter F. Otto: Der finstere Wahnsinn, in: Kommentare S. 28) Geht man davon aus, dass alles pflanzliche Leben seinen Anfang in der unterirdischen Welt nimmt und von dort seine Kraft zum Wachsen bezieht, dann ist die Unterwelt sehr wohl ein Ort des Reichtums. Sie spendet den Lebenden die Energie zurück, die sie den Toten entzieht. Die Pflanzen sind der eigentliche Reichtum der Erde. Bier und Wein aber werden im Dionysos-Kult ausdrücklich als Gottesgaben gefeiert, die man schon allein deshalb nicht verachten durfte.

Von frühester Zeit an wurden somit Wein und Bier als unterweltliche Gaben begriffen, Gaben, die zwar den Verstand umdunkeln, dafür aber die Seele aus den engen Grenzen befreien, die der Verstand und der Leib ihr setzen wollen. Nicht umsonst sprechen wir in diesem Zusammenhang gern von Ekstase, einem Heraustreten aus der Welt des Alltäglichen, das uns einen neuen Blick auf die Gegebenheiten ermöglicht, die wir Wirklichkeit nennen. Was dem rationalen Verstand als Nacht erscheinen mag, bedeutet für die Seele Aufbruch und Erleuchtung. In diesen Erfahrungsbereich der Entgrenzung gehörte selbstverständlich noch die Sexualität. Auch sie erhielt ihren Platz im Blütenfest, worauf ich weiter unten noch zurückkommen werde.

Am dritten und letzten Tag der Anthesterien wurde ein Getreidemus gereicht, die sog. Panspermie, die – in Töpfen gekocht – auch den Toten vorgesetzt wurde, die an diesem Tag mit den Lebenden zusammen ihr Mahl hielten. (vgl. Giebel, S. 57) Hierbei wurde also der Gott in seiner Getreideform verspeist, und das Kochen in Töpfen erinnert fatal an das Kochen seiner zerrissenen Glieder durch die Titanen.

All die vielen Zerstückelungs- und Zerreißungsgeschichten, die wir im Umkreis sämtlicher Korngottheiten finden, weisen zunächst auf die ganz elementare Tatsache hin, dass das Getreide auf vielfache Weise zerstückelt werden muss, ehe wir es zu uns nehmen können, eine enorme Kulturleistung der alten Welt! Das Korn wird geschnitten, gedroschen, gemahlen, und selbst wenn wir endlich den fertigen Brotlaib oder -fladen in der Hand halten, zerteilen wir ihn aufs Neue und „zerstückeln" ihn selbst noch, während wir essen! Den Vorgang des Bierbrauens oder Weinkelterns dürfen wir uns als nicht weniger „grausam" vorstellen. Schließlich ist auch die Kelter für die Weintrauben die reinste „Tortur".

Wir leben aus dem „Opfer" der Pflanzenwelt und machen es uns viel zu selten bewusst, weil wir uns abgewöhnt haben, die Pflanzen als Wesen zu betrachten, denen ein göttliches Sein und eine geistige Kraft innewohnen. Das war in der Antike noch anders. Hier wurden die Gottheiten selbst mit den Energien der Pflanzen verbunden, insbesondere der lebenswichtigsten unter ihnen. Die

Geschichten um das Zerstückeln des Bier- und Weingottes lassen sich von daher leichter verstehen. Bevor aus „ihm“ das Bier gebraut, der Wein gekeltert werden kann, durchlaufen die diesem Prozess zugrundeliegenden Pflanzen elementare Zerreißungs- und Kochprozesse, damit sie für die Menschen genießbar werden. Auch dass der Gott nach seiner „Ermordung“ durch die Titanen zu Persephone „in die Erde“ gegeben wird, versteht sich nun beinahe wie von selbst. Die abgeernteten Pflanzen brauchen eine unterirdische Erholungszeit, ehe sie wieder neu aus der Tiefe hervorsprießen.

Später – oder auch parallel – benutzte man diese Begrifflichkeit aus dem Pflanzenreich, um sie symbolisch oder metaphorisch auf andere Geisteszustände zu übertragen, die vom Verstand her als „wahnsinnig“ oder „jenseitig“ erscheinen mussten. Es fällt auf, dass etwa im Schamanismus beinahe jede tiefe Einweihung mit einem (Traum-)Erleben einhergeht, bei dem der Betroffene aufs Grausigste zerteilt, geköpft, gekocht und anschließend wieder neu zusammengesetzt wird. (vgl. Findeisen, S. 60 – 74) Denken wir nur an unser Märchen „Von dem Machandelboom“:

„Mein Mutter, der mich schlacht,
mein Vater, der mich aß,
meine Schwester, der Marlenichen,
sucht alle meine Benichen,
bind't sie in ein seiden Tuch,
legt's unter den Machandelboom,
Kywitt, kywitt, wat vör'n schöön Vagel bün ik!“

Grimm's Märchen Bd. 1, S. 243

Die neue Erfahrung, die auf eine radikale Weise das bisherige Leben auf den Kopf stellte und zu tiefgreifenden seelischen wie geistigen Veränderungen führen konnte, ließ sich vielleicht am ehesten mit Hilfe solch drastischer Bilder darstellen. Ein völliges Aufgeben des alten Zustandes zugunsten einer neuen Erfahrungswelt kann kaum anders denn als eine Form von Todeserfahrung beschrieben werden. „Siehe, ich mache alles neu!“, das bezieht sich bei jeder Einweihungszeremonie auf ein Zurücklassen des alten zugunsten eines neuen Lebenszusammenhangs.

Es fällt auf, dass viele unserer Märchen voll sind von Schilderungen solch qualvoller Erfahrungen: Da werden die Heldinnen und Helden in Töpfen geschmort, im Backofen erhitzt, mit Spießen durchlöchert, mit Messern zerhackt und dürfen doch keinen Schmerzenslaut von sich geben. Aber wenn sie das alles tapfer aushalten, winkt ihnen als Lohn ein Leben mit Prinz oder Prinzessin in einem neuen (Erfahrungsbe)Reich, symbolisch gesprochen mit einem Schatz oder einer Vision, die das ganze Leben radikal verändern. „Du stirbst, damit du lebst“ oder überhaupt erst erfährst, was Leben eigentlich bedeutet. Wer solches durchlebt und durchlitten hat, wird in der Welt des Schamanismus nicht selten eine große Heilerin oder ein großer Heiler, der jedoch stets verpflichtet ist, den Kontakt mit der „jenseitigen“ Welt des Spirituellen offenzuhalten; was oft mit dem Bild einer (Seelen-)Reise in die „Anderswelt“ ausgedrückt wurde. Dass dabei auch ekstasefördernde Substanzen und Rauschmittel rituell eingesetzt werden konnten, leuchtet unmittelbar ein.

In den „Backchen“ wird sogar eigens auf die visionäre Kraft hingewiesen, die der Weingenuss bewirken kann. Ausgerechnet dem hochbetagten Seher Teiresias legt Euripides die folgenden, leicht ironischen Worte in den Mund:

> „Und sieh, Dionysos verleiht dem Menschen Seherkraft:
> im Wahn des Weins sind die künftigen Dinge klar.
> Wir werden ihn noch sehn in Delphi auf den Gipfeln ...“
> (S. 12)

In Delphi wurde das Grab des Gottes gezeigt. Dort, wo die berühmtesten Seherinnen zu Hause waren, teilte er sich den Sitz mit dem Sonnengott Apollo. Dionysos, dessen Ziel es war, die Ekstase über den Rausch zu fördern, trägt selbst Züge eines Schamanen und heiligen Clowns (s. u. Kap. VI. 5). Auf einer Fahrt über das Meer – als Sklave von Piraten – lässt er spontan eine Weinrebe aus einer Schiffsplanke hervorwachsen, die bald schon den ganzen Mast umwuchert. Ovid beschreibt uns in den „Metamorphosen" diese zauberhafte Szene folgendermaßen:

Gerade als die unredlichen Seeleute meinen, den Gott, den sie nicht als solchen erkennen, fest in ihren erbarmungslosen Händen zu haben, beginnt Bacchus mit ihnen

Mänade (Griechische Vasenmalerei, 5. Jh. v. Chr.)

sein Spiel: Plötzlich bleibt das Schiff mitten auf hoher See stehen, weil Efeu die Ruder blockiert und schon bald die Segel „mit schwellenden Dolden“ umrankt. Bacchus selbst, die Stirn „mit beerenreichen Trauben umkränzt“, schwingt seinen von Weinblättern umschlungenen Stab. „Rings um ihn ruhen Tiger, Trugbilder von Luchsen und die wilden Gestalten gefleckter Panther.“ Die verbrecherische Besatzung jedoch wird vom Gott alsbald in Delphine verwandelt, die sich über Bord stürzen und sich im Wasser „tummeln wie zu einem Reigentanz.“ Nur einen verschont er, den Besitzer des Schiffes, der ihn zuvor erkannt hatte, ihn aber – beim besten Willen – gegen die Rotte nicht zu schützen vermochte. Aus Dankbarkeit für seine Rettung trat er umgehend den Bacchusmysterien bei, sobald er festes Land erreicht hatte. (vgl. Buch III, 584-692)

Der Gott liebt es, sein Spiel mit denen zu treiben, die ihn verachten und ihm nach dem Leben trachten, so wie er es auch mit Pentheus in den „Bakchen“ macht. Doch im Grunde spiegelt er ihnen nur ihr eigenes Wesen zurück, wie man an Ovids Geschichte gut erkennen kann. Indem Dionysos den Menschen in echt schamanischer Manier eine andere Wirklichkeit vorgaukelt, befreit er ihre Sichtweise aus der Versklavtheit an die sogenannte Realität, die nur eine Wirklichkeit zulässt, wo es in Wahrheit noch viele andere Möglichkeiten gäbe.

4. Freiheit, Lust und „heilige Dunkelheit" – ein Gott des Volkes

Bacchus, „der Lärmende", wie der Gott des Weines bei den Römern hieß, wurde bei ihnen noch unter einem zweiten Namen gerufen: *Liber*. Liber galt, so steht es sogar noch in meinem Lateinlexikon aus der Schulzeit, als „Bruder der Proserpina", die niemand anderes war als die Tochter der Demeter (lat. Ceres): *Kore*, „das Mädchen", ein Wort, von dem wir bis heute Worte wie Korn oder Kern und nicht zuletzt ihren lateinischen Namen *Ceres* ableiten. Korn und Kern sind das, was von der Pflanze übrigbleibt und den Winter, bzw. die Trockenzeit überdauert, bevor sie wieder neu austreibt. Auch unser Wort Herz, im Lateinischen *Cor*, im Französischen *coeur* führt sich darauf zurück: das Korn als das Herz der Erde, das Herz als des Menschen „Wesenskern". *Libera* war dementsprechend ein anderer Name für Proserpina, was wiedrum die enge Verwandtschaft der beiden Unterweltsgottheiten betont!

Mit dem Wort *Liber* assoziieren wir einerseits den Begriff der Freiheit, andererseits das Wort *Libido*, was mit Liebestrieb und Liebeslust zu tun hat. Der Genuss von Wein und Bier trägt dazu bei, die Hemmungen auf dem Weg zu sexuellen Freuden zu beseitigen. Davon weiß auch der Kölner Karneval so manches Lied zu singen. Ich erinnere nur an den allseits beliebten Schunkelwalzer „Kornblumenblau":

„Kornblumenblau
ist der Himmel am herrlichen Rheine.
Kornblumenblau
sind die Augen der Mädchen beim Weine.
Darum trinkt Rheinwein, Männer seid schlau!
Dann seid am Ende auch ihr
Kornblumenblau."

Venus und Liber vestehen sich prächtig. Ein alter Name der Venus war sogar *Libentia* oder *Libitina* – Beiname der Venus als Göttin der sinnlichen Lust (Menge, S. 313), doch auch – wie mir dasselbe Lateinlexikon Auskunft gibt – als Totengöttin! (ebd. S. 310) Gerade die Göttin der Liebe hatte, wie bereits im vorhergehenden Kapitel beschrieben, ihre unterweltliche Seite. Im antiken Griechenland wurde sie deshalb „Aphrodite von den Gräbern" oder „Grabräuberin" genannt, weil sie den Leichnam aus dem Grab befreite, sprich den Toten zur Auferstehung verhalf. Nicht zuletzt kommt in dem oben bereits zitierten Gedicht aus dem „Hippolytos" ihr Doppelaspekt trefflich zum Ausdruck:

„Am Himmel wandelt Kypris, wohnt im Wogenschwall des Meeres."

Sie ist gleichermaßen im Himmel wie auch unter der Erde zu Hause. Und auch der Liebestrieb, den sie erweckt, verweist uns ebenso an himmlische Wonnen wie an die Dunkelheit der Nacht und der geistigen Umnachtung. Und sind in Zeiten der Verliebtheit nicht Himmel und Unterwelt geradezu identisch? Wir schweben wie im „siebten Himmel" und dennoch schwinden uns die Sinne, wenn wir das geliebte Wesen vor uns sehen. Wir bringen kein Wort mehr heraus oder reden lauter dummes Zeug. Etwas hat uns „tödlich" ins Herz getroffen, so dass wir kaum mehr wir selbst sind; es nimmt uns den Atem und lässt uns gleichzeitig schweben vor Glück. Wir sind ver-rückt im wahrsten und besten Sinne des Wortes.

Zum Athener Blütenfest gehörte ein Ritual der Heiligen Hochzeit unverbrüchlich dazu. Es wurde in der Nacht des Festes vollzogen, die auf die Ankunft des Dionysos folgte. Gefeiert wurde die Heilige Hochzeit der „Königin" (das war die Gattin des obersten Beamten von Athen) mit dem Gott, der entweder durch einen Dionysos-Priester oder in seiner elementaren Erscheinungform als Phallus dargestellt wurde. Mit diesem Ritual sollte zugleich die Fruchtbarkeit sämtlicher Frauen Athens angeregt werden. (vgl. Giebel, S. 57) Der Phallus des Gottes wurde auch oft in einer Wiege oder einem Getreidekorb ausgestellt, ein Symbol für die triumphierende Kraft des Lebens, der Sexualität und der Fruchtbarkeit „über Tod und Wandel hinaus." (Giebel, S. 61) In Attika sollen zur Zeit des Euripides sogar „phallische Karnevalszüge" stattgefunden haben. (Jan Kott, Gott-Essen, in: Kommentare, S. 68)

Die Nacht war die besondere Zeit des Gottes, „denn heilig ist die Dunkelheit", heißt es in den „Bakchen" (S. 18). Ein Beiname des Bakchos war sogar „der Nächtliche". Anlässlich dieser Nachtfeiern zog man mit Weinschläuchen und Kannen hinaus ins Freie, um sich bei Tanz und Musik „in berauschter erotischer Atmosphäre" mit Dionysos zu vereinen. (Giebel, S. 65)

Dass es dabei auch zu menschlichen Vereinigungen mit fruchtbaren Folgen kam, muss wohl kaum eigens betont werden. Dennoch blieb der Eros bei solchen Feiern in den kultischen Rahmen eingebettet und konnte wohl gerade deshalb seine heilsame, weil entgrenzende Wirkung entfalten.

Noch etwas anderes verbindet Dionysos mit Aphrodite: Beide Gottheiten wurden erst als letzte ins griechische Pantheon aufgenommen. Für den Dichter Homer, der seine Epen im 7. Jahrhundert v. Chr. verfasste, war der Gott noch nicht standesgemäß. Doch zwischen der Zeit des Homer und der Epoche des Euripides hatte es in Griechenland starke politische Umwälzungen gegeben, welche die Macht des Volkes und damit die beginnende Demokratie stärkten. Im Krieg gegen die übermächtigen Perser hatte Athen im Jahre 476 v. Chr. einen niemals für möglich gehaltenen Sieg errungen. Dabei jedoch hatte erstmals ein Ideal triumphiert, eine Lebensform: „Freiheit hatte den Despotismus besiegt, Demokratie die Könige, bittere Armut alles

Gold des Ostens." (G. Murray: Euripides und seine Zeit, in: Kommentare, S. 53)

Jetzt kam ein volkstümlicher und volksnaher Gott, als der Dionysos seit je aufgetreten war, gerade recht. „Als Spender des Weins, verbunden mit froher Geselligkeit, als Löser und Erlöser von Sorgen, war er ein Gott für die nun aufstrebenden Schichten des Volkes, gleichermaßen für Bauern wie für Städter." (Giebel, S. 56) Und so könnten wir vielleicht auch die „Bakchen" als Teil und Kommentierung dieser tiefgreifenden politischen Umwälzung deuten. Plötzlich ist es das Königtum, das sich in Frage stellen lassen muss. Im Stück wird es personifiziert durch das Verhalten des Königs Pentheus, dessen Zeit mit dem Ende des Schauspiels zugleich abgelaufen zu sein scheint. Er, der sich keine Blöße geben und den neuen Gott in die Schranken des Gefängnisses verweisen will, steht zu schlechter Letzt als die erbärmlichste und lächerlichste Figur der Welt vor dem Publikum. Das, was er oben halten wollte, verliert er am Ende auf tragische Weise: seinen Kopf, der ihm – in göttlich bewirkter Verblendung – von der eigenen Mutter abgeschlagen wird. Auch dies kann man als einen symbolischen Akt verstehen, da doch dem Pentheus vor allem die „Weiberherrschaft", die er im Gefolge des Dionysos aufblühen sah, verhasst war.

Zumindest im kultischen und rituellen Bereich war die Bevorzugung der Frauen eindeutig. Während das ekstatische, ausgelassene bacchantische Schwärmen in den Wäldern Männern wie Frauen offen stand, scheinen die ältesten Priesterkollegien allein den Frauen vorbehalten gewesen zu sein. Bei Euripides weigert sich Pentheus, Frauenkleider anzuziehen, und besiegelt damit sein so gut wie sicheres Ende. Dies könnte man wiederum als Hinweis auf eine verpasste Einweihung deuten. So war es z. B. Gesetz, dass Männer während der Einweihung in die Demetermysterien Frauenkleider anlegen sollten. (vgl. Riedel, S.

109 und 143) Die Nähe des Dionysos- zum Demeterkult dürfte inzwischen hinreichend klar geworden sein. Es ist also gut möglich, dass „die Bakchen“ auf solche Beziehungen anspielen. Pentheus will die Mänaden, die Priesterinnen und Dienerinnen des Dionysos, im Gebirge bei ihrem Tun belauschen und beobachten, was ohnehin als Frevel gilt. Als er schließlich – vom Gott selbst listig dazu angestiftet – dennoch Frauengewänder überzieht, tut er dies aus unlauteren Motiven heraus. Das kostet ihn seinen Kopf, ein durchaus doppeldeutiges und hintersinniges Geschehen. Auf der vordergründigen Bühne wird er von der eigenen Mutter enthauptet, die ihn in seiner Verkleidung nicht erkennt. Auf der hintergründigen Ebene wird er auf diese Weise dennoch in die Mysterien des Gottes eingeweiht, ebenso wie in die Macht der Frauen, die im Kult eine so große Rolle spielen.

Hades-Pluto entführt Persephone in die Unterwelt
(ca. 3. Jh. v. Chr., Alexanderzeit)
Dieses Mosaik wurde im Sommer 2014 bei Ausgrabungen in Amphipolis/Makedonien freigelegt.

5. Ein Gott der Musen und der Frauen

„Oh, nach Kypris (Zypern) möchte ich ziehn,
zur Insel der Aphrodite,
wo Eros die Sinne bestrickt
den Sterblichen.
Zu den heiligen Gärten der Musen
an den erhabenen Hängen
des Olympos:
dorthin geleite mich,
vorausschwärmend,
Dionysos, Dionysos,
umjubelter Gott!
Dort, wo die Chariten wohnen
in Anmut vereint
mit dem Gott des sehnenden Verlangens,
Pothos!,
dort gilt der Bakchen heiliges Recht,
sich schwärmend den heiligen Weihen
zu ergeben.“ (S. 15)

„Laufet und stürmet und tanzet
ihr Bakchen mit wildem Jubel!“ (S. 9)

Die Herkunft des Dionysos wird auch mit den Musen in Verbindung gebracht, was bei diesem Gott der Musik und der ekstatischen Tänze kaum verwundern kann. Nach dem Dichter Hesiod (8. Jh. v. Chr.) gelten die Musen als Töchter der Mutter Erde und waren zuerst Berggöttinnen. (vgl. v. Ranke-Graves, S. 45) Selbst mit dieser Geschichte bleibt der Gott also seinem erdverbundenen Charakter treu. Die Musen gelten als Göttinnen der schönen Künste, zu denen Musik und Tanz ganz selbstverständlich dazu gehören. Im obigen Text werden die Musen in einem Atemzug mit den

Chariten, den drei Grazien genannt, die wiederum als Begleiterinnen der Aphrodite erscheinen. Aphrodite selbst dürfen wir genau genommen sogar als Urgroßmutter des Dionysos ansehen. Seine Mutter Semele war eine Tochter der Harmonia und diese war aus der Verbindung der Liebesgöttin mit dem Kriegsgott Ares (lat. Mars) hervorgegangen. Es fließt mithin wahrhaft aphrodisisches Blut in den Adern des Weingottes und ist ein letzter Beweis für die immer wieder aufscheinende Nähe der beiden Gottheiten zueinander. Wein- und Liebesseligkeit, wie gut passt das zusammen, was nur dem nüchternen, wenn nicht gar moralisierenden Verstand ein verächtliches Kopfschütteln abringt.

Auch das immer wieder betonte liebreizende Aussehen des Gottes mag mit seiner göttlichen Urgroßmutter zusammenhängen:

„Ein Junge von mädchenhafter Schönheit“, so wird er bei Ovid beschrieben. (Metamorphosen III, 607)

„Auf seinen Wangen leuchtet Aphrodites Huld“, preisen ihn die „Bakchen“. (S. 17)

So ist er „echten“ Männern wie Pentheus ein Dorn im Auge: „Als erstes werd ich dir die schönen Locken stutzen“ (S. 18), droht er ihm (den er in seiner Verblendung nicht als Gott erkennt).

Bei Ovid beklagt sich derselbe König: „Nun aber wird Theben von einem waffenlosen Knaben erobert werden, den kein Krieg, keine Speere, keine Rosse erfreuen, sondern nur Haar, das von Myrrhe trieft, weichliche Kränze, Purpur und Gold, das in bunte Gewänder gewoben ist.“ (Metamorphosen III, 553–557)

Sein als unmännlich empfundenes Aussehen trägt dem „neuen Gott“ ebenso die Herzen der Frauen zu, wie es den Hass jener hervorruft, die alles Weibliche als weibisch und weichlich verachten, nur um ihre eigene Verrohung dagegen als Kultur auszugeben! In den „Bakchen“ verurteilt

Pentheus selbstgerecht die angebliche Überheblichkeit der Frauen:

> „Länger duld ich nicht der Weiber Hybris!“ (S. 26)

> „Die Frauen rasen! Einer Seuche gleicht,
> was unsre Weiber aus den Häusern in die Berge
> trieb, wo sie schwärmend einem neuen Gotte
> heilgen Dienst erweisen.
> Berauscht vom Wein und Tanz verlieren sie den
> Anstand.“ (S. 10–11)

Hier geht es also um Kontrollverlust: Trunkenheit und sexuelle Freizügigkeit sind die größten „Sünden“, die den Frauen seit Beginn des Patriarchats, als dessen Vertreter Pentheus hier auftritt, zur Last gelegt werden. So kämpft der patriarchale Wahn gegen Frauen, die sich ihr Recht auf Freiheit nicht nehmen lassen und die damals in Dionysos ihren „Erlöser“ aus fremdbestimmten Zwängen erblickt haben dürften. Das, was der Gott ihnen ermöglichte, war ein Ausleben ihrer musikalischen Begabungen und ihres Verlangens nach Trance und Ekstase in einem allerdings kultisch vorgegebenen Rahmen. Dass sie dabei ihren Anstand verloren haben sollen, darf man getrost ins Reich der schmutzigen Phantasie verweisen.

In den „Bakchen“ ist es auffallenderweise der König selbst, der jedes Gefühl für Schicklichkeit verliert. Er weiß, dass er ein heiliges Gesetz übertritt, wenn er die Frauen bei ihrem Treiben im Wald beobachtet, doch seine voyeuristische Neugier besiegt jegliche Skrupel. Stets waren die Mysterienkulte – gleich welcher Gottheit – allein den Eingeweihten vorbehalten. Kein Uneingeweihter durfte je erfahren, was dort geschah, so wenig wie die Eingeweihten selbst darüber sprechen durften. Pentheus jedoch will dabei sein und gleichzeitig außen vor bleiben, ohne sich tiefer auf das göttliche Geheimnis einzulassen. So trifft ihn, was er sieht, völlig unerwartet. Dies, verbunden mit dem schlechten Gewissen wegen Übertretung heiliger Gesetze, wird wohl ausgereicht haben, ihn in einen Schockzustand zu versetzen.

Die Szene, in der er bei seinem frevelhaften Tun von den Mänaden entdeckt und anschließend in Stücke gerissen wird, könnte sich auch allein in seinem Kopf abgespielt haben, den er schließlich doch verliert. Was er bisher nur aus sicherer Entfernung „kannte“, ergreift ihn plötzlich hautnah. Und da er diese Erfahrung bis dahin immer tunlichst gemieden hatte, holt sie ihn nun mit doppelter Wucht ein, so dass er darüber den Verstand verliert. Dabei vollzieht sich das Schicksal des Dionysos, das Zerrissenwerden, nun plötzlich an seinem eigenen Leibe. So etwas nennt man heute „self fulfilling prophecy“, eine sich von

Ausschnitt aus dem Kölner Dionysos-Mosaik: Mänade und Satyr (220 n. Chr., Römisch-Germanisches Museum, Köln)

selbst erfüllende Prophezeiung. Man wird zum Opfer seiner eigenen Vorurteile.

Doch wie meinte schon Max Frisch in seinem modernen Drama „Biedermann und die Brandstifter“, am Ende von Szene 3:

> „Der die Verwandlungen scheut,
> Mehr als das Unheil,
> Was kann er tun
> Wider das Unheil?“ (S. 236)

Verwandlung aber war Ziel und Anliegen sämtlicher antiker Mysterienkulte, in denen es immer um eine Art von Todes- und Wiederauferstehungserfahrung ging.

Was die Dionysos-Mysterien für Frauen zusätzlich besonders attraktiv machte, war ihre Verbindung zur Natur:

> „[...] ihrer Stimmen Klang
> verzauberte den ganzen Wald: es tanzten mit
> die Bäume und die Tiere liefen mit im Schwarm;
> der Berg raste; nichts, was da noch still
> geblieben und nicht mitgerissen worden wär.“
> (S. 24)

Das hört sich nach schrankenloser Begeisterung an, wobei die Betonung auf „Geist“ liegt. Die Frauen scheinen ganz in ihrem Element. In einer Zeit, in der man sie, gesellschaftlich gesehen, zunehmend mehr aus dem öffentlichen Leben verbannen wollte, fanden sie im Dionysos-Kult zu einer neuen Befreiung und Bestimmung und vielleicht sogar ein Ventil für aufgestaute oder unterdrückte Wünsche. Hier im Kult jedenfalls spielten sie die erste Geige, und das von Anfang an. Die ältesten dionysischen Mysterienbünde waren rein weiblich und konnten – wie auch in Köln, hunderte von Frauen umfassen.

Dabei mag die Verehrung des Gottes als Kind eine große Rolle gespielt haben, denn die Mänaden oder Bakchen verstanden sich auch als Ammen des Dionysos. Das rief mütterliche Gefühle in ihnen wach. Um das im Winter unter der Erde schlafende Dionysoskind aufzuwecken, zogen die Frauen im Februar hoch hinauf in die verschneiten Berge, weit weg von Webstuhl und Spindel und ihren sonstigen häuslichen Pflichten. Sogar ihre eigenen Säuglinge ließen sie zu Hause zurück, um stattdessen während des Zuges junge Tiere an ihrer Brust zu nähren. Vor allem mit Tanz und Trommelschlag wollte man das schlafende Gotteskind zum Erwachen bringen. Trommeln, Flöten und Tamburine galten als die orgiastischen, trance- und ekstasefördernden Instrumente schlechthin. Wir werden sie auch bei den Umzügen zu Ehren der großen Göttin Kybele wieder finden (s. u. Kap V.3) – eine Art von Musik, die als heilsam galt. Schon der berühmte Philosoph Plato spricht der Musik eine einzigartige sittliche Wirkung zu und Flötenmusik galt der Antike als ein Heilmittel gegen Angstzustände und Depressionen. (vgl. E. R. Dodds, Die Segnungen des Wahnsinns, in: Kommentare, S. 21-22)

Die bewusstseinserweiternde Ekstase konnte am besten „draußen" erfahren werden, dort wo man ungestört laute Musik machen durfte und sich von den Fesseln der Konventionen und des Alltags befreien konnte. Nur hier konnte man jenen Ausnahmezustand erreichen, der Leib, Seele und Geist für die Begegnung mit dem Göttlichen aufschloss. „Die Rasenden", „die Lärmenden", „die Stürmischen", so wurden sie genannt, die Priesterinnen und Anhängerinnen des Dionysos. Sie tanzten Reigen, bewegten sich im Rhythmus zur Musik; ein Kreis, der ihnen gleichzeitig Halt gab und ihnen erlaubte in Trance zu fallen, über die Grenzen ihres Bewusstseins hinauszugehen. Auch im nordisch-germanischen sowie keltischen Kulturkreis kennen wir zahlreiche Märchen, bei denen Frauen – immer zur Nachtzeit – ihre gewohnte Umgebung verlassen, indem sie z. B. „auf Ofengabeln" oder „Besen" durch den Kamin jagen. Dort „oben", über den Wolken, treffen sie sich mit anderen gleichgesinnten Frauen, u. a. um zu musizieren und neue Tänze oder „Zauberkünste" zu erlernen. Männer, die versuchen, es ihnen gleichzutun, sprich uneingeweihte Menschen, fallen dabei meist heftig auf die Nase. In Köln braucht man dazu nur an die Legende von den elftausend „Jungfrauen" zu erinnern, die nächtens mit der Hl. Ursula unterwegs gewesen sein sollen! Die Erfahrungen sind im Kern stets dieselben, unterschiedlich ist nur die Art und Weise, wie davon erzählt wird.

Bemerkenswert ist in diesem Zusammenhang noch, dass schon in den ältesten uns überhaupt zugänglichen Texten der Welt, in den Geschichten um die große Liebes- und Kampfgöttin Inanna (später Aphrodite), Trommeln und Tamburine mit der „Kunst der Frauen" in Verbindung gebracht werden. Als Inanna die „Kräfte der Weisheit" in ihren Tempel bringt, da packt die auch zwei verschiedene Arten von Trommeln und drei unterschiedliche Sorten Tamburine aus, die im Kult erklingen sollen! (vgl. Zingsem 2008, S. 37; s. o.)

Bei den nächtlichen Dionysos-Feiern, die von den Frauen geleitet wurden, ist keineswegs an unkontrollierte Massenbewegungen zu denken. „Die Frauen sind auserwählt zu ihrem Dienst in einem geschlossenen Kreis, weil sie tieferes Wissen um die zu feiernden Geheimnisse besitzen und daher stellvertretend für die Allgemeinheit – also auch für die männlichen Kultanhänger – in Kontakt mit dem Göttlichen treten können." (Giebel, S. 60) Die gelösten, frei im Wind und frei wie der Wind fliegenden Haare der Frauen sind dabei auch Ausdruck neu gewonnener geistiger Freiheiten.

„Ich steh' auf hohem Balkone am Thurm
Umstrichen vom schreienden Staare,
und laß' gleich einer Mänade den Sturm
Mir wühlen im flatternden Haare;
O wilder Geselle, o toller Fant,
Ich möchte dich kräftig umschlingen,
Und, Sehne an Sehne, zwei Schritte vom Rand
Auf Tod und Leben dann ringen!"

Annette von Droste-Hülshoff

So macht noch vor rund 150 Jahren die Dichterin Annette von Droste-Hülshoff ihrem Herzen Luft. (vgl. Ferchl, S. 112) Und auch für sie bedeutet das – heimliche – Lösen ihrer Haare einen geradezu rebellischen Akt der Gedankenbefreiung.

Gelöst von allen Fesseln, die das Alltagsleben der Antike ihnen auferlegte, erreichten die Frauen im Gebirge eine höchste Steigerung ihrer Lebenskräfte. Indem sie das schlafende Dionysoskind in der Höhle aufweckten, erweckten sie das Leben neu: in sich selbst wie auch ringsum, in der ganzen Natur. Wieder hat das dem Tode ausgesetzte Gotteskind über den zeitweiligen Tod triumphiert. Die Flöten, Trommeln und Tamburine leisten dabei so etwas wie Geburtshilfe.

Es sind die Frauen, die seit alters her um die Geheimnisse von Sexualität und Geburt, Fruchtbarkeit, Tod und Erneuerung – auch im spirituellen Sinne – wissen, Geheimnisse, für die das göttliche Kind nur ein Symbol ist. Dass sie mit ihren Mysterienfeiern und Priesterinnenkollegien bis an den Rhein nach Köln gefunden haben, zeugt von der Stärke eines Kultes, der uns nicht umsonst an zentrale Aussagen aus der christlichen Welt erinnert.

Dionysos, was man allgemein mit „Zeussohn" übersetzt, wurde auch „Gottessohn" gerufen: „Oh, Bakchos, Gottes Sohn!" heißt es in den „Bakchen". (S. 8 und 16)

Sein Vater ist ein Gott, seine Mutter eine Sterbliche, die gleichwohl als „Gottesmutter“ gilt, wie uns die „Bakchen“ wissen lassen. (S. 13) Später wird der erwachsene Sohn dafür sorgen, dass seine Mutter aus der Unterwelt heraufgeholt und in den Himmel aufgenommen wird. Der Sohn selbst jedoch wird – wie Osiris, mit dem er ab dem 3. Jh. v. Chr. gleichgesetzt wird – symbolisch in den beiden Gestalten von Brot und Wein verehrt und verzehrt!

Aus den Karnvalsumzügen in Köln (und auch sonst im Rheinland) ist das Trommeln, Pfeifen, Flöten und Tanzen jedenfalls nicht wegzudenken:

„Ja, wenn dat Trömmelche jeht,
dann stond mer all parat,
un mer trecke durch de Stadt ...“

Dieser Evergreen der Karnevalsband „Die Räuber“ ist den Kölner/innen so richtig „nach der Mütze“ und spricht ihnen aus dem Herzen. Ein bisschen was von Dionysos hat sich wohl bis in unsere Zeit hinübergerettet: Der „Zweimalgeborene“ ist so leicht nicht totzukriegen. Im Kapitel über den „Nubbel“ (VII. 5.) werde ich darauf zurückkommen.

6. Dionysos in Köln – ein weltberühmtes Mosaik

Dass Dionysos-Bacchus in Köln eine größere Rolle gespielt haben muss, erschließen wir nicht nur aus der Existenz von Priesterinnenkollegien des Gottes. Einen archäologischen Glücksfall stellt auch das inzwischen weltberühmte Dionysos-Mosaik dar, das im Jahre 1941 ganz zufällig entdeckt wurde. Beim Bau eines Luftschutzbunkers kam es zutage, wurde jedoch erst 1946 professionell freigelegt. Rund 1600 Jahre lang lag es verschüttet in nächster Nähe zum Südportal des Kölner Doms. Ein echter Sensationsfund, denn das Mosaik aus dem Jahre 220 n. Chr. zeigte sich gut erhalten. Rund 1,5 Millionen Mosaiksteinchen waren benötigt worden, um auf einer Fläche von etwa 75 qm Szenen aus dem Dionysoskult lebendig werden zu lassen. Sie bestehen aus Kalkstein, Terra sigillata (kleine Keramikscherbchen) sowie grünem und blauem Glasabfall aus der römischen Glasindustrie der antiken Stadt Colonia Agrippina.

Das Mosaik war Teil einer römischen Villa, die an der zum Rhein führenden römischen Hafenstraße lag. Im Inneren des Hauses schmückte das Kunstwerk den Boden eines Speisesaals. Man kann sich gut vorstellen, wie es als Anregung für feucht-fröhliche Feste zu Ehren des Weingottes diente. Zentrales Bildmotiv ist der trunkene Gott selbst, wie er sich auf einen jungen Satyr stützt, der einen Thyrsosstab in der linken Hand hält. Zu ihren Füßen liegt ein umgestoßener Weinkrug mit zwei Henkeln.

Es ist ein friedlicher und anmutiger Reigen der Sinnenfreude, dem das gesamte Mosaik zu huldigen scheint. Um das zentrale Motiv herum ranken sich Szenen mit Musik und Tanz: Hier sehen wir Flöte spielende Mänaden und Satyrn, die sich abwechselnd gegenseitig zum Tanz aufspielen oder gemeinsam musizieren. Ein Bild zeigt eine auf der Leier spielende Mänade mit einem Flöte blasenden Satyrn. Dann wieder sehen wir eine Tanzszene mit einem Satyrn und einer Mänade, die eine Schellentrommel schwingt. Schön gestaltet ist auch ein Erote, vielleicht sogar der Gott Amor selbst, wie er auf einem Löwen reitet.

Das 1974 eröffnete Römisch-Germanische Museum wurde auf den Fundamenten dieser ehemaligen Stadtvilla und sozusagen um das Mosaik herum errichtet. Mit seinem beachtlichen Umfang gehört das Kunstwerk zu den besterhaltenen Darstellungen des Dionysos-Kultes nördlich der Alpen.

Beim Weltwirtschaftsgipfel von 1999 gelangte der antike Speisesaal zu ungeahnten Ehren, als die führenden Regierungsvertreter der Welt sich dort – oberhalb des Dionysos-Mosaiks - zu einem Bankett zusammenfanden. Dass sie sich dabei vom tiefgründigen Gott des Weines und der Musen inspirieren ließen, steht wohl zu bezweifeln.

Das zentrale Motiv des berühmten Dionysos-Mosaiks: Der trunkene Gott stützt sich auf einen Satyr. (220 n. Chr., Römisch-Germanisches Museum, Köln)

Kapitel V

VON SCHIFFEN, WAGEN UND PFLÜGEN

„Die Idee des einziehenden, heilbringenden, alles neubelebenden sommergottes ist ganz im geist unseres frühsten alterthums: ebenso zieht Nerthus in das land, Freyr, Isis, Hulda, Berhta, Frigg, und andere gottheiten mehr, deren wagen, deren schif das freudige volk jubelnd einholt."

Jacob Grimm

1. Vom Himmel auf die Erde

Wie wir sehen konnten, hat man schon früh die liegende Mondsichel mit einem Boot verglichen, das über den Himmel segelt. Später ging man - in der bildlichen Darstellung - zusätzlich dazu über, dies Himmelsboot auf einem von Kühen (oder Ziegen) gezogenen Wagen fahren zu lassen (vgl. Harding, S. 234 und 237). Damit war ein Schiff erfunden, das sich auf drei Ebenen zugleich bewegen konnte: am Himmel, auf dem Meer und jetzt eben auch auf der Erde. Indem man dazu überging, das Himmelsboot auf einen Wagen zu setzen, konnte man den Himmel mit der Erde verbinden, bzw. den Himmel auf die Erde herabholen. Zugleich wurde damit eine gewisse Austauschbarkeit von Schiff und Wagen nahegelegt, die sich schließlich im Begriff von Wagenschiff oder Schiffswagen niederschlagen wird: *car-navalis*, ein Schiff, das auf Rädern transportiert und über Feld und Flur gezogen wird, ein Wagen, der aussieht wie ein Schiff, bzw. dem Schiff die Möglichkeit gibt, Meer und Fluss zu verlassen und sich über Land fortzubewegen.

Während die Gottheit im Himmelsboot über den Himmel reist und mit dem Schiff über Meere und Flüsse segelt, ist allein der Wagen in der Lage, sie den Menschen direkt und dauerhaft und auf gleicher Ebene nahezubringen. Das einfache Volk kann ihn ohne Mühe und in großer Menge zu Fuß erreichen und umringen. Die Gottheiten gesellen sich auf diese Weise den Menschen zu, ja werden in gewisser Weise selbst gesellig, wenn sie direkt unter die Menschen fahren. Hier scheint mir der Hauptgrund für die Kombination von Schiff und Wagen zu liegen. In den mythischen Geschichten vieler großer Göttinnen (und auch Götter) nimmt die Vorstellung, dass sie bei den Menschen umherziehen und -fahren einen zentralen Raum ein: Diese Umzüge geschehen immer im Frühling (März bis Mai) und sie sind immer mit Freudenfesten, Prozessionen und einem bunten, ausgelassenen Treiben verbunden, indem geradezu – wie beim Pflügen – das Unterste zuoberst gekehrt wird. Und damit gesellt sich noch ein drittes Fortbewegungsmittel zu Schiff und Wagen dazu: der Pflug, ein Gerät, das wir heutzutage nicht mehr so ohne Weiteres mit dem Karneval verbinden würden.

Ein Hinweis liegt jedoch bereits in unserem Wort Mondsichel. Die Sichel ist ein Handwerkszeug, das mit dem Ackerbau zu tun hat und deren Unterseite scharf schneiden und einritzen kann. Genau wie es auch der spitze Bug oder Rumpf eines Schiffes tut, der unten spitz zuläuft. Über Land gezogen könnte man sich also keinen besseren und flächendeckenderen Pflug vorstellen als ein Schiff. Die Räder, die man ihm unterlegt, um es schneller über die Erde bewegen zu können, erfüllen im übrigen die genau gleiche Funktion: Sie ziehen Furchen in die Felder, damit sie das Saatgut um so besser aufnehmen können.

Tatsächlich lässt sich eine sprachliche Verwandtschaft der Worte für Schiff und für Pflug nachweisen. Wie Jacob Grimm erläutert, geht nämlich das Wort Pflug zurück auf die Wurzel *plu* oder *flu*, die ursprünglich ein Schiff bezeichnet hat. Das altgriechische Wort für Schiff *ploion* (im Neugriechischen noch heute *ploío*) hängt ganz offensichtlich mit dieser Wurzel zusammen. (vgl. Grimm Bd. III, S. 87)

Wie es Gertraud Steiner in ihrem Buch „Die Frau im Berg“ so poetisch zum Ausdruck zu bringen weiß:

„Wenn zur Zeitenwende der girrende Wagen der Göttin das Land befährt, sollte davon die Erde enthemmt, über ihre unterirdischen Schwellen gelockt und mit einer unerschöpflichen Kraft angesteckt werden, von der die Scheunen und Speicher übergingen. Die Räder ihres Wagens sollten wie ein Grabstock glühende Furchen ziehen. ... Von ihrer schneidenden Mondsichel sollte sich das Erdreich lockern, sich loseisen und neu verwurzeln.“ (S. 54)

Das Wagenschiff, das im Frühjahr über Land gezogen wird, übt folglich die Funktion eines Pfluges aus, es ritzt und lockert das Erdreich, das im Winter hart gefroren und für jedes Saatkorn unzugänglich war, und bereitet die Scholle für die neue Aussaat vor. So wie in dem bekannten Volkslied „im Märzen der Bauer die Rösslein einspannt“, so spannte man in ungleich größeren Dimensionen die Rinder oder Pferde vor den Schiffswagen oder ließ Pflug und Wagenschiff mitunter sogar von kräftigen Männern ziehen. Eine Berufsgruppe, die sich dafür besonders anbot, war offensichtlich die der Weber, die ja auch sonst mit einem Schiff hantierten: dem sog. Weberschiffchen. So wurden z. B. in den Niederlanden oder in Belgien die Weber gezwungen, die Karnevals-Schiffe mit Seilen auf ihren Schultern vorwärts zu ziehen und zu bewachen. Dafür durften sie vom Volk Pfänder nehmen und mussten dafür Sorge tragen, dass die Menschenmenge den Schiffen nicht zu nahe trat, denn es sollte ja niemand unter die Räder kommen. Und sicherlich verlangte auch die im Wagen gegenwärtige Gottheit nach einem gebührenden Abstand. (vgl. Grimm Bd. I, S. 218)

Bemerkenswert ist, dass sich Umzüge, bei denen ein Schiff nach Art eines Pfluges über Land gezogen wurde, bereits seit dem frühen Mittelalter in der Gegend zwischen Aachen, Maastricht und Köln nachweisen lassen. Es scheint, als habe das gesamte heutige Dreiländereck von Belgien, Niederlande und Rheinland diesen festlichen Prozessionen gehuldigt. Im Umkreis dieser Schiffe wurden ekstatische Freudenfeste gefeiert, die zugleich kultischen Charakter hatten. Allerdings stand der Kult, um den es hier ging, unter deutlich vorchristlichen Zeichen, weshalb er von der katholischen Kirche auch ebenso scharf wie vergeblich bekämpft wurde. Einen Begriff, wie turbulent es bei solchen Umzügen zuging, vermitteln uns die folgenden Texte:

„Etwa um da j. 1133 wurde in einem Wald bei Inda (gemeint ist Inden im Jülichischen, später Cornelimünster, bei Aachen) ein *schif* gezimmert, unten mit Rädern versehn und durch vorgespannte menschen zuerst nach Aachen, dann nach Maastricht (wo mastbaum und segel hinzukam), hinauf nach Tingern, Looz und so weiter *im land herumgezogen*, überall unter großem zulauf und geleite des volks. wo es anhielt war *freudengeschrei, jubelsang und tanz um das schiff herum* bis in die späte nacht. die ankunft des schiffes sagte man den städten an, welche ihre thore öfneten und ihm entgegen giengen." (Grimm, Bd. I, S. 214)

Noch Erhellenderes bietet uns der nächste Text:

„Als der Abt von St. Trond (bei Lüttich), Rodulfus, hörte, dass jenes Schiff, das unter einem unglücklichen Vorzeichen gebaut und unter böser Vorbedeutung auf Fahrt gegangen war, sich unter einer solchen heidnischen Bemühung unserer Stadt nähere, ermahnte er mit vorausschauendem Sinn die Leute immer wieder, dass sie von dessen Aufnahme absehen sollten, weil unter dem Deckmantel dieses Scherzes bösartige Geister in dem Schiff mitgeführt würden und durch dieses in Kürze ein Aufruhr erregt würde, aus dem Mord, Brand und Raub hervorgingen und viel Menschenblut vergossen würde. Obwohl er dies in allen Tagen, an denen jenes Bildnis bösartiger Geister sich am Ort aufhielt, vortrug, wollten ihn unsere Einwohner nicht hören, sondern sie nahmen es mit der Begeisterung und Freude auf, mit der die dem Untergang geweihten Troer das schicksalsträchtige Pferd in der Mitte ihres Marktplatzes weihten ... Die Weber wurden ... gezwungen, das Schiff Tag und Nacht mit jeder Art von Bewaffnung zu umringen ..." Schließlich „lärmten vor jenem verwünschten Wohnsitz, ich weiß nicht, wem ich ihn eher zuschreiben soll, dem Bacchus, der Venus, dem Neptun oder dem Mars, oder um es richtiger zu sagen, vor dem Wohnsitz aller bösartiger Geister verschiedene Arten von Musikern, die schändliche und der christlichen Religion nicht ziemende Gesänge anstimmten ... Während bei dem noch fliehenden Licht des Tages der Mond herannahte, sprangen Scharen von Frauen, die ihre weltliche Scham abgelegt hatten, beim Hören des Lärms dieser Nichtigkeit mit gelösten Haaren von ihren Lagern auf, die einen halbnackt, die anderen nur mit einem einfachen Umhang umhüllt, und mischten sich durch schamloses Eindringen unter die, welche um das Schiff herum Tänze aufführten. Man hätte dort zuweilen tausend Menschenseelen beiderlei Geschlechts das unglückverheißende und unselige Taktschlagen und -rufen bis zur Mitte der Nacht feiern sehen können. Jedesmal aber wenn jener verwünschte Reigen auseinandergerissen wurde, wurden beide Geschlechter unter ungeheurem Geschrei ungezügelter Stimmen in Schwärmerei (Raserei) hierhin und dorthin getrieben; es ist unsere Aufgabe, das, was man sie dann hätte tun sehen können, zu verschweigen und zu beweinen ..." (Rodulfus, chronicon abbatiae s. Trudonis lib. XI, Grimm Bd. I, S. 214-216)

„Sichtbar ist in der ganzen erzählung alles in gehässigem licht aufgefaßt", erkennt und beklagt auch Jacob

Grimm. Zu recht verweist er jedoch darauf, dass gerade dadurch, dass die beschriebenen Bräuche von der Kirche dermaßen entschieden abgelehnt, bekämpft und gefürchtet wurden, überhaupt erst die besondere Bedeutung des Geschehens zum Ausdruck komme. Indem die Vertreter der christlichen Religion die Umzüge als sündhaftes, heidnisches Tun anprangerten und zu hintertreiben suchten, wiesen sie geradezu darauf hin, dass es hier um mehr als nur ein harmloses Vergnügen ging: „Bloßer tanz und gesang, wie sie damals bei vielfacher gelegenheit unter dem volk üblich sein mußten, konnte der geistlichkeit keinen solchen ärger verursachen", betont Grimm. (Bd. I, S. 217)

Die Kirche war auch deshalb machtlos gegen diese Umzüge und Prozessionen, weil sie von der weltlichen Obrigkeit damals ohne Weiteres erlaubt und unterstützt wurden. Es hing, wie Grimm uns wissen lässt, von den einzelnen Ortschaften ab, ob sie dem herannahenden Schiff ihre Tore öffnen wollten. Und da sah es ganz so aus, als hätte das Volk es für schimpflich, um nicht zu sagen sündig gehalten, wenn sie die Schiffe abgewiesen hätten! (vgl. Bd. I, S. 217) Das Volk konnte sich offensichtlich nicht vorstellen, auf diesen tief eingewurzelten Brauch zu verzichten. Um so mehr, als die Menschen in diesen Umzügen eine Möglichkeit erblickten, weiterhin ihren altvertrauten Göttinnen und Göttern zu huldigen, die von der neuen Religion nur mit Verachtung bedacht wurden: Mars, Bacchus und vor allem Venus waren diese Schiffe geweiht, wie auch die folgenden Textauszüge zu erkennen geben:

„Weit wichtiger aber sind folgende spuren von deutschen schiffsumzügen und schiffsfesten. schiffer ziehen fastnachts ein schiff umher. beim Schönbartlaufen in Nürnberg führten vermummte in narrenkleidern fastnachts die hölle herum, wobei auch ein schif und der venusberg vorkam ... im gedicht von Mauritius und Beamunt v. 627 -

894 fährt ein schif zu land, von rädern und verdeckten rossen bewegt, mit musik und rittern auch in der Maas und Rheingegend nach Cöln zu einem turnier. hernach wird es unter die garzune ausgetheilt v. 1040ff. sollte die vorstellung vom *narrenschif*, das durch die länder zieht, verwandt sein, zumal frau Venus ‚mit dem ströwen ars' darin fährt. ... oft berichten die kindermärchen von einem schif zu lande und zu wasser." (Grimm Bd. III, S. 86)

Es ist ein von Göttinnen und Göttern beseeltes (Narren-) Schiff, das allerorten über Land gezogen wird und in dem „Frau Venus mit dem ströwen ars" mit von der Partie ist. Das Wort *ströwen* kommt von Stroh und bedeutet soviel wie leicht entzündlich oder leicht entflammbar. Die Liebesgöttin mit dem leicht entflammbaren Hinterteil – wenn das nicht für Feuer unterm Hintern sorgen sollte! Nach Ansicht der katholischen Geistlichkeit huldigte man hier dem Erzfeind, bzw. der Erzfeindin der christlichen Religion. Keine Gottheit, die von der Kirche stärker und gnadenloser bekämpft wurde als Aphrodite-Venus! Dies um so mehr, als die Kirche im Kult um die Göttin der Liebe die Konkurrenz einer Liebesreligion fürchten musste, bei der Sexualität und Sinnenfreude und die Achtung vor der Natur nicht abgespalten wurden, sondern integriert blieben. Der damaligen Zeit mochte zumindest noch ansatzweise bewusst sein, dass diese alte Religion der Liebe, wie sie im Gefolge von Venus, Isis oder der Göttin Holle (im Text oben bezeichnenderweise Hölle genannt) praktiziert wurde, die Liebe in all ihren Facetten zuließ, was auch die Liebe zur Natur und den Fruchtbarkeitsriten, die man ihr zuliebe vollzog, mit einschloss. Jacob Grimm scheint dies zu bestätigen, wenn er kommentiert:

„Ich halte dieses im land umziehende, von der zuströmenden menschenmenge empfangne, durch festlichen gesang und tanz gefeierte schif für den wagen ... jener göttin, welche Tacitus der Isis vergleicht, die den sterblichen (gleich der germ. Göttin Nerthus) friede und fruchtbarkeit zuführte. wie der wagen verhüllt war, so mochte auch der eingang in das innere schif den menschen verwehrt sein, ein bild der gottheit brauchte nicht darin zu stehen. ihren Namen hatte das volk längst vergessen, nur die gelehrten mönche ahnten noch etwas von Neptun oder Mars, Bacchus oder Venus; auf das äußerliche der alten feier kam die lust des volks von zeit zu zeit wieder zurück." (Grimm Bd. I, S. 217 –218)

In diesem Kult, der sich um die Narrenschiffe vollzog, verhalfen die Menschen durch das Ausleben sexueller Triebe zugleich den im Frühling neu erwachenden Kräften der Natur (auch in sich selbst) zum Durchbruch, wobei das eine das andere anregte, belebte und bestärkte. Indem man sich zu diesem lustvollen Tun von der Gottheit geradezu animiert und aufgefordert fühlte, wurde sein Vollzug zu einer heiligen Handlung, mit dem man den Willen der im Wagen einherziehenden Göttinnen oder Götter zu erfüllen suchte. Dass dies der christlichen Lehre entschieden zuwider lief, muss wohl kaum betont werden.

Die alte Religion muss zur mittelalterlichen Zeit im Volk noch wesentlich stärker verankert gewesen sein, als uns die Kirche heute glauben macht. Wie sonst, so Grimm, wäre etwa der Bauer im Walde zu Inden darauf verfallen, ein Schiff zu bauen, ohne dass überhaupt ein Fluss in der Nähe war, wenn ihn nicht Erinnerungen an frühere Prozessionen, eben auch in benachbarten Gegenden, dazu bewegt hätten? (vgl. Bd. I, S. 218)

Die Landschaften um Köln, Aachen, Maastricht waren jedoch nicht die einzigen, die den Karneval begingen. Es sieht so aus, als wäre er zumindest im mittelalterlichen Deutschland landauf und landab gefeiert worden. In der Stadt Ulm sah man sich sogar noch im Jahre 1530 veranlasst, jegliche Art von Verkleidung samt den damit einhergehenden Fastnachtsumzügen unter strikte (Geld-)Strafe zu stellen. Was umgekehrt natürlich wiederum für die Stärke, ja Unausrottbarkeit dieses Brauchtums spricht.

Man bedenke, dass es sich hier bereits um die beginnende Neuzeit handelt, jene Epoche, die zwar Kepler und Galilei hervorbrachte, in der aber auch die sog. Hexenprozesse (die man treffender Frauenpogrome nennen müsste) ihrem traurigen Höhepunkt zustrebten. Die Menschen ließen sich wohl nur mit brutaler Gewalt von jenen liebgewordenen Riten und Bräuchen trennen, die fest in der Volksseele verankert waren, und einmal mehr wird klar, dass es dabei um weit mehr ging als nur einen harmlosen Mummenschanz.

„Es sind Spuren vorhanden, daß auch anderwärts in Deutschland zur zeit des beginnenden frühjahrs solche *schiffe umher gezogen* wurden, namentlich in Schwaben, also dem späteren sitze jener Sueven. ein Ulmer rathsprotocoll vom Nicolausabend 1530 enthält das verbot: ‚Item es sol sich nieman mer weder tags noch nachts verbuzen, verkleiden, noch einig faßnachtkleider anziehen, ouch sich des *herumfarens* des *pflugs* und *mit den schiffen* enthalten, bei straf 1 gulden'. Noch ausgebreiteter scheint die gewohnheit des *pflugumziehens*, die ursprünglich, ohne zweifel, zu ehren der gottheit geschah, von welcher man fruchtbares jahr und gedeihen der aussaat erwartete. wie beim umzuge des schifs fanden tänze und freudenfeuer statt. Sebast. Frank s. 51 seines weltbuchs: ‚an dem Rhein, Frankenland und etlichen andern orten samlen die jungen gesellen all *dantzjunckfrauwen* und *setzen sy in ein pflug*, und ziehen yhren spilman, der auff dem pflug sitzt und pfeifft, in das wasser; an andern orten ziehen sy ein *feurinen pflug* mit einem meisterlichen darauff gemachten feur angezündet, biß er zu trimmern felt.' Enoch Wiedemanns chronik von Hof meldet: ‚fastnacht *führten* böse buben einen *pflug herum*, und spannten die mägdlein darein, welche sich nicht mit geld lösten; andere folgten nach, säeten heckerling und sägespäne'."

„In Leipzig war es von alters her Brauch, daß an Fastnacht maskierte junge Männer einen Pflug durch die Dörfer der Stadt herumführten und aus Ausgelassenheit die ihnen entgegenkommenden Mädchen auch gegen deren Willen zwangen, an dessen Joch heranzutreten, durch diesen Scherz gleichsam eine Strafe von denen einfordernd, die bis zu diesem Tag unverheiratet geblieben waren." (Pfeiffer, Leipziger Chronik, Buch 2 §53, übers. v. Beate Polaczek)

Grimm wollte damit vor allem hervorheben, „wie das fahren des *pflugs* mit dem des *schifs* durch die landschaft auf einer und derselben altheidnischen idee zu beruhen scheine, die sich seit verdrängung der götter durch das christenthum nur in unverständlichen volksgebräuchen forterhalten und allmählich verflüchtigen konnte: auf der sichtbarwerdung einer wolthätigen, gütigen gottheit unter den menschen, die sich ihr allenthalben mit freudenbezeugungen nahten, wann im lenz die erde wieder weich geworden und das eis von den strömen gelöst war, daß ackerbau und schiffahrt neu beginnen konnten. So müssen die Sueven zu Tacitus zeit ihre göttin durch umtragung des schifs gefeiert haben. Die nöthigung der unverheirateten jungfrauen zur theilnahme am fest gleicht dem zwang, der in Ripuarien den webern angethan wurde, und scheint anzudeuten, daß die umziehende göttermutter zugleich dem band der *liebe* und *ehe* hold war und versäumnisse strafte; in diesem sinn konnte sie mit recht für frau Venus, Holda und Frecke gelten." (vgl. Grimm Bd. I, S. 218 – 219)

In einer Anmerkung erläutert Grimm, dass selbst noch zu seiner eigenen Zeit, also gegen Ende des 19. Jahrhunderts, an den holsteinischen Küstendörfern kleine silberne und mit bunten Bändern geschmückte Schiffe wie auch Pflüge als eine Art Votivgabe in die Kirchen gehängt wurden, damit sie für eine segensreiche Seefahrt sorgen könnten. Und er verbindet diesen Kult ganz ohne Zweifel mit der Verehrung einer mütterlichen Gottheit, die es nach dem Willen der Kirchen schon längst nicht mehr hätte geben sollen.

„In einigen holsteinischen dörfern, wo viel schiffer wohnen", pflegen „in den kirchen *kleine schiffe* zu hängen, die zur zeit des frühjahrs, wann die schiffahrt aufgeht, mit bändern und blumen geschmückt werden; das ist ganz der römische brauch bei der Isis. Man findet auch zuweilen *silberne schiffe* in kirchen aufgehangen, welche reisende in sturmesnöthen bei glücklicher heimfahrt gelobt hatten; ... Da nun auch *silberne pflüge* in die kirchen geliefert, im späteren mittelalter sogar als abgabe gefordert wurden, erlangt in solchen *pflügen* und *schiffen* ein uralter cultus der mütterlichen gottheit willkommene bestätigung." (Grimm Bd. I, S. 219)

***Daß Narrenschyff** (Brant), Buchillustration*
von Albrecht Dürer, um 1493

2. „Koma" – oder: Ohne Wein und Liebe geht es nicht

Sehen wir uns die Gottheiten an, die im Schiff mitfahren, so sind es zu allererst Venus (in Griechenland Aphrodite) und Bacchus, der Gott des Weines, die genannt werden. In der vorhin zitierten Stelle aus der Leipziger Chronik wird die Fastnacht sogar noch ganz selbstverständlich als Bacchusfest bezeichnet. Bacchus war der lateinische Name für den beliebten griechischen Gott Dionysos. Dieser Dionysos wiederum wurde, wie in Kapitel 2 näher erläutert, mit dem ägyptischen Gott Osiris gleichgesetzt, so wie auch Venus, über die Gleichsetzung mit Aphrodite, mit Isis verschmolz. Die lokale und eher volksnahe Ausprägung der Liebesgöttin in unseren Breitengraden hieß allerdings Holle, Holda oder Hulda, von der es nicht umsonst hieß, dass sie im Venusberg zu Hause sei. Dort im Venusberg war der Sage nach gut Essen, (Wein-)Trinken, Lachen, Tanzen und Lieben. Wer dahin entrückt wurde (wie der berühmte Tannhäuser), der wurde von Zeit und Raum befreit und erlebte so etwas wie ewigliche Wonnen.

Man bedenke, dass auch die Wonnen der Liebe geradewegs in diesen Venusberg hineinführten. „Koma" wurde sie dereinst genannt, die liebende sexuelle Vereinigung eines Paares, die Seligkeit und Selbstvergessenheit heraufbeschwor. Ein ineinander verschlungen und versunken Sein, das geradewegs die „Pforten des Himmels", sprich die Entgrenzung des Egos aufschloss. Bereits ein Kuss konnte diese selige Entrückung bewirken, die in die „andere Welt", in einen anderen Seinszustand führte. „Ein kus macht alles vergessen" (Grimm Bd. III, S. 318), da er für die Auflösung des Ichs und seiner engen Verstandesgrenzen sorgte, – was vom Ich als gleichbedeutend mit „Tod" empfunden wird. Ganz wie auch der Schlaf als Bruder des Todes gilt, weil in ihm die Gesetze des Egos und seiner Verstandestätigkeit aufgehoben sind. Wir „sterben" der Alltagswelt mit ihrem vernünftigen, geregelten Tun ab und betreten eine Welt, in der die Normen des Alltäglichen nicht mehr gelten.

„Der kleine Tod" wird der Liebesakt oft genannt und man hat diese Erfahrung als etwas Trauriges angesehen: „omnia animal triste post coitum", heißt der Spruch, der zu solchen Gelegenheiten gern zitiert wird: Alle Wesen sind traurig nach dem sexuellen Zusammensein. Doch ich halte dies für eine zu kurz gegriffene und überdies noch pessimistische Deutung. Indem jeder echte und tief empfundene Liebesakt die Grenzen des Körperselbst ebenso auflöst wie die des Egos, ist „Koma" seine natürliche Begleiterscheinung. Aber dieser zeitweilige Tod wird nur vom Ego aus als Bedrohung empfunden, weil er mit dessen Kontrollverlust einhergeht. Diesem Sterben steht jedoch die Wiedergeburt gegenüber, ein freud- und lustvolles sich Vergessen, bei dem man den Verstand verlieren kann, was einem erfrischenden Bad in den Tiefen des Unbewussten gleichkommt; eine Art Jungbrunnen, der die Lebenskräfte neu entfacht.

Wer in den „Venusberg" entrückt wurde, der wollte diesen Ort nie mehr verlassen (denn alle Lust will Ewigkeit). Nicht umsonst nennt man das Fettpölsterchen über dem Schoßdreieck, das den Eingang in die Vulva der Frau bildet, im Volksmund „Venushügel". Die tief empfundene Freude des Liebesakts kann als Ekstase erfahren werden, ein Heraustreten aus der Normalität, aus den Grenzen, die der Verstand uns setzt oder die wir uns vom Verstand, der dem kollektiven Bewusstsein entspricht, setzen lassen. Danach ist nichts mehr, wie es war: Tod gibt Leben – wir werden im 5. Kapitel darauf zurückkommen. Im Koma-Begriff der griechischen Antike, wie er noch von der großen Dichterin Sappho in ihrem „Lied auf der Scherbe", einer ekstatischen Hymne an Aphrodite, verwendet wird, finden wir beides, Seligkeit und Tod, der hier als Selbstvergessenheit auftritt, eine vorübergehende Verdunkelung der Verstandeskräfte, womit sich auch deren Zeitgebundenheit auflöst. Tod ist nur die andere Seite des Lebens. Der *Geis*, der Liebestrank in der keltischen Vorstellungswelt, den etwa Tristan und Isolde zu sich nehmen, bedeutet nichts anderes. Und Karneval dehnt diese kurze „Koma"-Zeit in die Unendlichkeit fast einer ganzen Woche aus: von Altweiber-Donnerstag bis hin zu Veilchendienstag.

Auch diese sechs Tage könnte man durchaus als symbolisch ansehen, denn am sechsten Tag wurden (selbst nach der biblischen Schöpfungsgeschichte aus Gn 1) Frau und Mann und damit die menschliche Sexualität erschaffen, die mehr sein sollte, als lediglich die Fähigkeit, sich fortzupflanzen. Dieser sechste Tag aber war ein Freitag (denn am Schabbat, dem siebten Tag, ruhte der Gott des alten Testaments von seiner Schöpfung aus), und der Freitag war seit altersher der Liebesgöttin geweiht. Freya hieß sie in der germanischen Welt, in ihrer volkstümlichen Erscheinung Frau Holle, Venus bei den Römern, weshalb der Freitag auf Französisch bis heute *vendredi*, Venustag genannt wird. Ein weiterer Hinweis also darauf, dass der Karneval, bewusst oder unbewusst, im Zeichen der Venus steht. Bis heute wird er schließlich in Köln und anderswo von der sog. Weiberfastnacht oder „Altweiber" (in Schwaben „schmutziger Donnerstag") eingeleitet.

Indem die Frauen am Donnerstag den Karneval eröffnen, wenn sie das Regiment in den Rathäusern übernehmen und die Männer (durch Schlipsabschneiden) symbolisch kastrieren, mithin in ihrer Macht beschneiden, steht das karnevalistische Treiben von Anfang an unter weiblichen Vorzeichen. Die Männerwelt mit ihren Geboten und Verboten wird ausgerechnet am Tag des Göttervaters Jupiter (griech. Zeus, germ. Donar) außer Kraft gesetzt, und welche Welt wäre einseitiger und rigider männlich besetzt als die der katholischen Kirche? Was Wunder, dass auch die Einsetzung eines Gegen- oder Narrenpapstes im Mittelalter zur Karnevalszeit Usus wurde! (vgl. Müller, S. 14) Eine Wahl, die man noch heute auf die im Kölner Karneval übliche Prinzenproklamation als die Einsetzung eines Gegenregiments beziehen kann. Eine rauschhafte Zeit bricht an, in der man den Gaben des Weingottes besonders üppig zuspricht, der die Sorgen des Alltags für eine Weile vergessen macht. Der Ernst des Lebens wird fortgeschwemmt und löst sich in Heiterkeit und Lachen auf.

Es lohnt sich, an dieser Stelle noch einmal einen Ausflug in die ägyptische Welt und deren theologische Deutung des Weins und der von ihm verursachten Trunkenheit zu unternehmen. Ja, Sie haben richtig gehört, es gibt eine theologische Deutung des Weines, welche diesem Getränk eine durchaus göttliche Wirkung zuschreibt. Für die alten Ägypter war der Wein ein direkter Bote des Nichtseins, das bei ihnen jeden Zustand von Anarchie und Formlosigkeit umfasste. „Nichtsein" bezeichnete in dieser Kultur „ganz allgemein das Ungeformte, Undifferenzierte, Ungegliederte und Unbegrenzte; positiv gesagt: das Allmögliche, Absolute und Endgültige." (Hornung 1971, S. 178) Dem gegenüber war das Sein klar bestimmt, fest umrissen und durch Grenzen und Unterschiede gegliedert.

Vergleichbar dem kollektiven Unbewussten ist das Nichtsein somit die Vorbedingung des Schöpferischen überhaupt. „Kaum eine andere Kultur hat das Nichtsein und seine schöpferische Potenz so vollkommen in ihr Leben integriert wie die ägyptische, hat so das Nichtsein bejaht, ohne ihm anheimzufallen", betont der bekannte Ägyptologe Erik Hornung. Dies führte dazu, dass die Ägypter ein in Festen geradezu überschäumendes Dasein gelebt haben. (vgl.

Hornung 1971, S. 178-179) Der altägyptische Festkalender sah pro Monat zwischen 8 und 20 Festtage vor, während zahlreicher Monate beging man jeden zweiten Tag ein anderes Fest! (vgl. Houston, S. 397–403) Für die ägyptische Kultur, so Hornung, galt es als ausgemacht, dass eine lebendige, humane Ordnung nur dann zu verwirklichen ist, wenn sie eine gehörige Portion Unordnung mit einbezieht und so auch dem Nichtseienden *in* uns und *um* uns Raum geben kann. (vgl. Hornung 1971, S. 179) Wundert es uns da noch, dass die alte Welt im Wein und seiner Wirkung einer göttlichen Kraft zu begegnen glaubte, gleich ob sie nun Osiris, Dionysos oder Bacchus hieß?

Auf gut Kölsch übersetzt heißt das: „Jede Jeck is anders", oder um es mit einem neuen Lied der Gruppe „Die Bläck Föös" zu sagen: „Kinne Mensch, dä is perfekt, jedem Mensch, dem fehlt en Eck!" Ein herrliches Karnvalslied der Band „Die Räuber" trifft in dieser Hinsicht den Nagel auf den Kopf, weshalb ich es im folgenden zur Veranschaulichung des Kölschen Humors ausführlicher wiedergegeben möchte: „Engel triffs de nur im Himmel"

„Ihr müßt üch der Himmel verdeene,
dat hätt uns der Herrjott jesaat.
Dröm hätte he zesamme mem Moses
Die zehn Jebote jemaat.
‚Geht hin und seid Engel auf Erden,
schriw hä en de Bibel erin,
doch ich gläuw, dobei hätt unser Herrjott
jett Wichtiges üvversin:

Engel triffs de nur im Himmel
Un janz selten he am Rhing,
denn in jedem echte Kölsche
steckt ne kleine ‚Räuber' drin.
Jo dat weed och he so blieve,

anders künne mir nit sin
Engel triffs de nur im Himmel
Un janz selten he am Rhing.

Mir sin nit perfekt,
ävver himmlisch jeck,
dä Spaß für ze levve
nimmp uns he keiner weg“

So gesehen könnten wir den Karneval, speziell den Kölschen, nahtlos in die ägyptische Tradition eingliedern. Die Auflösung des Bestehenden, wie sie in den tollen Tagen ausgelebt wird, bedeutet im Letzten und Tiefsten nur eine andere Form von Gottesdienst. Schunkelnd schaukelt man sich in eine andere Welt, lässt sich vom Schäumen des Weins in die Wonnen des „Venusbergs“ entführen, hakt sich unter, um den Kreis zu schließen, und wird trunken vor Freude. Und wenn man aus den Tiefen dieser Anderswelt erschöpft und gestärkt wieder auftaucht, hat man eine Kraft gewonnen, die zu neuen schöpferischen Taten einlädt. So wie es uns die Natur ringsum vormacht, wenn sie aus dem dunklen Traum des Winters zu neu aufblühendem Leben erwacht. Wie außen, so innen, wie innen, so außen.

Zwar kann es schon mal sein, dass man in diesem feuchtfröhlichen Treiben kurzzeitig die Orientierung verliert, doch die erlebten Wonnen überwiegen das Nachsehen bei weitem. Und dadurch, dass man sich zu etwas hinreißen lässt, was einem der nüchterne Verstand rundweg verbieten würde, kommt etwas Neues und Unerwartetes in unser Leben, zu dem wir uns sonst nicht trauen würden. Das dies noch heute so erlebt wird, kommt in einem anderen aktuellen Lied der „Räuber“ treffend zum Ausdruck, von dem im folgenden ein paar Zeilen zitiert werden:

„Wer hat mir die Rose auf den Hintern tätowiert?
Wie kann das geschehen, wie ist das passiert?
War ich in Hypnose, hat ein Ufo mich entführt?
Ja, wer hat mir die Rose auf den Hintern tätowiert?"

Und des Rätsels kaum überraschende Lösung:

„Ich war blau wie ein Veilchen, da hat Rosi mich
verführt
und zum Dank mir die Rose ...!"

Kybele auf dem Löwenthron. *Statuette aus Köln, gefertigt 165 n. Chr., wie auf ihrer Rückseite zu lesen ist: „Servandus hat's in Köln gemacht." An der Mauerkrone, die sie auf dem Kopf trägt, ragen drei Türme hervor. In der rechten Hand hält die Göttin eine Opferschale, die linke Hand hat sie auf ein kleines Tympanon gelegt. (Römisch-Germanisches Museum, Köln)*

Kybele reitet auf dem Löwen. *Terrakottafigur vom Gräberfeld bei St. Severin in Köln*
(1.-2. Jh., Römisch-Germanisches Museum, Köln)

3. Göttinnen und Götter ziehen im Frühling über Feld und Flur

„Nicht allein der Isis war bei den Griechen das schif geweiht, auch der *Athene.* in den Panathenäen wurde ihr heiliger peplos (ihr Prachtgewand) zu schif auf die Akropolis geführt: das *schif,* an dessen mast er als segel hieng, im Keramikos erbaut, *bewegte sich zu lande* durch ein unterirdisches triebwerk, erst zum Tempel der Demeter, um diesen herum, am pelasgischen vorüber zum pythischen, zuletzt nach der burg. das volk folgte in feierlich geordnetem zug." (Grimm Bd. I, S. 219-220)

Das Überlandziehen mit den geweihten Schiffen war ganz offensichtlich ein Brauch, der vom Vorderen Orient bis hin nach Skandinavien gefeiert wurde, und bei dem es, wie man obigem Zitat entnehmen kann, durchaus erfinderisch zuging.

Neben der Isis schaffte es vor allem noch eine andere große Göttin bis an den Rhein. Sie kam aus Kleinasien, vom Berge Ida, aus dem Gebiet der heutigen Türkei, und wurde von den Römern mit in ihre Kolonien genommen. Die Rede ist hier von der Göttin Kybele, deren Tempel sich bei uns zu Lande u. a. in Neuss und in Mainz befanden. Kybele war eine mütterliche und zugleich orgiastische Göttin, der zu Ehren sich ihre Priester auf dem Höhepunkt kultischen Vollzugs in Ekstase sogar entmannten. Ihr überbordender und ekstatischer Kult zeigte sich auch darin, dass sie immer mit einer großen Rahmentrommel im Arm, dem sog. Tympanon, dargestellt wurde. Eigentlich wollte diese den Rausch und die Verzückung liebende Göttin so gar nicht zum eher nüchternen Charakter des alten Rom passen. Dennoch hatte ein Orakel den Römern einst dringlich aufgetragen, „die Mutter" zu suchen, und so war die „pessinuntische Göttermutter" – wie sie auch genannt wurde - zunächst an den Tiber, später an den Rhein gelangt. Kybele ist die Göttin mit der Mauerkrone auf dem Kopf (wir werden noch sehen, warum), und wen das nun an den Kopfschmuck der Jungfrau im Kölschen Karneval erinnert, der befindet sich wohl auf einer richtigen Spur.

Kybele fuhr im Frühling auf einem mit Löwen bespannten Wagen durch die Länder der Erde. Gregor von Tours erwähnt, dass die Bewohner von Burgund diese Umzüge im Wagen, der ein Bildnis der Göttin enthielt, „zum Heil ihrer Äcker und Weingärten" vollführten! (Grimm Bd. I, S. 211, Anm. 1) Einen solch beeindruckenden Umzug der großen Göttermutter (*magna deum mater*) beschreibt der römische Dichter Lukrez in seinem Werk „De rerum natura 2", 597-641 mit folgenden Worten:

> „Darum ist die große Mutter der Götter und Mutter der Tiere,
> sie auch allein genannt worden unseres Körpers Erzeuger.
> Sie, so sangen die alten gelehrten Dichter der Griechen,
> treibt auf erhabnem Sitz im Wagen das Doppel der Löwen, [...]
> Haben den Scheitel des Hauptes mit der Mauern Reife bekrönet,
> weil auf ragendem Felsen befestigt sie Städte emporhält;
> mit diesem Zeichen geschmückt wird jetzt durch mächtige Länder
> schauererregend das Bild der großen Mutter getragen.
> Bunter Völker Zahl nach alter Weise der Riten
> nennen sie Mutter vom (Gebirge) Ida und geben phrygische Scharen
> ihr zu Begleitern, dieweil, wie sie sagen, aus jenen Gebieten

hin durch den Erdkreis zuerst die Feldfrucht begann
zu entstehen [...]

Pralle Pauken ertönen unter den Händen und Becken
rings, die hohlen, es droht das Horn mit belegtem
Gesange
und im phrygischen Takt peitscht Pfeife der Flöten
die Sinne;
Waffen trägt man voran, die Zeichen gewaltsamen
Wütens,
daß sie den danklosen Sinn und die unfrommen Herzen
des Volkes
schrecken können in Furcht mit dem göttlichen Willen
der Göttin.
Wenn sie darum, kaum eingeführt in die stattlichen
Städte,
stumm mit schweigendem Gruß die Sterblichen
reichlich gesegnet,
streuen den ganzen Pfad sie der Straßen mit Kupfer
und Silber,
reich mit erklecklicher Gabe sie machend, und lassen
mit Blüten
schnein es der Rosen, die Mutter beschattend und
folgenden Scharen."

Nach dem Festtagskalender des Dichters Ovid (*Fasti*, 4, 335-347) begingen die Römer vom 4. bis 10. April zu Ehren ihrer *Megále Mater*, der Großen Mutter, alljährlich das Fest der sog. *Megalesien*. Dabei konnte die auf dem Wagen umherziehende Göttin auch in Form eines nur handtellergroßen, schwarzen Meteorsteins mitgeführt werden, der ein weibliches Gesicht erkennen ließ:

„Ich weiß, daß die vornehmen römischen Bürger
bei den Feiern der Idäischen Mutter (= Kybele)

vor dem Wagen sich die Füße entblößen.
Ein schwärzlicher Stein, von Silber eingefaßt und
mit einem weiblichen Gesicht,
sitzt zur Ausfahrt auf einem zweirädrigen Wagen;
während ihr diesem (Wagen) vorangeht und ihn
zum Bad führt,
wobei ihr nach Ablegen der Schuhe eure Füße zertretet,
gelangt ihr bis zum Bach Almo."

(Prudentius, Hymn. 10, 164 = Peristefanon *10, 164-160)*

Am Bach Almo wurde am 6. April die sog. *Lavatio*, die Waschung der Göttermutter vorgenommen, wie es Ovid in seinem Festkalender beschreibt. Zu dieser Waschung fährt die Göttin, bzw. ihr heiliges Bild, auf einem Schiff:

„Vorher hatten sie (auch) das Schiff bekränzt und eine fleckenlose Färse geschlachtet, die noch keine Arbeit und noch keinen Stier gekannt hatte. Es gibt eine Stelle, wo der sanft hinfließende Almo in den Tiber mündet und der kleinere Fluß durch den größeren seinen Namen verliert. Dort wäscht ein hochbetagter Priester im purpurnen Gewand die Herrin und ihr heiliges Symbol mit Almowasser. ... Die (aber) fährt selber auf einem Wagen thronend durch die Porta Capena (in die Stadt), und die Rinder im Joch überschüttet man mit frischen Blumen."

Später, in der Kaiserzeit, wurde dieses große Frühlingsfest auf die Zeit vom 15. bis 27. März vorverlegt und im Tempelbezirk auf dem Palatin gefeiert. Die Lavatio bildete von da an den krönenden Abschluss des Festes. Wie schon Grimm erkannte und von Marion Giebel bestätigt wird, ist die mit der „Waschung" verbundene Vorstellung eher asiatischer Herkunft. Hier ist weniger an eine rituelle Reinigung gedacht, sondern vielmehr an die Stärkung der Göttin durch die lebenspendende Energie des Wassers, durch welche die Kräfte der Magna Mater (der Großen Mutter) erfrischt und regeneriert werden (vgl. Giebel, S. 128 - 131).

In diesem Zusammenhang darf noch eine andere große Göttin nicht unerwähnt bleiben, eine die aus der entgegengesetzten Richtung, nämlich von Skandinavien nach Deutschland kam. Auch sie eine Göttin, der man Friede und Fruchtbarkeit zuschrieb und die auf geheimnisvolle Weise, den Blicken des Volkes entzogen und dennoch ihm nahe, bei den germanischen Stämmen umherfuhr. Es ist dies die Göttin Nerthus, eine weitere Erdmutter, die – laut Tacitus („Germania", Kap. 40) – auf einem von Tuch verhülltem Wagen herumgeführt und (ähnlich wie Kybele) in einem entlegenen See gewaschen wurde. Diese Göttin war so mächtig, dass während der Zeit ihres Umzugs ein wochenlanger Gottesfriede gehalten werden musste, der es verbot in den Krieg zu ziehen und zu den Waffen zu greifen. Wenn wir uns die oben erwähnte Stelle bei Tacitus ansehen, erkennen wir unschwer die Parallelen zu den anderen „fahrenden" Göttinnen:

„Insgesamt aber verehren sie Nerthus, das heißt die Mutter Erde, und glauben, die Göttin nehme teil am Treiben der Menschen, sie fahre bei den Stämmen umher. Es gibt auf einer Insel des Weltmeeres einen heiligen Hain, und dort steht ein geweihter Wagen, mit Tüchern bedeckt; einzig der Priester darf ihn berühren. Er bemerkt das Eintreffen der Göttin im Allerheiligsten; er geleitet sie in tiefer Ehrfurcht, wenn sie auf ihrem mit Kühen bespannten Wagen dahinfährt. Dann folgen frohe Tage; festlich geschmückt sind alle Orte, denen die Göttin die Huld ihrer Ankunft und Rast gewährt. Man zieht nicht in den Krieg, man greift nicht zu den Waffen; verschlossen ist alles Eisen. Dann kennt, dann liebt man nur Ruhe und Frieden, bis die Göttin, des Umgangs mit den Menschen müde, vom gleichen Priester ihrem Heiligtum zurückgegeben wird. Dann werden Wagen und Tücher und, wenn man es glauben will, die Gottheit selbst in einem entlegenen See gewaschen. Sklaven sind hierbei behilflich, und alsbald verschlingt sie derselbe See. So herrscht denn ein geheimes Grauen und heiliges Dunkel, was das für ein Wesen sei, das nur Todgeweihte schauen dürfen."

Von Nerthus erzählte die Sage, dass sie dereinst auf einer Barke stehend, die eine Hand zum Grüßen ausgestreckt, in Skandinavien gelandet sei. Bronzefiguren, Ritzbilder an den Felswänden und auf Klingen zeigen sie zusätzlich noch mit einer zusammengerollten Schlange in der anderen Hand. (vgl. Achterberg, S. 36) Der Gott Njörd war ihr Partner und beider Namen waren dem Klang nach völlig gleich. Während Nerthus als Erdmutter verehrt wurde, war Njörd eher ein Meeresgott. Ihrer beider Kinder hießen Freya und Freyr, was wiederum auf lautliche Namensgleichheit hindeutet, und beide erschienen den germanischen Stämmen als Korngottheiten. Da jedoch das reife, goldene Korn an die Strahlen der Sonne erinnerte, wurden sie zugleich als Sonnengottheiten verehrt. Auch Freya fuhr in einem Wagen über Land, der zwar nicht, wie bei Kybele, von Löwen, dafür aber von Luchsen oder Katzen gezogen wurde. Und auch ihren Bruder Freyr zog es im Wagen zu

Freya mit Katzenwagen (Gemälde von 1852)

den Menschen, wie wir dem folgenden Text entnehmen können:

„In Schweden war es Freyr, sohn des Niördr, dessen verhüllter (mit einer priesterin besetzter) wagen im frühjahr durch das land zog, während das volk betete und feste feierte, er steht seinem Vater, dieser der ebennamigen *Nerthus* völlig gleich. tiefe wurzel in deutschem recht und landbrauch haben die lenzfrieden, herbstfrieden, pflugfrieden, wie sie für gewisse jahreszeiten und geräthschaften des ackerbaues festgesetzt sind. Auch Wuotan und Donar erscheinen auf ihren wagen, und werden um gedeihen der frucht und milden regen angerufen. Das Volk pflegte verdeckte götterbilder durch die fluren umzutragen, denen dadurch fruchtbarkeit verliehen wurde." (Grimm Bd. I, S. 88 u. 208-209)

Auch diesem Text lässt sich wieder entnehmen, wie sehr das Umherziehen von Göttinnen und Göttern in jedem Land, in dem es praktiziert wurde, zugleich auch in politischem Sinne für Frieden sorgte; allem Anschein nach nicht nur im Frühling, sondern ebenso im Herbst!

Kehren wir noch einmal zur Göttin Isis zurück, die nach Grimm sogar als erklärte Göttin der Schwaben (Sueven) gelten kann:

„Nicht unerwähnt bleiben darf, daß Aventin, welcher die taciteische *Isis* in eine *frau Eisen* umwandelt und nach ihr das eisen benannt werden läßt, die nachricht von ihrem cultus erweitert, uns außer dem schiflein noch angibt, nach ihres vaters (Hercules) tod sei sie durch alle länder gezogen, zu dem deutschen könige Schwab gekommen und eine weile bei ihm geblieben; da habe sie ihn eisen schmieden, getreide säen, mähen, malen, kneten und backen, flachs und hanf bauen, spinnen, nähen und weben gelehrt, und das volk sie für eine heilige frau gehalten." (Grimm, S. 220)

Womit wir wieder bei jener Göttin angelangt wären, die uns schon zu Beginn des 4. Kapitels beschäftigt hat: Holle, Holda oder Hulda. Bis auf das Schmieden führte man hierzulande sämtliche der im oberen Text erwähnten Tätigkeiten auf die Erfindung durch eben diese Göttin zurück. Nicht umsonst stellt schließlich auch Jacob Grimm die eher rhetorische Frage: „Sollte der name, unter welchem die Sueven die von Römern der Isis gleichgesetzte göttin verehrten, sollte nicht wenigstens eine ihrer nebenbenennungen gewesen sein *Holda*?“ Eine Frage, die nicht zuletzt er selbst ohne Weiteres mit Ja beantworten konnte.

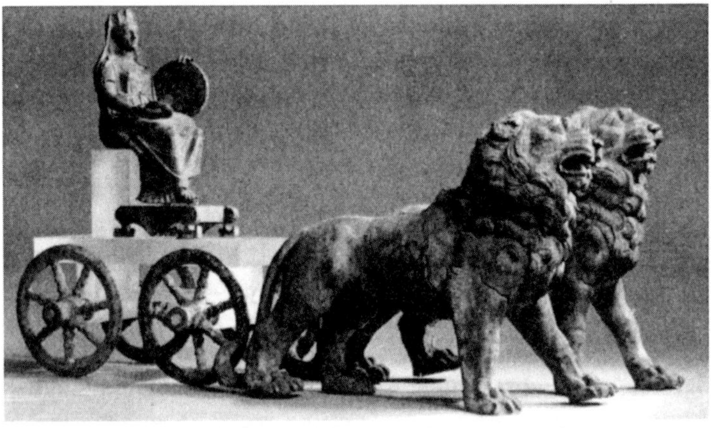

Kybele auf einem von Löwen gezogenen Prozessionswagen. *Sie hält das Tympanum (die Handtrommel) und eine Opferschale. (Zingsem S. 456)*

Kapitel VI

DAS SCHIFF
ALS TOTENBARKE:

HUMOR
MIT TIEFGANG

1. Lachen und Weinen: Vom Lösen des Erstarrten

Es war im Februar 2006, als ich für die Kultur des Kölner Karneval zurückgewonnen wurde. Bis dahin hatte er mir nicht eben viel bedeutet. Im Rheinland aufgewachsen hatte ich mich als Kind ganz selbstverständlich verkleidet und war noch als Jugendliche während des Gladbacher Veilchendienstagszugs auf die Jagd nach „Kamelle“ gegangen. Auch die alljährliche „Karnevalistische Hitparade“ mit Lotti Krekel gehörte mit zu meiner frühen Sozialisation. Ich hatte mich von den Liedern der „Bläck Fööss“ begeistern lassen, die damals ihren ersten großen Erfolg mit „Drenk doch eine met“ feierten, und ich war und blieb selbst noch während meiner Studienzeit in Tübingen ein erklärter Fan des „Colonia Duetts“ mit Hans Süper und Hans Zimmermann. Meine ersten Kölsch-Lektionen hatte ich als Kind zusätzlich über die Serie „Watt dä Schmetzens all passeet“ gelernt. Doch je weiter ich mich von zu Hause entfernt hatte, um so weniger interessierte mich der rheinische Karneval noch. Mit der alemannischen Fasnet wollte ich aber schon gar nichts zu tun haben. Die hat ja mit dem Karneval zu recht nicht einmal den Namen gemein.

Und dann starb Mitte Februar 2006 ziemlich schnell und deshalb unerwartet die Hälfte meiner ohnehin schon kleinen Familie weg. Ich sehe mich noch wie erstarrt auf unserer Wohnzimmercouch in Mönchengladbach sitzen, neben mir meine Mutter, die in ihrer beginnenden Demenz den Tod ihrer einzigen Schwester weder registrieren konnte noch wollte. Lange schon hatte ich mich nicht mehr dermaßen am Boden zerstört gefühlt. Ausgelaugt durch die vielen Fahrten von Tübingen nach Mönchengladbach und noch unter dem Eindruck des Sterbeprozesses im Erkelenzer Hospiz, fiel mir nicht das Geringste ein, das ich hätte tun oder sagen können. Es war Samstag und vor uns dehnte sich ein endloses Wochenende. Dass Karneval war, hatte ich überhaupt noch nicht mitbekommen, und von Fernsehen hielt ich auch nicht eben viel. Der stumme Kasten mit seinem großen dunklen Bildschirm verhieß nur ein weiteres schwarzes Loch in Wohnung und Stimmung. Irgendwann nahm ich dann doch eine Programmzeitschrift zur Hand, in der Hoffnung, wenigstens eine brauchbare Sendung für den Abend darin zu entdecken. Im Fernsehen kamen lauter Karnevalssendungen und da erst wurde mir überhaupt bewusst, dass die fünfte Jahreszeit ihrem Höhepunkt entgegenging und auf ihre Zielgerade in Richtung Rosenmontag zulief.

Weil ich wusste, dass meine Mutter für den Karneval sehr aufgeschlossen war und vor allem auch die Sitzungen gern anschaute, drückte ich ohne große Erwartungen auf den Programmknopf. Und das war sozusagen der Beginn einer neuen alten Liebe. Bis um Mitternacht der Veilchendienstag mit „Alles unger eene Kapp“ endete, habe ich keine karnevalistische Abendsendung mehr ausgelassen. Ich ließ mich von den tollen Büttenreden zum Lachen bringen, ich war überrascht von den vielen richtig zu Herzen gehenden Liedern der aktuellen Karnevalsbands. Kurz, ich fühlte mich wie neu geboren! Etwas Besseres hätte ich in unserer Situation gar nicht finden können. Die Trauer war zwar durch die Heiterkeit nicht verschwunden, doch die Niedergeschlagenheit löste sich mit dem Lachen nach und nach auf.

Dazu kam die Sprache, lange nicht mehr so intensiv und anhaltend gehört und doch sofort wieder vertraut. „Heimat is din Sproch un sin die kölsche Leeder“, singen neuerdings die *Paveier* und das kann ich nur bestätigen. Damals – und eigentlich auch heute noch – ging mir vor allem bei den Liedern das Herz auf, die ich bald aus voller Kehle mitsang, und das Lied der *Höhner* „Hey Kölle, du bes e Jeföhl“ sprach mir plötzlich aus der Seele. Sie bringen uns zum Lachen und rühren uns zugleich zu Tränen: echte Karnevalslieder bringen das auch heute noch ohne Weiteres fertig. Und das Erstaunliche ist, dass es selbst noch durch die gläserne Trennwand des Fernsehens funktioniert. Natürlich kann dies das Dabeisein nicht ersetzen, doch das Wichtigste kommt trotzdem rüber. Plötzlich fühlt man sich mit seinen Sorgen nicht mehr so allein gelassen, man schüttet sich aus vor Lachen (den Kummer gleich mit), ist froh und traurig zur selben Zeit und fühlt sich irgendwie getröstet. Es wird leichter ums Herz. Das tut, wie gesagt, der Trauer nicht den mindesten Abbruch. Doch der Humor lockert Herz und Geist auf, wie der Pflug die Scholle wendet und deckt für eine Weile zu, was sonst kaum auszuhalten wäre.

Und ist dies nicht der Sinn des Karnevals seit je gewesen? Einen Humor zu kultivieren, der nicht bloß Klamauk ist, sondern sich genau an der Schwelle zwischen Leben und Tod, Frohsinn und Niedergeschlagenheit ansiedelt?

Will man dem Isis-Mythos folgen, so war das erste Schiff, das je die Meere überquert hat, ein Sarkophag. Osiris wird von seinem Bruder und Widersacher Seth in einem solchen gefangengesetzt und getötet und danach dem Meer überlassen. Dort geht der Sarg nicht unter, sondern treibt wie ein Stück altes Holz die Küste entlang, bis er schließlich in Byblos (im heutigen Syrien) an Land gespült wird, wo er sich in den Zweigen eines Baumes verfängt.

Ratlos und voll bitterer Trauer bleibt Isis am Ufer zurück und weint um den verschwundenen Gemahl, den sie nicht einmal nach den offiziellen Riten beerdigen kann. Doch sie wäre nicht „Isis victrix“, die „Siegerin über das Schicksal“, wie man sie noch in der Römerzeit nennen wird, wenn sie der Klage nicht ihren Erfindungsreichtum zur Seite stellen würde. So stehen Trauer und Totenklage

Pate bei der Geburt des ersten großen Schiffes, das je die Meere befahren und ihre Gefahren überwinden wird. Der Anlass für seine Erschaffung ist zwar ein trauriger, doch diese Neuschöpfung bringt die Freude zurück. Nicht nur Isis und Osiris dürfen jubeln, vielmehr wird ganz Ägypten in ein Land der ausgelassenen Festfreude verwandelt, wenn Isis den Sarg mit dem toten Geliebten zurückbringt und nicht nur den Toten zum Leben erweckt, sondern zudem noch ein Kind aus dem zunächst noch Toten zeugt, indem sie nach und nach die Starre seiner Glieder löst.

Wie es im sog. „Osiris-Hymnus nach Ledrain“ aus dem 14. Jh. v. Chr. heißt:

„Deine Schwester Isis war tätig als Beschützerin für dich. Sie entfernte die Feinde, sie wendete die Zeit des Unheils von dir ab, sie rezitierte Formeln mit der magischen Kraft ihres Mundes ... Isis, die Zauberin kam, ihn unermüdlich zu suchen. Sie flog rund und rund über die Erde, Klagerufe des Grams ausstoßend, und sie ließ Licht aus ihren Federn ausgehen, sie machte Wind mit ihren Schwingen, sie machte, daß sich die hilflosen Glieder dessen, dessen Herz in Ruhe war, erhoben; sie empfing von ihm sein Wesen und machte daraus einen Erben.“ (Hopfner 1940, S. 83, bei Zingsem 2008, S. 357)

Isis brachte nicht nur ihren Bruder ins Land zurück, sondern zeugte mit ihm das neue Leben, indem sie zuallererst „die Regungslosigkeit des Starren löste“. (Pariser Osiris-Hymnus, Hopfner 1940, S. 17f, bei Zingsem 2008, S. 349)

Das Starre lösen, das Versteinerte in Fluss bringen, das gelingt Weinen wie auch Lachen gleichermaßen. Und sie sehen sich ja auch zum Verwechseln ähnlich, auch von Außen besehen sind sie manchmal kaum zu unterscheiden, und bisweilen geht sogar eins ins andere über: Wir lachen Freudentränen, aber es kann auch passieren, dass wir da plötzlich loslachen, wo uns eigentlich zum Weinen zumute ist. Was durchaus zu peinlichen Situationen führen kann, jedoch im Grunde nur der als pietätlos empfinden mag, der noch niemals erfahren hat, wie eng Lachen und Weinen beieinanderliegen können. Beide lösen Zustände von Spannung, die andernfalls seelische Erstarrung oder Gefühlsverhärtung nach sich ziehen könnten, und halten uns so auf Tuchfühlung mit dem Leben.

Das folgende Gedicht des persischen Dichters Hâfis (14. Jh. N. Chr.) drückt dies vortrefflich aus:

Lachen und Weinen zu jeglicher Stunde
Ruht bei der Lieb auf so mancherlei Grunde.
Morgens lacht' ich vor Lust;
Und warum ich nun weine
Bei des Abends Scheine
Ist mir selbst nicht bewußt.

Weinen und Lachen zu jeglicher Stunde
Ruht bei der Lieb auf so mancherlei Grunde.
Abends weint ich vor Schmerz
Und warum du erwachen
Kannst am Morgen mit Lachen
Muß ich fragen, o Herz.

(Quellen persischer Weisheit, St. Gallen 1967)

Auch Christian Jacq erblickt im Sarkophag des Osiris (und damit letztendlich in jedem Sarg) eine „Barke, die durch das Universum fahren kann". (Jacq 2008, S. 466) Was genau genommen wieder auf einen Verwandlungs- und Übergangsritus hinausläuft. Mitten im Tod sind wir von Leben (und Licht) umfangen!

2. Barke und Bahre

Unser heimisches Wort „Barke“ bringt ähnliche Sachverhalte zum Ausdruck. Nigel Pennick weist darauf hin, dass man die Barke auch als Bahre sehen kann. (vgl. Pennick, S. 166) Beide Begriffe sind nicht nur lautlich eng verwandt, sondern auch von ihrer Geschichte her. Im germanischen Runenalphabet werden sie mit der 18. Rune „Bar“ verbunden, die wiederum der Göttin Berchta oder Percht geweiht ist, die wir auch unter dem Namen Holle oder Holda kennen. Diese Göttin wacht sowohl über die Lebenden als auch über die Toten. Im Inneren ihres (Venus-)Berges hütet sie in einem Teich die Kinderseelen, die kurz davor stehen, als Neugeborene auf die Welt zu kommen. Zur Winterzeit, in den sog. Rauhnächten, jener Zeit „zwischen den Jahren“ (vom 25. Dezember bis zum 6. Januar) erzählte man sich von dieser Göttin, dass sie mit einem überdimensionalen Pflug unterwegs sei, der von eben diesen Seelen, den sog. Heimchen gezogen wird. Mit diesem Ackergerät lockert sie das Erdreich vorsorglich von unten, damit es im Frühjahr bereit ist, die neue Saat in sich aufzunehmen und wachsen zu lassen. Zusammen mit Pflug und Heimchen lässt sie sich auch gerne von Fährleuten über breite Flüsse übersetzen!

Als Baum steht mit dieser Rune Bar die Birke in Zusammenhang, jener „erste Baum, der auf dem kahlen Land wuchs, nachdem die Eisdecke sich am Ende der letzten Eiszeit zurückgezogen hatte.“ (Pennick, S. 164) Auch die Birke erscheint hier als ein Symbol für Neugeburt und Neuanfänge, nicht zuletzt auch auf spiritueller Ebene! So war es vor Zeiten Brauch, Toten vor ihrer Beisetzung einen Hut aus Birkenrinde aufzusetzen. (So z. B. gefunden in dem berühmten Keltengrab bei Eberdingen-Hochdorf im Kreis Ludwigsburg, vgl. Pennick, S. 165.)

Im Grunde lag es nahe, das Schiff – und seine kleineren Verwandten wie Barke, Boot oder Kahn – mit Übergängen aller Art zu verbinden, die mit Gefahren zu tun haben. Die „Passagen" waren für die Passagiere zugleich auch „rites de passage", sog. Übergangsriten von einem Ufer, von einem seelischen Zustand zum anderen. Man beachte, dass unser Wort „Riten" mit der fünften Rune im Alphabet zusammenhängt, die „Rit" genannt wird, was soviel wie „Reisen" bedeutet, womit auch schamanische, sog. Jenseitsreisen gemeint sein können! Eine Reise in die Anderswelt mit ungewissem Ausgang. Bei allen Fahrten über Flüsse und Meere stand unweigerlich die Drohung am Horizont, von den Fluten verschlungen und damit in die „andere Welt" befördert zu werden. Die karnevalesken Umzüge zu Ehren des Festes der Eröffnung der Schifffahrt der Isis am 5. März können daher ebenso als humoristisches Ablenkungsmanöver vor den Tücken und Schrecken der Seefahrt erfunden worden sein, wie sie auch einfach ein Ausdruck überschäumender Freude gewesen sein mögen.

Bewusst war man sich offensichtlich, dass die Seefahrt als Geschenk der Göttin eine Gegengabe von den Menschen erforderte. „Es kommt ein Schiff geladen ..." und das war voll von kostbaren Gaben, mit denen man der Isis seinen Dank bezeugte. Wer nehmen wollte – in diesem Fall den Schutz der Göttin –, musste zuerst geben, ein altes Energieausgleichsgesetz, das auch vom Kölner Karneval (wie auch vom rheinischen Karneval überhaupt) noch ganz selbstverständlich erfüllt wird, indem man während der Umzüge „Strüßjer, Bützjer und Kamelle" und andere guten Gaben unters Volk wirft.

Wer malt sich heute noch aus, wie bahnbrechend die Erfindung des ersten seetauglichen Schiffes gewesen sein muss? Welche Möglichkeiten des fruchtbaren – aber leider auch kriegerischen – Austauschs sie mit sich brachte? Beim Überfahren, das wir in des Wortes doppelter Bedeutung auch „Übersetzen“ nennen, schwamm die Angst vor dem Ertrinken immer nebenher. Ein Boden, auf dem andererseits Witz und Humor besonders gut gedeihen konnten. Dem Humor sagt man nicht umsonst nach, dass er vor allem dort entsteht, wo es eigentlich gar nichts zu lachen gibt. Weshalb die größten Humoristen, die andere zum Lachen bringen, privat nicht selten an der Grenze zur Depression stehen. Wer in den dunklen Wald, sprich eine unbekannte Situation geht, pfeift ein munteres Liedchen oder erzählt sich Witze.

Isis-Aphrodite *(Demeter) im schwarzen (Trauer-)Gewand, Vorbild der „Schwarzen Madonna“ (Marmor, Hellenistische Zeit)*

3. Brücken-Späße und Büttenreden

Spaß und Satire spielen auch in einem anderen zentralen Mythos der Antike eine Rolle, dessen Göttin uns bis heute (zumindest als Bio-Marke) begleitet: Es ist die Geschichte der großen Korngöttin Demeter (lat. Ceres), die über den Verlust ihrer geliebten Tochter Kore dermaßen traurig, ja geradezu todtraurig ist, dass sie – sonst eine blonde, strahlende Schönheit – darüber zu einer alten verhärmten Frau wird. Sie kleidet sich in schwarze Gewänder und pilgert unerkannt über die Erde, im Herzen ein trostloses Brüten. Und wenn die Göttin des Korns ihren Lebensmut verliert, dann lässt sie nichts mehr wachsen, dann fällt mit ihr das ganze Leben ringsum in Totenstarre: Die Erde wird trocken und hart wie Stein, so dass kein Pflug sie mehr lockern kann, die Pflanzen verdorren und die Menschen müssen hungern.

Als der Unterweltsgott Hades ihr die Tochter raubt und in sein jenseitiges Reich entführt, da stirbt auch etwas in der Mutter ab. Sie, die Göttin mit den reizenden Knöcheln und den weizenblonden Haaren ist plötzlich nur noch ein untröstliches Häufchen Elend. Unerkannt sitzt sie auf einem Schemel am Brunnen, verbirgt Körper und Gesicht hinter schwarzen Schleiern und lässt sich in ihrer Trübsal von nichts ablenken. Ihr brütender Sinn ist auf Vernichtung aus. Das Unrecht, das man ihr angetan hat, will sie mit Hungersnot vergelten. Wenn man schon ihr das Liebste genommen hat, sollen auch die anderen ihres Lebens nicht mehr froh werden dürfen. Die Göttin der Erde und des Wachstums beleidigt man nicht ungestraft.

In dieser Situation, wo die Existenz der Welt buchstäblich am Rande des Todes steht, kommt Brimo, die Magd der Demeter auf den rettenden Einfall, die Göttin mit ihren Scherzen zum Lachen zu bringen. Ihr Humor durchbricht die starre und monotone Klage, Demeter wird wieder ansprechbar. Und als Zeus, der die Entführung zusammen mit seinem Bruder Hades angezettelt hatte, schließlich einlenkt (weil ihm schmerzlich bewusst wird, dass er von den hungernden Menschen keine Opfer mehr bekommen wird) und seinem Bruder befiehlt, das geraubte Mädchen zur Mutter zurückzubringen, da ist sie längst milder gestimmt.

Als Demeter die Tochter wieder in den Armen hält,

> „Warf Alter sie ihr Alter ab und Schönheit wehte
> und wallte
> Um sie herum, gar lieblich entströmt es den duftenden
> Kleidern,
> Weithin strahlt es von Licht aus ihrem unsterblichen
> Körper.
> Blonde Haare fielen herab auf die Schultern, das feste
> Haus erfüllte ein strahlendes Funkeln, als wären es
> Blitze."

So beschreibt sie der Dichter Homer in seinem Demeter-Mythos aus dem 7. Jh. v. Chr. („Homerische Hymnen", S. 7 – 33).

Wie Isis, mit der sie ab der hellenistischen Zeit gleichgesetzt wurde, geht auch diese Göttin zu den Menschen und schenkt ihnen einen (Mysterien-)Kult, mit dessen Hilfe sie die Geschichte der Göttin nach- und mitvollziehen können: Mitten in der dunklen Weihenacht wird auch im Demeterkult das Licht neu geboren, verwandelt sich tiefe Trauer in Jubel und Festfreude. Die sog. Brückenspäße, die an Brimos notwendenden Humor erinnern sollen, wurden zum festen Bestandteil des Einweihungsgeschehens. Bevor die zur Einweihung bereiten Mysten die Brücke zum Heiligtum der Demeter passierten, wurden humoristische und satirische Reden geschwungen, die durchaus auch politische Missstände aufs Korn nehmen durften. Es sollte herzhaft gelacht werden, bevor man sich dem Dunkel des Todes aussetzte. Die Eingeweihten (Frauen wie Männer, Männer nur in Frauenkleidern!) wurden in Freude und Leid selbst eins mit der Göttin, die in ihrer schlimmsten Stunde, als ihr Herz zu verhärten drohte, durch Lachen von ihrem Kummer erlöst wurde. Die Brückenspäße erleichtern das Gemüt und lassen die Beklommenheit entweichen, so dass Herz, Seele und Geist aufgeschlossen werden für das, was kommt: die Begegnung mit einer göttlichen Kraft, die das ganze Leben verwandelt.

Wenn man so will, könnte man in diesen Brückenspäßen fast so etwas wie die Vorläufer der späteren Büttenreden im rheinischen Karneval sehen. Man stellt sich an eine exponierte Stelle und zieht noch mal so richtig vom Leder, so dass kein Auge trocken bleibt. Die Bütt, sprich die (Bade-) Wanne oder der Bottich, ist ja von der Form her selbst nicht weit von einem Boot oder Kahn entfernt und kann sehr wohl auf dem Wasser schwimmen. So könnte sie ein rustikales Überbleibsel jener früheren Wagenschiffe sein, sozusagen das Boot des kleinen Mannes, in dem er sich alles von der Seele reden kann, was auf ihr lastet.

Triumphwagen des Prinzen Carneval (1897), Kölner Karnevalsmuseum

4. Lachen geht vor Rache: Wie Loki die Wintergöttin zum Lachen bringt

Auch in unserer heimischen, an Humor nicht eben armen Mythologie kennen wir eine Geschichte, die Tod und Lachen in einen sehr direkten Zusammenhang bringt: Es ist die Geschichte der Wintergöttin Skadi, die nach Asgard kommt und an die Tore der Götterburg klopft, um den Tod ihres Vaters, des Sturmriesen Thjassi, zu rächen.

Die Geschichte entbehrt schon im Vorhinein nicht der Komik: Die Götter Odin, Loki und Hönir machen Bekanntschaft mit Skadis Vater, als der sich, in die Gestalt eines Adlers „verkleidet", den größten Teil von deren Mahlzeit schnappt. Die drei hatten einen Ochsen am Spieß gebraten, und als der gar war und sie gerade herzhaft zulangen wollten, stieß der Adler herab und brachte den größten Teil des Schmauses an sich. Das wiederum wollte Loki nicht auf sich sitzen lassen. Er nahm eine Stange, um damit nach dem Vogel zu schlagen, doch die Stange blieb an dessen Leib kleben, und Loki, der das andere Ende festhielt, sah sich alsbald in die Lüfte entführt. Als ihm die Schultergelenke zu reißen drohten, versprach er dem Adler in seiner Not – auf dessen erklärten Wunsch hin – die Göttin Iduna zur Gemahlin; keine geringere als die Göttin der Auferstehung höchstpersönlich! Ihr gehörten die Äpfel der Unsterblichkeit, mit denen sie jeden Morgen die Göttinnen und Götter auf Asgard verjüngte. Kaum war die Göttin durch den Adler entführt, war es aus mit der ewigen göttlichen Jugend. Die Asen und Asinnen wurden runzlig und grau. Loki versprach, Iduna zurückzubringen, was ihm auch gelang, indem er sich selbst in einen Falken und die Göttin in eine Nuss verwandelte. Beide erreichten sie die Götterburg kurz vor dem Adler, der natürlich die Verfolgung aufgenommen hatte. Flugs zündeten die Asen das um den Burgwall aufgeschichtete trockene Reisig an, und so hauchte der Riese Thjassi sein garstiges Leben in den Flammen aus.

Der Raufbold hatte jedoch eine schöne und ansehnliche Tochter, die kam, um ihren Vater zu rächen. In voller Kriegsrüstung erschien Skadi vor den Toren der Götterburg und verlangte Genugtuung. Da die Asen keinen Krieg mit ihr wollten, kam man überein, dass sie sich einen der ihren zum Ehemann aussuchen durfte. Allerdings musste sie ihn nach den Füßen auswählen. Mehr bekam sie von ihrem potentiellen Gatten nicht zu sehen. Skadi machte zusätzlich noch zur Bedingung, dass man sie zum Lachen bringen müsse, um sie endgültig über den Verlust ihres Vaters hinwegzutrösten, und dieser Wunsch wurde ihr erfüllt. Loki band sich mit einem Ziegenbock an den Geschlechtsteilen zusammen und vollführte derart witzige Sprünge, dass Skadi gar nicht anders konnte, als in Lachen auszubrechen. Als er sich dann noch mitsamt dem Ziegenbock auf ihren Schoß warf, war es endgültig um sie geschehen.

Der Mann, den sie sich schließlich nach der Wohlgeformtheit seiner Füße ausgesucht hatte, war dann weit weniger nach ihrem Geschmack. Sie hatte gedacht, dass der junge, makellose Balder auch die schönsten Füße haben müsste, doch traf sie mit ihrer Wahl ausgerechnet Njörd, den Vater von Freya und Frey und Gemahl jener Göttin Nerthus, die wir bereits als über Land fahrende Frühlingsgöttin kennengelernt haben. Er hatte seine Wohnstätte am Meer, Skadi dagegen war im Gebirge zu Hause, weshalb der Ehe keine allzu lange Dauer beschieden war. Obwohl beide sich redlich bemühten: Abwechselnd wohnten sie je neun Tage mal beim einen, mal bei der anderen, bis sie sich gütlich trennten. Skadi blieb jedoch ein gern gesehenes und von allen geliebtes Mitglied der Götterwelt auf Asgard. Die Augen ihres Vaters wurden unter die Sterne am Himmel versetzt. Besser hätte man diese Geschichte wohl kaum zu einem glücklichen Ende bringen können. (vgl. Zingsem 2010, S. 85 – 95)

Und wenn wir schon bei Njörd und Nerthus sind, deren Namen völlig gleich geklungen haben müssen, so wird schnell klar, wie eng auch im Mythos dieser altehrwürdigen über Land ziehenden Nerthus Leben und Tod beieinanderlagen. Nachdem die Göttin mit ihrem Umzug Freude und Segen unter die Menschen gebracht hatte, zog sie sich wieder auf ihre Insel zurück, und der Priester, der sie begleiten durfte, musste sein Leben in den Fluten lassen. Die Gaben der Göttin forderten ihre Gegengaben: Leben führt zum Tod. Das muss noch längst kein Grund zur Traurigkeit sein. Vielmehr kann uns der Blick auf das Ende die Freude nur um so intensiver erfahren lassen. Bei der „Nubbelverbrennung" werden wir auf dieses Thema zurückkommen.

Letztlich handelt es sich auch beim Tod nur um einen Wechsel der Welten, ein Hinübergehen in einen anderen Seinszustand, so wird es in allen Religionen gesehen und neuerdings durch die moderne energetische Physik bestätigt.

5. Der heilende und heilige Clown – närrisches Treiben als Medizin

„Geht nun heim,
ohne Kummer,
ohne Tränen,
ohne Traurigkeit."
Vera Laski

Es ist eine altbekannte Tatsache, dass die größten Humoristen und Kabarettisten von Hause aus keineswegs Frohnaturen sein müssen. Oft ist sogar das Gegenteil der Fall. Tiefe Traurigkeit, ein Leiden an der Welt, kann der Grund dafür, sein, dass man ausgelassene Heiterkeit versprüht, mit der man alle ansteckt, nur nicht sich selber. „Humor ist, wenn man trotzdem lacht", dieser Satz ist zwar abgedroschen, doch deshalb nicht weniger wahr. Echter Humor kennt immer auch die „andere Seite", sonst ist er bloßer Klamauk.

In diesem Kapitel möchte ich vor allem aufzeigen, wie stark – weltweit - Humor und Heilung zusammenhängen. In zahlreichen Kulturen kennt man deshalb das Phänomen des heiligen Clowns, manchmal auch Trickster genannt, der wirkt, indem er das Gegenteil von dem tut, was alle erwarten, und das Lachen als seine beste Medizin verabreicht. „Gegenteiler" werden sie deshalb auch genannt, oder „Widersinnige". In der indianischen Welt, wo sie vor allem zu Hause sind, heißt das übersetzt: „Heyoka".

Heyokas oder Gegenteiler – Männer wie auch Frauen – tun ständig alles verkehrt herum: Sie bauen ihre Hütten oder Häuser falsch herum, gehen rückwärts und sitzen rücklings auf dem Pferd, laufen in Lumpen oder aufreizender Kleidung umher. In seinem Roman „Der Gesang des Heyoehkah“ gibt H. Storm eine wunderbare Beschreibung dieser heiligen Clowns:

„Der Widersinnige ist für alle Völker lebenswichtig! Gewöhnlich sind Widersinnige jung und können sowohl Männer wie auch Frauen sein. Sie sind die Verkehrtherum-Lehrenden-Menschen. Sie bringen die Gesetze des Lagers mit den Menschen in Einklang. Die Widersinnigen verkleiden sich in die Gesetze, sie spielen die Gesetze durch. Es ist ein Spaß, und doch ist es der allerernsteste Tanz auf der Welt! Nichts ist dem Widersinnigen heilig! Keine Tradition, kein Weg, kein Tanz und keine Lehre. Widersinnige witzeln, schmeicheln, lachen aus und machen das Gesetz zum Gespött! Sie untersuchen auch das Gesetz, stellen das Gesetz auf die Probe, ändern das Gesetz und verlangen, daß dem Gesetz Vernunft innewohnt.“ (S. 159f)

Vor diesen Clowns ist nichts und niemand sicher. Ihre Stärke besteht darin, dass ihnen nichts und niemand heilig ist und sie vor nichts und niemand Respekt haben, selbst nicht vor den erhabensten Riten und Zeremonien ihrer eigenen Religion. Nur so ist es ihnen andererseits möglich, ihre Religion vor dem Erstarren im Dogma zu bewahren. Bei uns würde ein solcher Gegenteiler während der hl. Messe zum Altar gehen und den Kelch mit Wein umstoßen, die Gläubigen mit Hostien bewerfen oder etwa dem Pfarrer bei jedem Satz seiner Predigt widersprechen. Womit er zeigen würde, dass der eigentliche Sinn des Geschehens nicht in den Gegenständen oder Menschen liegt, die wir verehren, selbst wenn wir sie für geweiht halten. Nur so werden wir frei von Fremdbestimmung und lernen, unserem eigenen Herzen zu vertrauen, finden unsere eigene Weise, den göttlichen Kräften zu begegnen.

Auch der rheinische Karneval, soviel dürfte schon klar geworden sein, hat etwas von diesen Tricksterqualitäten an sich und in Köln übt man sie sogar direkt vor den Augen des Bischofs aus! Nur ist die Zeit des Karnevals eben begrenzt, früher stärker als heute, wo die Session ja bereits am 11. 11. des Vorjahrs feierlich eröffnet wird. Immerhin hat sich die närrische Zeit, – jeweils abhängig vom Erscheinen des ersten Vollmonds im Frühjahr – mittlerweile schon fast ein Drittel des Jahres erobert! Dass sie damit vor allem Licht und Freude in den dunkelsten Teil des Jahres bringt, könnte man ihr besonders hoch anrechnen. Ein besseres Heilmittel gegen winterlich bedingte Depressionen ist kaum vorstellbar.

Die größten Stärken der indianischen Clowns liegen in der Heilung von Kummer und Krankheiten; selbst Seuchen wie die Pocken konnten die Heyokas in der Vergangenheit durch die Art ihres Humors abwenden. Dazu ist es wichtig, dass sie selbst mit einem glücklichen Herzen, frei von Kummer und Sorgen und Furcht zu den Menschen gehen. Krankheit und Tod, so ist die dahinter stehende Vorstellung, haben ihren Grund vor allem im Kummer, und Kummer ist gleichbedeutend mit Verhärtung: „Er setzt sich hauptsächlich im Bauch fest und läßt ihn hart werden." (Tedlock, S. 116) So heilt der Clown durch seine Späße zuallererst den Bauch und mit ihm jegliche Art von seelischer Verhärmung, die auf Dauer den ganzen Leib ruiniert. Dass die Gegenteiler/innen dabei zu drastischen Methoden greifen dürfen, gehört zum System. So können sie etwa ein so schauriges, Schrecken erregendes Lachen von sich geben, dass selbst die Krankheit, so wird angenommen, davor die Flucht ergreift. Sie springen die Menschen mit drohenden und furchteinflößenden Gebärden an oder bewerfen sie mit kochend heißen Gegenständen. Wichtig ist, dass es blitzschnell geschieht und der Schock zu einem befreienden Lachen führt.

Durch das Erschrecken polen die Heyokas die Menschen um, so dass unnütze Gedanken und Niedergeschlagenheit wie Schorf von ihnen abfallen. Dadurch werden sie geheilt. Den Geist von Kummer und Traurigkeit zu befreien, kann man somit als ein bedeutungsvolles Mittel der Krankheitsvorsorge ansehen. Die Leute zum Lachen zu bringen, erzeugt kathartische Wirkungen und kann als ein Teil ethischer Daseinsvorsorge verstanden werden, auch und erst recht im Karneval. Wie die Clowns die Menschen zum Lachen bringen, ist ihnen und ihrer Kreativität überlassen. Nur dass sie es tun, ist wichtig, überlebenswichtig. Es gibt nordamerikanische Stämme, bei denen die religiösen Zeremonien nicht beginnen können, ehe nicht alle Beteiligten zuvor herzhaft gelacht haben. So wie es Schwarzer Hirsch ausdrückt:

„Im heyoka-Ritus geht alles verkehrt zu, und dem liegt die Absicht zugrunde, die Leute zuerst heiter und glücklich zu machen, also daß es für die Kraft leichter ist, sie zu besuchen." (Tedlock, S. 121)

Gleichzeitig ist es wichtig, sich auch nicht allzu sehr an diese göttliche Kraft bzw. das Bild, das sich die Menschen von ihr machen, zu klammern. So war es den Heyokas z. B. möglich, eine possenhafte und derb-komische Art von Sexualität mitten auf einem Altar oder in einem Heiligtum zu vollziehen, oder aber am Altar, wo eigentlich weihevolle Stille zu herrschen hatte, laut und respektlos zu quatschen.

Überhaupt, die Sexualität: Bei manchen Völkern wird sie direkt mit dem heiligen Clown in Verbindung gebracht. Dazu muss man wissen, dass der Coyote fast überall bei den Ureinwohnern Nordamerikas als das Totemtier der Trickster gilt. So sind Trickster-Geschichten oft Coyote-Geschichten. Als z. B. nach den Schöpfungsgeschichten der Diné (Navajo) in Arizona Scheide und Glied erschaffen und den Jugendlichen zum ersten Mal „angelegt" werden, da trabt zufällig der Coyote des Wegs und sieht sich die Sache mit seinen eigenen Augen an. Und flugs und ehe noch jemand eingreifen kann, hat er sich ein paar Haare aus dem Bart gezupft und die neu geschaffenen Geschlechtsteile damit „verschönert“, so wie er sich das eben vorstellt. Seither allerdings hat die menschliche Sexualität etwas von der Unruhe stiftenden Unberechenbarkeit des Coyoten angenommen, mithin selbst Trickster- oder Clownsqualitäten, und kann daher ganz schön für Wirbel sorgen. Was natürlich voll in Coyotes Sinne ist und die Menschen wiederum nachsichtig mit Ihresgleichen machen sollte. Ist Coyote schließlich nicht Teil von uns allen?!

An Coyotes Verhalten lässt sich das Wirken der heiligen Clowns auch sonst sehr gut ablesen. Als z. B. Erster Mann, ein Schöpfungsgott bei den Diné, die Sternbilder auf der Erde mit Glimmerstückchen auslegen will, damit er sie später ganz gewissenhaft am Himmel anbringen kann, kommt auch gerade Coyote des Wegs und langweilt sich schon beim Zuschauen. Die ganze Tüftelei und Ernsthaftigkeit, mit der Erster Mann vorgeht, ist nichts für ihn. Warum lässt er die Sterne nicht einfach sitzen, wo und wie sie selbst es wollen? Spornstreichs nimmt er einen Haufen Glimmer, der noch seiner Bestimmung harrt, in seine Pfoten und wirft sie mit Schwung an den Himmel. Seither, so heißt es, kann man auch am nächtlichen Sternenhimmel einen Teil jenes Chaos wahrnehmen, das mit Coyotes Handlungen in die Welt kam. Wie oben, so unten!

Vergessen wir dabei nicht, dass vorübergehendes Chaos, das für die Auflösung von festgefahrenen Strukturen sorgt, die Vorbedingung jeder Art von Kreativität ist. Ein Blick zum Himmel könnte uns – obiger Geschichte zufolge – die tröstende Gewißheit verschaffen, dass dies zu den ewigen Gesetzen unseres Lebens auf der Erde gehört. Selbst das Chaos im Kopf oder im Herzen (oder in beidem zusammen) kann, nachdem der Sturm sich erst einmal gelegt hat, wunderbare Blüten hervortreiben. Diese Geschichte zeigt, dass Chaos auch mit Individualität einhergeht. Wo alles nur nach Plan und Schema F verläuft, da werden wir zu Robotern und Langeweile stellt sich ein. Bei allem

Wunsch nach Ordnung und Moral: Menschen, die nur noch tun, was von ihnen erwartet wird, bieten den idealen Nährboden für Kadavergehorsam, und wohin der führt, muss hier wohl nicht eigens erläutert werden. In der Coyote-Geschichte geht es um eben diese Mischung: Ein Teil der Sterne wird nach Plan angebracht, der andere aber darf sitzen, wo er selbst es will. So deutet die Trickster-Mentalität auf Bewahrung der Individualität hin, woraus nicht zuletzt der rheinische Karneval einen Großteil seiner Essenz und seiner Beliebtheit bezieht.

Doch Coyote kann auch anders: Als die Menschen gerade erst auf dieser unserer Erde angekommen waren, da wollten sie wissen, ob sie ewig leben würden oder eines Tages sterben müssten. Sie warfen einen Fellschaber in den Fluss und erklärten, wenn er nicht unterginge, dann dürften sie ewig leben. Natürlich schwamm der Fellschaber obenauf und so sprangen alle vor Freude in die Luft. Coyote jedoch gebot ihnen Einhalt. Er nahm einen Stein in die Hand und sagte, nur wenn dieser Stein nicht unterginge, würden sie unsterblich werden. Mit diesen Worten warf er den Stein ins Wasser und natürlich sank der auf den Grund. Da wollten alle über den Coyoten herfallen und hätten ihn wohl am liebsten dem Stein hinterher geschickt. Der jedoch gab zu bedenken, dass wenn alle jetzt Lebenden sich beständig und endlos vermehren würden, bald für nichts und niemand mehr Platz sein würde, auch nicht für die Pflanzen, die man zur Nahrung brauchte. Da wäre es doch sinnvoller, wenn jede Generation nach einem langen und erfüllten Leben der nächsten Platz machen würde. Das sahen die Menschen bei aller Enttäuschung ein und stimmten ihrer Sterblichkeit zu.

Coyote ist ein Grenzgänger, so wie auch der Karneval „am Rande“ steht. Die „fünfte Jahreszeit“ zeigt schon dem Namen nach, dass sie außerhalb der normalen Ordnung, sozusagen „außer Rand und Band“ ist und da auch bleiben will. Auf der Grenze zu stehen, bedeutet aber auch, Einblick in beide Welten zu erhalten, die eine wie die andere Seite zu sehen, die man auf diese Weise neu miteinander verbinden kann. Wer sich außerhalb stellt, kann das Eigene mit neuen Augen sehen. Es geht also letztlich um einen Zuwachs an Bewusstheit, der hier gewonnen wird. „Er wußte etwas über sich selbst." (Tedlock, S. 121) Das größte Kompliment, das man einem Clown oder Narren, sei es Mann oder Frau, machen kann.

In unserer heimischen Mythologie vertritt der Gott Loki den Part des Tricksters. Wenn irgendwo etwas schief geht, Dinge aus dem Ruder laufen, jemand mit List und Tücke getäuscht wird, dann ist meist Loki die treibende Kraft dahinter. Trotzdem gelingt es ihm, seinen Kopf aus so gut wie jeder Schlinge zu ziehen. Einmal verwettet er buchstäblich seinen Kopf an die Zwerge und verliert die Wette. Doch als sie ihm den Kopf abschlagen wollen, da redet er sich heraus, dass man dazu zuerst seinen Hals durchtrennen müsse, und den habe er ja nicht mit verwettet. So gehen die Zwerge leer aus. Die Asen aber kommen auf diese Weise zu den wunderbarsten und zauberkräftigsten Gegenständen, allen voran zu dem Hammer des Thor oder zu dem Sonnen-Eber Gullinbursti, auf dem der Gott Frey durch die Lüfte jagt.

In einem anderen Fall überredet Loki die Asen und Asinnen, sich von einem Riesen eine wehrhafte Mauer um die Götterburg bauen zu lassen, die in genau einem Jahr fertiggestellt sein soll. Der Riese allerdings bedingt sich als Belohnung für seine Arbeit die Göttin Freya, dazu Sonne und Mond aus. Loki meint, auf diesen Handel könne man sich ohne Weiteres einlassen, da der Riese sowieso nicht in der Lage sein werde, sein Versprechen einzulösen. Ein krasser Fall von Fehleinschätzung, dessen Tragweite den Asinnen und Asen leider erst aufging, als es schon fast zu spät war. Gerade waren es nur mehr drei Tage bis zum Ende der Frist, dann würden über Asgard und Umgebung die Lichter ausgehen, denn der Riesenbaumeister wollte ja Sonne und Mond mit in sein eigenes Reich nehmen. Ganz zu schweigen davon, dass man auch die Liebesgöttin Freya nicht hergeben wollte. Es sah wieder einmal so aus, als hätte Loki das Glück der ganzen Götterwelt aus purem Leichtsinn verspielt.

Doch Loki wäre nicht Loki, wenn ihm nicht auch in dieser Situation die rettende Idee zugeflogen wäre. Da der Riesenbaumeister nur so effektiv arbeiten konnte, weil sein Wunderhengst den größten Teil der Arbeit, vor allem auch das Steineschleppen für ihn erledigte, ist nur eine einzige Lösung in Sicht: Loki muss sich selbst in eine Stute verwandeln, um den Hengst liebestoll zu machen. Der Plan gelingt vorzüglich. Der Hengst zerbricht Zaumzeug und Karren, um mit seiner neuen Gefährtin in die Weite zu galoppieren, und das an drei Tagen hintereinander, die entscheidenden drei! Die Mauer bleibt unvollendet und der Riese wird um seinen Lohn geprellt. Loki aber gebiert noch als Stute schließlich ein Hengstfohlen mit acht Beinen, das berühmte Wunderroß Sleipnir, das schon mit Runen auf den Zähnen zur Welt kommt, als Ausdruck seiner Geistbegabtheit. Ein echtes Schamanenpferd, das später seinen Besitzer Odin durch alle nur denkbaren Welten tragen wird.

Auch das gehört zum Erscheinungsbild dieser Clowns: Sie sind ungeheuer wandlungsfähig, improvisieren gerne und spielen mit den Geschlechterrollen, die sie damit gleichzeitig in Frage und auf die Probe stellen. Vor allem die Männer verkleiden sich in witziger Weise als Frau, wovon man im kölschen Karneval durchaus auch ein Liedchen singen kann. Dass aber ein Mann, der sich in ein weibliches Wesen verwandelt, in dieser vorübergehenden Gestalt gleich noch seinen Nachwuchs selbst auf die Welt bringt, so etwas kann nur in der Götterwelt passieren! Gerade der Geschlechtswechsel kann aber auch verdeutlichen, dass wir unsere Rollen nicht zu buchstäblich auslegen und ausleben sollten. Weshalb speziell die indianische Welt für Transvestiten und homosexuell veranlagte Menschen eine große Akzeptanz besaß. Dabei können sich die Geschichten aus unserer heimischen Mythologie durchaus mit denen der ersten Völker Nordamerikas messen. Man denke nur an jene köstliche Geschichte, wo ausgerechnet der grobschlächtige Hammergott Thor (natürlich wieder im Verbund mit Loki) als züchtige Braut verkleidet und verschleiert nach Riesenheim fährt, um dort seinen gestohlenen Hammer zurückzugewinnen. Auch Odin verkleidet sich einmal als Kammerzofe, um seiner Liebsten nahe zu sein.

Was in der einen Kultur als Clown erscheint, tritt in der anderen als Narr auf. Das Erscheinungsbild ist in etwa dasselbe und auch die Wirkung: „Kinder und Narren sagen die Wahrheit", heißt es im Volksmund, und ihnen nehmen wir sie auch bereitwilliger ab. Selbst wenn sie unbequem ist und wir sie nur ungern hören wollen, lassen wir zu, dass sie uns den Spiegel vorhalten. Der Hofnarr früherer Zeiten ist dafür ein gutes Beispiel. Auch er war eine unverzichtbare Institution, wie nicht zuletzt die Geschichten um Till Eulenspiegel zeigen. Eine Institution, wie sie heute z. T. der rheinische Karneval übernimmt, der mit seinen Büttenreden und Wagengestaltungen in satirisch bis heiterer Form heiße Eisen aus Politik und Religion aufgreift.

Wie stark der Narr auch sonst in unserer Kultur verankert ist, mögen wir aus seiner zentralen Stellung im Tarot-Spiel ablesen. Als Null-Nummer symbolisiert die Karte des Narren die Offenheit für alles und jedes wie auch die unschuldige Unbedarftheit des Neuanfangs. Vom Tarot aus ist er als Joker in andere Kartenspiele eingegangen und kann dort für jede andere Karte stehen. Selbst der bekannte „Schwarze Peter“ dürfte noch ein Relikt des Narren sein, seine dunkle Seite, die selbst den Narren noch zum Narren hält.

Am meisten Gelegenheit, das Narrenwesen auszuleben, hat aber aktuell im Karneval über die gesamte Dauer der Session das Kölner Dreigestirn. Während der tollen Tage versprühen die Tollitäten ein wahres Mammutprogramm des Frohsinns und besuchen in dieser Zeit durchaus auch Kinder- und Altenheime, Krankenhäuser, Menschen mit Behinderungen, soziale Brennpunkte. Das Kölner Dreigestirn ist für alle da! Die Aufhebung der Standesgrenzen, die den Karneval von Anbeginn auszeichnete, wird hier praktisch wirksam.

„Während wir lachen, sind wir frei von allen Beengungen durch unsere Persönlichkeit oder die Persönlichkeit anderer – selbst frei von Gott, er wird mit fortgelacht.“ (Tedlock, S. 120)

Diese Fähigkeit, sich immer wieder in humorvoller Distanz zu sich selbst und auch zu seinem „staazen Dom“ zu stellen, ist etwas, das man dem Kölner Karneval getrost ins Stammbuch schreiben kann. Das macht ihn liebenswert und für eine Welt, in der gerade wieder Leistungsdenken und Wettbewerbsstreben zum neuen Evangelium erhoben werden, absolut unverzichtbar.

„Ma lävt nit für de Arbeit, ma arbeit’ um zu lävve, dat hann mir Kölsche in der Bibel stonn“, singen die Räuber. „Mir sin zwar joot katholisch, doch nit antialkoholisch, drum müsse mir och ab un zu ens eine drinke jonn.“

Dem ist vorerst nichts mehr hinzuzufügen!

Aphrodite, ihre Halskette anlegend (1. Jh. v. Chr.)

Kapitel VII

ROSENMONTAG
UND
VEILCHENDIENSTAG

„De Hauptsach is et Hätz is joot!“
altes Kölner Lebensmotto

Steht die Rose ganz im Zeichen der Liebe, so steht das Veilchen eher für Leiden, Tod und Auferstehung. Die Rose verbindet sich symbolisch mit allen Liebesgöttinnen unseres Kulturkreises, als da u. a. wären: Isis, Aphrodite, Venus, Freya, Holle. Von da erst ging sie auch auf die christliche Mariengestalt über. Veilchen gehören hingegen von alters her in den Umkreis des Kybele-Attis-Kultes und waren daselbst ein Symbol für den sterbenden und wieder auferstehenden Gott. Nicht nur wurde Isis in der Römerzeit mit Kybele gleichgesetzt, die ursprünglich aus Kleinasien stammende Göttermutter hatte ihre Kultstätte sozusagen um die Ecke von Köln, nämlich im heutigen Neuss, lat. Novesia. Wir werden uns dieser Göttin, die wir ja in Kap IV schon kennengelernt haben, beim Veilchendienstag noch einmal ausführlicher widmen. Da der Rosenmontag mit seinem „Zoch“ so etwas wie den Höhepunkt des Kölschen Karnevals darstellt, werden wir uns der Rose und ihren Bedeutungen zuerst zuwenden.

1. Die Rose – Blume der Liebesgöttin

> Immer noch rinnt das Wasser, von Zweigen beschattet,
> zum Garten hinab und tränkt mir die Rosen der Laube,
> wo ich voll Seligkeit (*Koma*), während sie lautlos entblättern,
> Kypris erwarte.
>
> *Sappho*

Es gibt Dokumente über Rosen, die auf Keilschrifttafeln und antiken Papyri verzeichnet und zwischen 3000 und 4000 Jahre alt sind. Keine andere Blume kann auf eine derart langlebige Geschichte und Tradition verweisen. (vgl. Menzel-Tettenborn, S. 334) Solange wir Darstellungen von ihr kennen, ist sie bereits mit der Göttin der Liebe zusammen abgebildet worden. Von Anbeginn gehört die Rose in den Mythenkreis um die Göttin Inanna, Königin von Himmel und Erde (siehe III.1.), die jedoch durch ihren Abstieg in die Unterwelt auch Tod und Auferstehung durchlebte.

In Ägypten lernte man die Rosen erst später kennen, doch findet man sie schon auf Gemälden aus der Zeit des Neuen Reiches, ab Ramses II., der im 13. Jh. v. Chr. lebte. (vgl. Menzel-Tettenborn, S. 327) Dies ist auch in etwa die Zeit, als Isis allmählich zur beliebtesten Göttin in Ägypten heranwuchs, und die Ägypter – über den Kult von Isis und Osiris - zum ersten Mal den Gedanken an eine persönliche Auferstehung ins Auge fassten. Von daher lag es nahe, auch Isis, deren Liebe zu Osiris (und über ihn zu allen Menschen) stärker schien als der Tod, mit der Rose in Beziehung zu setzen. Die frischen Rosenkränze, mit denen man ihre, wie auch die Statuen von Aphrodite-Venus zu schmücken pflegte, wurden spätestens in der Römerzeit Brauch. Wie wir im „Goldenen Esel“ von Apuleius lesen können, wurden zu seiner Zeit anscheinend so gut wie alle Göttinnen-Statuen, bis hin zur Pferdegöttin Epona, mit frischen Rosenkränzen behängt. Und Rosenkränze wurden offensichtlich auch bei den Prozessionen zur Eröffnung der Schifffahrt mitgeführt. Selbstverständlich sind sie von jener Göttin nicht wegzudenken, die wir Heutigen am meisten mit der Liebe verbinden: Aphrodite, die ab der Römerzeit zu Venus wurde und in unserer heimischen Mythologie Freya oder Holle genannt wird.

Insbesondere bei Aphrodite gehört die Rose mit zu ihrer Geburtslegende: Als die dem Meer entstiegene Göttin in Zypern an Land ging, da folgten die Rosen ihr auf Schritt und Tritt. Wo immer sie ihre behenden Füße aufsetzte, da sprossen alsbald Rosen hinter ihr auf. Die Blüten dieser ersten Rosen waren ursprünglich weiß. Wie sie zu roten Rosen wurden, darüber gibt es in der griechischen Mythologie zwei ganz entgegengesetzte Geschichten: Die eine erzählt von Liebe und Herzeleid, die andere von himmlischem Nektar und glückseligem Überschwang.

Obgleich der Liebesgöttin, die als letzte das griechische Pantheon betrat, dort fünf verschiedene Partner zugeschrieben werden, verbindet sie doch nur mit einem ein ähnliches Schicksal, wie es Isis mit Osiris durchlitt. Der junge Adonis, der Mann ihres Herzens, stirbt eines Tages vor ihren Augen und sie kann ihm zunächst nicht mehr helfen. Zwar hatte sie ihn gewarnt, er solle nicht leichtfertig auf die Jagd gehen, doch diese Warnung hatte er in jugendlichem Übermut in den Wind geschlagen. Nun lag er, von einem Eber tödlich verwundet, im Dickicht, und als die Göttin vergeblich zu seiner Rettung herbeistürzen will, tritt sie sich in der Aufregung den starken Dorn einer Rose in den Fuß. Als sie ihn herauszieht (eine ikonographisch durch die Jahrtausende immer wieder festgehaltene Szene), da benetzt ihr hervorquellendes Blut die bis dahin weißen Rosen und färbt sie rot.

„Tränen von der paphianischen Göttin fielen zur Erde,
Blut von Adonis
Beide benetzten die Erde und wurden zu Blumen.
Anemonen wurden aus ihren Tränen,
Rosen aus seinem Blut.
Adonis, Adonis, der süße Adonis ist tot."

Bion, um 100 v. Chr.

Wie Isis wird auch Aphrodite den Geliebten auferwecken, wenn die Zeit gekommen ist. Selbst die Göttin der Liebe kann Tod und Traurigkeit nicht entgehen, obwohl sie doch als eine vom Tod erlösende Gottheit gefeiert wird. Nicht umsonst trägt sie den Beinamen „Tymborochos", die Grabräuberin. Sie „raubt" den Leichnam aus dem Grab und macht das Grab leer, indem sie den Toten zum Leben erweckt. Alles jedoch zu seiner Zeit. Wie Osiris, so ist auch Adonis mit dem Sterben und Wiederaufblühen der Natur verbunden, und so reiht sich auch seine jährlich gefeierte Auferstehung in den Kreislauf der Natur ein.

„Wehe. Adonis ist tot, der Kypris Begleiter.
Klagt um Adonis, zerreißt das Gewand.
Schlagt an die Brust euch, jammert mit mir.
Doch ich vermag nicht so ergreifend zu singen,
Daß Adonis zu neuem Leben erwacht.
Noch ist die Zeit nicht gekommen. Klagt um Adonis.
Stumm bleibt der Frühling. Tot sind die Blumen.
Weint um Adonis. Zerreißt das Gewand."

Sapphos „Klage um Adonis"

Keine Rose ohne Dornen, keine Liebe ohne Leid, doch auch nicht ohne tiefe Freude. Und das ist der andere Teil der Geschichte:

Als Eros, der Gott der Schöpfung (je nach Mythos Partner wie auch Sohn der Aphrodite) im himmlischen Olymp einst trunken vor Freude wird, da schwappen ihm ein paar Tropfen Nektar über den Rand seines Bechers. Sie fallen zur Erde und färben dort die bis dahin weißen Rosen rot. Nach dieser Legende erinnert uns die Farbe der Blüte an eitel Sonnenschein und himmlische Wonnen.

Natürlich gehören im Grunde beide Geschichten zusammen, wie sich auch im wirklichen Leben und Lieben, Freude und Leid wohl die Waage halten, wobei, wenn wir Glück haben, die Freude überwiegt. Am Ende jedenfalls, so die antike Vorstellung, siegt immer die Liebe. Isis oder Venus *victrix*: die Liebe bleibt Siegerin über das Schicksal, stärker als der Tod ist sie. Das bezieht sich sowohl auf ihre sinnlich erotische wie auch auf ihre sozial großzügige und freigiebige Seite. In der germanischen Mythologie nennt man die Liebesgöttin Freya auch „Friagabis“, die frohen Herzens schenkende Göttin. Beide Seiten, soviel dürfte inzwischen klar geworden sein, kommen im rheinischen Karneval nicht zu kurz.

Der zweite Wagen des Helden Carneval aus dem Jahre 1824 war übrigens in Form eines Delphins gestaltet! Der Delphin ist seit alters her das heilige Begleittier der Aphrodite-Venus, insbesondere in ihrer Eigenschaft als Herrin der Seefahrt. Mit im Wagen saß damals die Prinzessin Venetia, seine ewige Braut, und die fuhr in einer Gondel vor, welche die Form eines Schwans hatte. (vgl. Prass/Zöller, S. 14) Doch auch der Schwan ist eines der klassischen heiligen Tiere der Liebesgöttin, weil er den Himmel mit der Unter-(Wasser)Welt verbindet.

Man darf sicher sein, dass es ein Wissen um solche Zusammenhänge gab, denn gerade mit der Reformierung des Karnevals ging damals das Bestreben einher, das Fest im Sinne der Romantik als Kunstform zu erneuern. Was den Karnevalszügen der Folgezeit noch gut anzusehen war. Nicht umsonst gehörten die Reformer zur geistigen Elite der Stadt Köln. (vgl. Prass/Zöller, S. 11)

2. Solidarität und Integration – auch das ist Liebe

Spaß und Freud, dat is et einzje op der Welt,
dat sich verdoppelt, wenn man et met andere deilt!

Die Höhner in ihrem Lied „Carneval"

Menschen, die sich freuen, haben nur einen Wunsch,
in Frieden leben zu können.

Theo Röhrig, Karnevalsprinz von 1949

Im Kölner Karneval werden Solidarität und Integration bis heute groß geschrieben, denn wie jedes religiös inspirierte Fest ist er zugleich eine Sozialform. „Drenk doch eine met", das Lied, das den Bläck Fööss vor ca. 40 Jahren zum Durchbruch verhalf, traf den Nerv der ganzen Karnevalsgemeinde und hat bis heute nichts von seiner Aktualität und Beliebtheit eingebüßt. In der WDR-Sendung „Die Besten im Westen" wurde es vor noch nicht allzu langer Zeit sogar auf Platz 2 der beliebtesten Karnevalshits aller Zeiten gewählt! Ein Evergreen, der so richtig das Kölsche Lebensgefühl – dat kölsche Hätz - inner- und außerhalb der fünften Jahreszeit zum Ausdruck bringt: „Häste och ke Jeld, dat is janz ejal, drenk doch met un kümmer dich net dröm."

Diese soziale Ader ist vom heutigen Karneval so wenig wegzudenken wie vom früheren. Die Proklamation der Gleichheit aller Stände und damit die Aufhebung jeglicher Art von Hierachie, gehörte seit je zum Karneval und blieb auch und gerade nach der Reform von 1823 die Aufgabe jedes neu gewählten Prinzen. (vgl. Prass/Zöller, S. 14) Von den Umzugswagen herunter wirft man mit vollen Händen die „Kamelle" in die wartende Menge. Wobei das Wort inzwischen auch Blumensträuße, Obst, Pralinen, Schokolade und sogar Würste umfassen kann. „Strüßjer, Bützjer un Kamelle“ eben, die symbolisch für alle guten Gaben dieser Erde stehen. In der wartenden Menge haben alle die gleiche Chance, etwas zu ergattern und mit vollen Tüten nach Hause zu gehen, gerade auch die, die sonst nur wenig zu beißen haben. Was in früheren Zeiten sicher noch wichtiger war als heute, aber auch heutzutage nicht unterschätzt werden sollte. Gleichzeitig spielt auch Glücksgöttin Fortuna eine Rolle bei dem, was man erwischt. Leer ausgehen wird am Ende wohl keiner und zur Not kann man die an Land gezogenen Schätze ja immer noch tauschen.

Es ist die alte Göttin des Frühlings mit ihrem Füllhorn, an die mit diesem munteren Treiben erinnert wird:

„In den Tagen des Karnevals, wenn sich das Zuunterste wieder nach oben kehrt, wurden in den Dörfern die Narrenschiffe jener Göttin der Apfelinseln umhergezogen, die als Habundia oder Satia, als die schrankenlos Verschwenderische sich im schwärmenden Haufen inkarnieren sollte. [...] Die zügellos herumschwirrende, schwärmende Närrin spielte die komödiantische Rolle jener Unbestimmbaren, die auf ihrem Wagen das Land befuhr, und mit ihrem Gelächter schlug sie die Beklemmung aus der Starre.“ (Steiner, S. 52)

Habundia oder Satia, die verschwenderische Saat, die aufgehen sollte. Es ist sehr wohl möglich, dass es bei dem im heutigen Karneval üblichen „Werfen“ zunächst um das Ausbringen der neuen Saat ging, mithin Saatkörner über Land verteilt wurden, die später gute Ernte bringen sollten. Wie es ja auch zum Gebrauch des Wagenschiffs als Pflug passt. Dort jedenfalls, wo in alter Zeit die Schiffe über Land gezogen worden waren, sollten nachher die Ernten um so reicher ausgefallen sein. Da es bei all diesen Kulten jedoch stets um Geben und Nehmen ging, konnte das Werfen sehr bald auch den Charakter des Schenkens annehmen.

In einer Zeit, wo die Speicher leer waren, gab man früher auch noch das Letzte her, damit sie sich dank der Aussaat wieder füllen konnten. So wie in den Rauhnächten der Flachs abgesponnen und die Spindel leer sein musste, wenn einer Frau im Neuen Jahr der Faden (und das mit seiner Hilfe zu erwerbende Ein- und Auskommen) nicht ausgehen sollte. Wer nicht alles geben wollte, der konnte auch nicht darauf hoffen, etwas zurückzubekommen. Fülle setzt Leere voraus, das stimmt sogar für den Kopf und ist eine uralte (natur)religiöse Erfahrung. Ein Eimer, den wir nicht zuerst ausleeren, kann nichts Neues aufnehmen, der Mond wird erst voll, nachdem er im Neumond sein ganzes Licht abgegeben hat.

Traditionell und spätestens seit seiner Verknüpfung mit dem christlichen Osterfest fällt Karneval übrigens in die Zeit des Neumonds. In manchen Jahren fallen Rosenmontag oder Veilchendienstag sogar direkt mit dem Dunkelmond zusammen. Der Mond schüttet sich aus, damit seine Schale, die auch ein Boot ist, sich wieder füllen kann. Wie oben so unten, und umgekehrt! Das großzügige, das großflächige Austeilen und Verteilen, das Ausschenken und Wegschenken ist aus dem Kölner Karneval nicht wegzudenken. Selbst wenn es so witzige Blüten treibt wie in dem folgenden Lied:

„Die Oma jeht nom Pfandhus, versetzt et letzte Stück, denn der Fastelovend is für sie et jrößte Jlück." So besingen es „die Räuber" in ihrem Evergreen „Denn wenn dat Trömmelche jeht".

Auch das unterscheidet den rheinischen Karneval fundamental von den Fasnetsbräuchen des süddeutschen Raumes, die ohnehin mehr mit dem Austreiben des Winters als mit dem Begrüßen und Unterstützen des Frühlings zu tun haben. Weshalb man im Süden auch keine Wagenschiffe (mehr) kennt. Ganz zu schweigen von der ausgelassenen Fröhlichkeit, die den echten Karneval seit je begleitet:

„Vor Lachen mußten sie schier zerbersten (die Frauen im Gefolge der Holle etwa), damit jene Habundia, die sich entfesselnde Quelle, die wild heranwachsende, zerplatzende Mohnkapsel, die sich verschwendende, unersättliche Satia, die auf ihrem Wagen das Land befährt, alles durchrausche und betöre und zum Gedeihen reize. Ihr stand alles frei – also nahm sie sich, was sie kriegen konnte, denn in diesen Nächten sollte alles offenstehen, sollte sich alles auftun, sollten die verschlossenen Schalen gelüftet werden, damit sie sich leeren und von neuem füllen. (Steiner, S. 62)

Dabei konnte es durchaus zu aberwitzigen Begebenheiten kommen: Ein Mann, der einmal zur Nacht ein Fass Wein nach Hause trug, sah die lärmenden Frauen kommen und versuchte, sich mitsamt seinem Fass vor ihnen in Sicherheit zu bringen, indem er sich im Gebüsch versteckte. Es half ihm jedoch nichts. Die Frauen entdeckten den Wein und taten sich die ganze Nacht gütlich an ihm, so dass der Mann lange warten musste, bis er endlich nach Hause gehen konnte. Zu Hause dann, oh Wunder, wollte das Fass „ewig" nicht leer werden. Erst als man neugierig hineinschaute, war plötzlich nichts mehr drin.

Ein anderes Mal wird von jungen Burschen erzählt, die sich gerade in der Schenke noch ein paar Kannen Bier geholt hatten. Die Frauen fielen über das Getränk her und soffen lachend die Kannen aus. Beim Abschied versicherten sie den Männern, dass diese Gefäße niemals leer werden würden, sofern sie die Geschichte, die ihnen gerade widerfahren war, für sich behalten könnten. Doch wie das Leben so spielt, ging das nur drei Tage lang gut. Dann verplapperten sie sich und das Bier in den Kannen versiegte. Wer sich der Fülle des Lebens und dem Segen der göttlichen Welt nicht anvertrauen will, der geht oft leer aus. Das Wunder will Wunder – sprich Geschenk, unverdiente Gabe – bleiben und sich schon gar nicht berechnen lassen. Das ist bei der Geschichte um die Heinzelmännchen von Köln nicht anders zugegangen. Zuviel Licht, sprich zuviel Ratio, versperrt die Kanäle, die uns für die Kräfte der „andern“ Welt, für die Welt des Geheimnisvollen und Unerklärlichen empfänglich machen.

Beim Rosenmontagszug werden vor allem Kamelle unters jubelnde Volk geworfen. Das sind nicht gerade nützliche oder gesunde, sondern eher überflüssige Lebensmittel. Wer jedoch zu arm war oder wem das Taschengeld nicht reichte, um sich Bonbons kaufen zu können, für den war das der Himmel auf Erden.

Um das Nützliche und Vernünftige soll es in dieser Zeit, wo alles Kopf steht, ja auch gar nicht gehen. In der fünften Jahreszeit kann der Kopf für eine Weile ruhig ganz ausgeschaltet bleiben. Stattdessen übernimmt zur Abwechslung mal das Herz die Regie, und dem geht es darum, sich – und den anderen – das Leben zu versüßen, und zwar auf allen Ebenen. Der Ernst des Lebens steht noch früh genug wieder auf der Matte, und spätestens mit der Nubbelverbrennung am Ende des Veilchendienstags wird man sanft wieder auf den Boden der nüchternen Tatsachen zurückgeholt.

Trinken, küssen, lachen, singen und tanzen, einfach „jeck“ sein. Mit Hilfe der Maske in eine andere Identität schlüpfen. Und ja nicht vergessen zu schunkeln! Das Schunkeln bringt zusätzlich gute Laune bis zur Ekstase:

Schunkle mit mir in den Himmel hinein ... Hier beim Schunkeln, das es so nur im rheinischen Karneval gibt, begegnet er uns wieder, der soziale Kern des Karnevals. Man hakt sich unter, rechts und links, wo man gerade steht, das hält zusätzlich gut warm, und dann wiegt man sich Schulter an Schulter zum Takt der „kölschen Tön“.

Janz ejal, ob ärm, ob rich,
bim Schunkele sin se alle jlich.

„Met enner Pappnas im Jeseech un der Büggel voll
Kamelle,
e Schätzje für et Hätz un de Dröppsche für de Zung,
so schunkele mer he, ob im Dunkle ob im Helle,
un krieje in de Äujelscher dä Jlanz,
wenn he am Rhing, der Nubbel tanzt."

Dieses Lied der „Räuber" bringt die Sache mal wieder so herrlich auf den Punkt. Ein ganzer Saal oder der Platz am „Alter Markt" voll mit Menschenmengen, die selbstvergessen und angeheitert vor sich hinschunkeln und sich im Takt zur Musik wiegen, wen würde das nicht an ein wogendes Meer oder aber ein reifes Kornfeld im Wind erinnern? Die totale Regression als Sprungbrett zur Ekstase. Dazu die Anonymität unter der Maske. Man liebt sich wie in den alten Zeiten: Unerkannt und unbekannt geht man danach vielleicht auseinander. Eros, Sexualität als reine Lebensenergie, unpersönlich, aber nicht wirkungslos. Schon manches Paar soll sich dabei „für immer" gefunden haben. Wobei die Anonymität das Loslassen erleichtert, in des Wortes doppelter Bedeutung. Ausgelassen sein, nicht nach Morgen fragen, ein Bad in der Unvernunft nehmen, wo sonst ist das noch möglich in unserer durchrationalisierten Welt? Die fünfte Jahreszeit bewegt sich außerhalb der Zeit, zumindest an den „tollen Tagen", von Altweiber-Donnerstag bis Veilchendienstag.

3. Das Veilchen – Der Abschied wirft seine Schatten voraus

Am Veilchendienstag beginnt das Rad der Fortuna sich wieder abwärts zu drehen. Noch feiert man Karneval, doch ein Hauch von Abschied liegt schon in der Luft, man kann es nicht leugnen. Am nächsten Tag ist Schluss mit lustig. Und in der Nacht von Dienstag auf Mittwoch wartet die Nubbelverbrennung, auch das ein eher trauriges oder melancholisches Ereignis. Der Zauber ist vorbei, tschöö bis nächstes Jahr!

Das Veilchen, von dem es nur eine Sorte gibt, die schon zur Karnevalszeit blüht, eben das Märzveilchen, trägt mit seinem dunklen Lila nicht nur die (kirchliche) Leidensfarbe, es steht auch noch in direkter Verwandtschaft zur Passionsblume, die sogar zum Sinnbild der Dornenkrone Jesu wurde. (vgl. Menzel-Tettenborn, S. 380)

Eine ganz besondere Rolle aber spielt das Veilchen im Mythos um den Kybele-Attis-Kult, wo es zum Symbol des sterbenden und wieder auferstehenden Gottes wird. Und das kam so:

Auf dem Gipfel des Agdos-Gebirges in Kleinasien war die (pessinuntische) Göttermutter Kybele in Schlaf gesunken. Zeus wollte sich ihr nähern, doch sie wies ihn von sich. Daraufhin ließ er sein Sperma auf den Felsen laufen. Aus diesem Felsen aber entstand ein zweigeschlechtliches Wesen mit Namen Agdistis, das so wild war, dass die Götter es nicht bändigen konnten. Sie fesselten Agdistis an einen Baum, so dass er sich beim Erwachen die Genitalien abriss. Von seinem Blut wurde die Erde getränkt und es wuchs an dieser Stelle ein Granatapfelbaum daraus hervor. Agdistis jedoch war fortan weiblich.

Nana, die Tochter des Flussgottes, kam, um den Baum zu bewundern und eine Frucht davon zu pflücken, die sie in ihren Schoß legte. Davon wurde sie schwanger. Da sie keinen Mann nennen konnte, der ihre Schwangerschaft verursacht hatte, sperrte ihr Vater sie ein und verurteilte sie zum Hungertod. In dieser ausweglosen Situation wurde sie von Kybele, die ihr Früchte brachte, am Leben erhalten. Nana gebar einen Jungen, den ihr Vater direkt nach seiner Geburt aussetzen ließ. Er überlebte, indem er von Ziegen genährt und von einem Bock behütet wurde. So wuchs der junge Mann mit Namen Attis heran und lebte als Hirte in den Bergen. Kybele wie auch Agdistis verliebten sich beide leidenschaftlich in den jungen und schönen Gott.

Midas, der König von Pessinous, ließ Attis an seinen Hof kommen, weil er ihn mit seiner Tochter vermählen wollte. Damit niemand die Hochzeit stören sollte, ließ der König sämtliche Stadttore verschließen. Kybele aber wusste, dass Attis nur so lange glücklich leben würde, wie er keine Ehe einging. Um Attis vor seinem Unglück zu retten, verschaffte die Göttin sich Eingang in die Stadt, indem sie die Stadtmauer mit ihrem Haupte abhob. Fortan trug sie die Mauerkrone als Wahrzeichen auf ihrem Kopf und wird auch ikonographisch so dargestellt.

In ihrer maßlosen Eifersucht auf die Göttin schlug Agdistis die gesamte Hochzeitsgesellschaft mit Wahnsinn und auch Attis wurde davon mitgerissen. Er ergriff seine Hirtenflöte, stürmte hinaus ins Freie und entmannte sich unter einer Pinie. Kybele barg seine abgeschnittenen Genitalien und begrub sie in der Erde. Sogleich sprossen purpurne Veilchen aus seinem Blut hervor, mit denen sie die Pinie bekränzte. Den so geschmückten Baum brachte sie in eine Grotte am Fuße des Berges Ida, wo sie sich mit Agdistis zusammen der Totenklage hingab. Im Frühling würde sie ihn wieder auferwecken. Hier trifft sich ihr Kult im übrigen mit dem von Isis und Osiris, denn auch Osiris wurde im Stamm einer Pinie verehrt, in den Körner ausgesät wurden. Auch dieser Stamm wurde in eine Grotte gelegt, bis die Körner zu grünen Trieben wurden und man sagen konnte: Der Gott ist auferstanden. Auch hier war es Isis, welche die Totenklage anstimmte und Osiris später zurück ins Leben brachte. Was ab der hellenistischen Zeit die Gleichsetzung der beiden Göttinnen begünstigte.

Im ursprünglichen phrygischen Mythos war die Göttermutter allerdings selbst zweigeschlechtlich und wurde unter dem Doppelnamen Kybele-Agdistis verehrt. Erst als ihr Kult ab dem 7. Jh. in die griechische Welt eintrat, fing man an, die Geschichte im oben beschriebenen Sinne zu deuten. Das zentrale Symbol der Göttin war ein handtellergroßer Meteorstein, der ihrer Doppelnatur entsprach, insofern er Himmel und Erde verband. Sie (bzw. ihr Götterbild) fuhr auf einem von Löwen gezogenen Wagen durch die Lande. Ihr Kult war musikalisch und ekstatisch und ihr wird die Erfindung des ersten mit Stierhaut überzogenen Tympanons nachgesagt, eine große Handtrommel, mit der zusammen sie meistens abgebildet wird. In Rom feierte man das Frühlingsfest der Göttin vom 15. bis 27. März!

4. Der Nubbel oder: „Nix is ömesöns“

Geht dann am Aschermittwoch
der Nubbel wieder schlafen:
am 11. 11. steht er wieder auf ...
Die Räuber, Nubbellied

Komm, halt mich warm, halt mich in deinem Arm
zum letzten Mal, Herr Unbekannt,
denn heut wird der Nubbel verbrannt
es ist wahr. [...]
Nächstes Jahr fangen wir neu wieder an.
Tschö bis nächstes Jahr.
Nubbelverbrennung im „Kwartier Latäng“ mit Carolin Kebekus als Sängerin

Neben dem Dreigestirn ist der Nubbel sicherlich die symbolhaltigste und dennoch zugleich tragikomischste Figur des gesamten Kölner Karneval. Der Nubbel, das ist eine männliche Strohpuppe, die man in Hemd, Hose und Anzugjacke kleidet, mit Schuhen und Strümpfen an den Füßen. Während des Kölner Straßenkarneval, von Altweiber bis Veilchendienstag, hängt er in unzähliger Ausfertigung vor den Kneipen, deren gern gesehener „Gast“ er ist. Seine Verbrennung oder Begräbnisfeier in der Nacht zum Aschermittwoch markiert das Ende der feuchtfröhlichen Karnevalszeit und wird mit entsprechenden Trauerriten begleitet, die allerdings durchweg witzig und komisch sind. Es ist, als würde der Karneval sich hier selbst zu Grabe tragen, doch die Zeichen stehen weniger auf Tod und Vernichtung, denn auf Wiedergeburt. Wie der berühmte Phönix aus der Asche, so wird auch der Nubbel – und mit ihm der Karneval – an jedem Elften im Elften fröhlich auferstehen.

Dass auch der Nubbel in Verwandtschaft mit den Göttern des Karnevals steht, zeigt sich daran, dass er in unmittelbarer Umgebung von Köln, wie etwa Recklinghausen, Dortmund oder Essen noch immer „Bacchus“ genannt wird! Da ist er also wieder, der alte Wein- und Biergott und – wie seit eh und je – nicht totzukriegen. Im Stroh ist natürlich noch der alte Korngott lebendig, wie er durch Osiris, den Gemahl der Göttin Isis, vergegenwärtigt wurde, der während der Römerzeit mit Bacchus verschmolz. Für den hiesigen Kulturkreis gilt zudem noch die Verbindung zum Sonnen- und Korngott Frey, dem zu Ehren die letzte Garbe auf dem Feld stehengelassen wurde und den man auch in Form von Strohpuppen darstellen konnte. Auch Frey wurde im übrigen gern mit Bacchus gleichgesetzt. In diesem Fall ist es der sonnige Charakter, der beide Götter verbindet. (vgl. Grimm III, S. 75 u. 206)

Stroh ist das, was übrig bleibt, wenn das Korn geerntet ist. Es ist sozusagen „der letzte Rest vom Schützenfest“. Stroh ist gewissermaßen die Untergangsform des Korns. Anders als in der Ähre steckt in ihm kein Leben mehr. Dafür brennt es um so besser, und nicht umsonst sprechen wir von „Strohfeuer“. Strohwische und Strohpuppen, auch weibliche, werden landauf und landab in sämtlichen Karnevals- und Faschingshochburgen verbrannt, doch nirgends mit so viel Witz und Humor wie in Köln. Dort feiert jeder Stadtteil seine eigene Nubbel-„Zeremonie“ nach einem ritualisierten Ablauf mit eigens dafür vorformulierten Texten und karnevalistischen „Grabgesängen“.

„Nix es ömesöns, kei Bier, kin Flönz, nix es ömesöns“, ein Refrain, der sich wie ein roter Faden durch alle Nubbelverbrennungplätze zieht. Und dieser Ruf ist höchst doppeldeutig: „Nichts ist umsonst“:

Kann meinen: alles im Leben hat seinen Preis. Das Leben fordert „seinen Tribut“. Wir können uns nichts nehmen, ohne etwas zurückgeben zu müssen. Wir sterben, wie wir gelebt haben.

Will aber auch sagen: nichts ist vergebens, es geht nichts verloren von dem, was wir getan haben. Alles, was zu Ende geht, kehrt in verwandelter Form zu uns zurück. Wie der Nubbel, der am Aschermittwoch „schlafen geht", entschläft, und im selben Jahr noch wieder am 11. im 11. aufersteht.

Der Nubbel, das ist der Niemand, der Irgendwer. Wann genau er in seiner jetzigen Form Eingang in den Kölner Karneval fand, ist nicht mehr mit Sicherheit auszumachen. Nach der Volkstradition ist er ein echter Schwerenöter, sowohl beim Saufen als auch beim Sex und in der Liebe. So konnte er zum Sündenbock der ganzen Karnevals-„Gemeinde" werden. Alle in dieser Zeit begangenen und von der Kirche angeprangerten Sünden und Verfehlungen werden auf ihn gepackt und mit seiner Verbrennung getilgt, der mancherorts noch eine Zerstückelung (durch Auseinanderreißen des Strohkörpers) voraufgeht. Danach feiert man in den Kneipen noch fröhlich weiter bis in die frühen Morgenstunden.

Dieser Nubbel, das ist der Niemand, die Null, und das ist seit je die Zahl des Narren (auch im Tarot). Er kann alles sein, weil er nichts ist, der Joker in jedem Spiel, das er damit zugleich in Gang hält. Und weil er nichts ist, können sich alle in ihm wiedererkennen, egal, ob arm oder reich, Mann oder Frau, der Nubbel macht sie alle gleich. Weil er gesichtslos ist, kann jede/r ihr/sein eigenes Gesicht in ihm entdecken. So ist der Nubbel der Narr, die Inkarnation des Karnevals, ja verkörpert ihn geradezu. Denn er ist beileibe kein Kind von Traurigkeit und spricht insbesondere den Gaben des Bacchus, Wein, Schnaps (auf gut Kölsch „Schabau") und Bier in hohem Maße zu. Er ist des Wirtes bester und liebster Gast. Er ist einer, der keinen guten Tropfen im Glas verkommen lässt, denn schließlich ist ja nichts umsonst. „Schnaps, das war" – nicht umsonst – „sein letztes Wort ..."

So wie er sein Glas bis zur Neige leert, so lässt der Nubbel auch beim Sex nichts anbrennen. Hier gleicht er selbst dem im Lied erwähnten „Herrn Unbekannt“, mit dem man sich ungestraft und ohne Folgen verlustieren konnte. Eine Karnevalsliebschaft verpflichtet zu nichts. Sie wird aus reinem „Spaß an der Freud“ geschlossen und genauso leichten Herzens wieder aufgelöst. Man freut sich für kurze Zeit aneinander und geht – wenn auch vielleicht mit einer gewissen Wehmut – spätestens nach der Nubbelverbrennung wieder auseinander. So wie es in dem bekannten Karnevalslied vom Aschermittwoch, an dem alles vorbei sein muss, zum Ausdruck kommt, das auch gerne bei der Nubbelverbrennung angestimmt wird:

> „Am Aschermittwoch ist alles vorbei,
> die Schwüre von Treue
> sie brechen entzwei.
> Von all deinen Küssen,
> darf ich nichts mehr wissen,
> wie schön es auch sei,
> das ist alles vorbei.“

In der durchaus gewollten Anonymität, die erst gar nicht auf eine längerfristige Verbindung angelegt ist (wenngleich sie mitunter trotzdem dazu führen kann), scheint noch ein bisschen von den alten Fruchtbarkeitsriten um die mittelalterlichen „Schiffe“, Wagen und Pflüge durch, wie wir sie in Kap V. kennengelernt haben. Am Ende darf man getrost alles, was vorgefallen ist und was nur die Kirche „Sünde“ nennt, dem Nubbel in die Schuhe schieben. Der Nubbel ist schuld. Zuerst tut er der versammelten Menge noch leid, doch je mehr „Sünden“ man ihm andichtet, um so mehr schwingt die Stimmung allmählich um, bis plötzlich alle wie aus einem Mund skandieren: „Tod dem Nubbel, Tod dem Nubbel!“ Das klingt ganz nach „heute ‚Hosianna‘ –

morgen ‚kreuzige ihn!'" Die entfesselte Menge entfacht ein Freudenfeuer, in dem die Nubbel, häufig sogar mehrere Nubbelfiguren auf einmal, zu Asche verbrennen. Was zunächst aussieht wie die übliche Sündenbockgeschichte, könnte jedoch noch andere Gründe haben, auf die ich weiter unten zurückkommen werde.

Die „Verfehlungen" des Nubbels drehen sich mal mehr um seinen exorbitanten Alkoholkonsum, mal mehr um sein ausschweifendes Sexualleben, meistens wird sogar beides in einem Atemzug genannt. Bei einer Nubbelverbrennung in Köln-Niehl im Jahr 2012 tritt sogar eine Nubbel-Witwe auf, die ihren toten Ehemann abwechselnd beschimpft und beweint. In der dazugehörigen „Trauergemeinde" werden Kerzen wie Phallussymbole herumgezeigt.

„Kerzen hatten wir auch", klärt die „Witwe" den „Pastor" auf, „aber die waren für andere Sachen." Einer aus der Trauergemeinde tritt vor und hält dem „Pfarrer" eine rote Kerze wie einen erigierten Penis vor die Nase: „Herr Pastor, dat wor der Frau Nubbel ihr Lieblingskerze!" Es scheint, als sei in solchen Szenen der alte Kult um den Dionysos-Bacchus mit seiner rituellen Verehrung des Phallus noch in Ansätzen lebendig.

Hier, wie auch in anderen Nubbel-Begräbniszeremonien, steht dann weniger der Sündenbock im Zentrum als vielmehr die Menschlichkeit des Nubbels. Er ist „einer von uns", ein Mensch wie „Du und ich", der viel zu früh das Zeitliche gesegnet hat. In dieser Hinsicht ist er uns nur vorausgegangen:

„Dat Joode is, mir komme jo all in der Himmel, un dat Schöne is: Dann könne mir do ovve och eine drenke."

Beten wir also für den Nubbel, „dat hä joot em Himmel aanjekomme is un dat hä do immer jenoch zu drenke hat."

Der Nubbel, soviel steht jedenfalls fest, ist „im jelobte Land". Keine Rede davon, dass er etwa in die Hölle käme, wie man es bei all den „Sünden" doch erwarten könnte.

Stattdessen wird er als Freund gepriesen, mit dem man gern mal einen über den Durst getrunken hat:

„Du häs uns soviel Freud jemaat,
liss stief jetz op der Dudelaad,
läss Bier, Schabau, Jespritzte stonn,
dat hättste em Lääve nie jedonn.“

Hier hat die Sündenbockpsychologie der katholischen Kirche vorerst abgedankt. In die Trauer um den „Verstorbenen“ mischt sich die Gewißheit, dass er nun endlich im Himmel zur Ruhe kommen darf. Mit ihm geht zwar der Fastelovend zu Ende, doch „nächstes Jahr fangen wir neu wieder an.“ Und das ist gar nicht so weit weg, denn seine „Auferstehung“ wird noch im selben Jahr pünktlich am 11. 11. um 11 Uhr 11 gefeiert.

Am Ende der Zeremonie wird die versammelte Fest- oder Trauergemeinde (wie man's nimmt) mit der Klobürste gesegnet, mit der man Wasser aus einem Putzeimer versprengt, auch dies eine klare Verballhornung des Weihwassersprengels der katholischen Kirche.

Der Nubbel hat eine Lebensspanne vom 11. 11. des Vorjahres bis zum nachfolgenden Aschermittwoch. Wie kommt es aber zu diesem Novemberdatum, ist es lediglich eine Schnapszahl oder verbirgt sich noch ein tieferer Sinn dahinter? Interessant ist in diesem Zusammenhang vor allem, dass in der vorchristlichen Zeit das keltische (und wohl auch germanische) Jahr zu Samain, d. h. am 1. 11. begann. An diesem Tag (und nicht wie heute am 25. 12.) feierte man den Beginn der Julzeit und damit so etwas wie den Anfang des neuen Jahres. Wenn das stimmt, und es spricht nichts dagegen, dann ergibt der 11. 11. geradezu eine Potenzierung, eine Steigerung des Jahresanfangs. 1 plus 1 ergibt 2, die Zahl des Weiblichen, doch auch der

Dualität. Jedes Ding hat zwei Seiten, Licht und Schatten, Tag und Nacht, Gut und Böse, Freude und Trauer. So wurde die Zahl Elf zur klassischen Zahl des Narren, des Jecken, die – als Verdoppelung der 1, Licht und Schatten, Anfang und Ende zugleich in sich enthält.

„Jo, dat Lääve, dat jeht wigger,
janz ejal wie man't och nimmt,
et letzte Hemd, dat hät kein Täsche,
dat dicke Eng dat kütt janz bestimp."

So singen die Bläck Fööss am Ende ihrer Nubbelverbrennungszeremonie (1991). Feiern wir das Leben, solange wir noch Zeit dazu haben. Auch daran kann uns der Nubbel auf der „Dudelaad", auf der Bahre, gemahnen.

Mit der Nubbelverbrennung am Aschermittwoch geht jedoch nicht nur etwas zu Ende, sondern es fängt zugleich etwas Neues an. Der 1. 11. markierte in der alten Welt den Beginn des Winters. So wie man seit alters her den Tag mit dem Abend begann, so sollte auch die dunkle Jahreszeit das neue Jahr eröffnen. In dieser Gedankenwelt war die Zuversicht enthalten, dass jede Dunkelheit ihr Licht hervorbringt. Die Nacht gebiert den Tag! Die Karnevalszeit fiel dann aber hierzulande mit der Zeit des Winteraustreibens zusammen, die zugleich

Ein Nubbel in der Kölner Südstadt (©superbass, Wikimedia, 2011)

als Begrüßung des Sommers verstanden wurde. Die Strohpuppe, die verbrannt wird, gibt schon eine Ahnung von wogenden Ährenfeldern im Sommer, erst recht, wenn man, wie fast überall vor ihrer Verbrennung, das Stroh aus den Kleidern der Puppe herauszerrt und freilegt. So gehen hier Ende und Anfang zweier Jahreszeiten ineinander über, dies um so mehr, als man vorzeiten überhaupt nur zwei Jahreszeiten kannte. So bemerkt Jakob Grimm, „daß je weiter nach Norden hin in Europa überhaupt zwei Jahreszeiten, *Sommer* und *Winter*, vortreten, je weiter nach Süden drei, vier oder fünf unterschieden werden können. Auch für mythische Bezüge gelten nur jene zwei, obwohl sie zuweilen durch Frühling und Winter, oder durch Frühling und Herbst ausgedrückt werden." (Grimm II, S. 632) Grimm weist auch darauf hin, dass es weder im Alt- noch im Mittelhochdeutschen ein Wort für das Frühjahr gegeben hat. Stattdessen begrüßte man (noch im 13. Jdh.im März bereits den Sommer mit Liedern, in denen die Blumen dazu aufgefordert werden, den Sommer ins Land zu holen:

„Veilchen, Rosenblumen,
holen wir den Sommer,
schicken den Winter übern Rhein,
bringt uns guten kühlen Wein."

„Violen und die Blumen
bringen uns den Sommer,
der Sommer ist so keck
und wirft den Winter in den Dreck."
(Grimm II, S. 638)

Rosenmontag und Veilchendienstag könnten auf derlei Zusammenhänge noch anspielen. Und auch die Nubbelverbrennung ergäbe hier einen Sinn. Mit dem Nubbel stirbt der alte Winter. Das Feuer, dem man die Strohpuppe übergibt, wäre in diesem Sinne ein Freudenfeuer, mit dem man das Alte verabschiedet und das Neue begrüßt. Damit erklärt sich auch, warum man nach vollbrachter Tat noch weiterfeiert bis in die frühen Morgenstunden. Der Nubbel ist zwar tot, aber er macht Platz für die helle, fröhliche Jahreszeit, in der die Vögel wieder jubilieren und die Blumen uns ihre Farben schenken. In die Trauer mischt sich bereits die Vorfreude auf eine Zeit, in welcher der Tisch der Natur wieder reicher gedeckt sein und die schmale Kost des Winters ein Ende haben wird. Hierzulande fiel diese Zeit in den Monat März: Dann kehren „Storch und Schwalbe heim, blüht das erste Veilchen." (Grimm II, S. 645)

So kommt am Aschermittwoch zu Ende, was am 1. November seinen Anfang nahm, der Winter muss dem (Frühling und) Sommer weichen. Der Nubbel, der zu Beginn des neuen Jahres aufersteht, muss mit dem Winter zugleich ins Gras beißen. Dabei geht es weniger um ein Besiegen als um ein zeitweiliges Ablösen: „Tschö bis nächstes Jahr!"

Der Nubbel in der Kirche *anlässlich einer „Kölschen Mess" in Geyen. (Foto: Bertold Menne, 2014)*

5. Die Zahl Elf – „Hey, Kölle, du bes e Jeföhl!“

Frech wie Dreck, doch et Hätz is joot
Bläck Fööss in „Du bes die Stadt“

Der Bischof wird versetzt in eine Gegend, wo es kein Gesetz, keinen Glauben und keine Sünde gibt: Köln!
Jürgen Becker, Mitternachtsspitzen, 16. 11. 2013

Die Karnevalszeit steht, wie unschwer zu erkennen ist, ganz im Zeichen der Zahl 11. Ihr Beginn ist immer am 11. 11. um 11 Uhr 11. Sie wird von einem sog. Elferrat regiert und dirigiert, der den Sitzungskarneval wie auch den Rosenmontagszug leitet und beaufsichtigt. Und überhaupt gilt die Zahl Elf als die Zahl des Narren und des närrischen Treibens. In Form von elf schwarzen Tropfen, die in drei Reihen untereinander angeordnet sind, bildet sie sogar den Blickfang des Kölner Stadtwappens, das wiederum von Jungfrau, Bauer und Prinz, dem Kölner Dreigestirn, wie ein Pectoral auf der Brust getragen wird. Ursprünglich als Tränen gedeutet, sind diese elf Tropfen im Karneval „zu einem Symbol der Freude“ geworden. Schon hier zeigt sich die Elf als Zahl der Ambivalenz, der Balance zwischen den Extremen, mehr eine Zahl des Gefühls als des Intellekts.

Die Elf als die klassische „Jeckenzahl“ symbolisiert die Gleichheit aller Narren, da hier die beiden Einser gleichberechtigt nebeneinander stehen. (vgl. Prass/Zöller, S. 12) Doch auch die politische Note darf nicht fehlen: In Köln deutet man das Wort ELF als die Anfangsbuchstaben der drei zentralen Anliegen der französischen Revolution: Egalité, Liberté und Fraternité (Gleichheit, Freiheit, Brüderlichkeit). Damit erhält die Karnevalszeit den Anstrich und Anruch einer Revolte. Man rebelliert gegen allzu Festgefahrenes, auch und gerade gegen überkommene kirchliche Moralvorstellungen, lässt gern wieder fünf gerade sein und spricht nicht umsonst von den „tollen Tagen", die es erlauben, in eine andere Welt ein- und abzutauchen.

Dietz-Rüdiger Moser hält die Verbindung der Zahl Elf mit den drei Idealen der französischen Revolution eher für an den Haaren herbeigezogen, so als handle es sich hier um die nachträgliche Schönfärberei einer an sich sittenlosen Zeit. Allerdings führt er keinen andern Grund dafür an, als dass hier die ursprüngliche Reihenfolge der Begriffe verändert worden sei. Statt Freiheit stehe nun die Gleichheit an erster Stelle.

Die Frage erhebt sich jedoch, ob das nicht von Anfang an mit voller Absicht geschehen ist. Zum einen, weil es so schön passte, zum anderen aber wohl auch, weil es so besser stimmt: Ohne Gleichheit keine Freiheit! Freiheit kann sich nur unter Gleichen einstellen, sonst mündet sie in neuerliche Herrschaftsverhältnisse, bei denen die Freiheit der Reichen etwa die Unfreiheit der weniger Begüterten bedeutet. Somit gebührt der Egalité mit Recht der erste Platz. Schließlich geht es beim Karneval um die große Gleichmacherei, darum, dass alle gemeinsam schunkeln und froh sind, ohne Ansehen der Person: „Häste och ke Jeld, dat is janz ejaal", könnte man als die goldene Regel des Kölner Karneval bezeichnen, zumindest in der Theorie und soweit es den Straßenkarneval betrifft. So wie es eben aussieht, wenn 1 neben 1, die einen neben den anderen auf gleicher Stufe stehen und die Rangfolgen, die sonst das Alltagsleben bestimmen, für eine Weile aufgehoben sind. Bei der Zugehörigkeit zu den Karnevalsgesellschaften mit ihren Hierarchien und bei den Eintrittskarten für die großen Sitzungssäle mag es da schon anders aussehen.

Doch es ehrt den Kölschen Karneval, wenn er sich mit den hehren Zielen der französischen Revolution identifiziert, und sei es nur über die Zahl Elf. Dazu passt im übrigen auch die Eröffnung des Rosenmontagszugs von 1824: Der Prinz, der damals noch Held Carneval hieß, „proklamierte vor dem Volk die Gleichheit aller Stände" (Prass/Zöller, S. 14), ehe er mit elf Böllerschüssen die Ankunft seiner Gefährtin Venetia bekannt gab.

Der Karnevalsexperte Dietz-Rüdiger Moser steht allerdings ohnehin mit der Zahl 11 auf Kriegsfuß. Für ihn, der die Fastnacht allein aus christlichen Wurzeln heraus erklären und somit als die sündhafte Zeit par excellence darstellen will, ist die Elf die „böse Zahl". Die „Elf bedeutet Sünde", vor allem deshalb, weil sie die Zahl Zehn als die Zahl der „zehn Gebote" überschreitet, in denen das göttliche Sittengesetz festgelegt ist. Nach Moser will der Narr die zehn Gebote bewusst aufheben und übertreten und stellt sich damit in Feindschaft zur göttlichen Ordnung. Somit wäre 11 die Zahl der Gesetzlosigkeit und der Anarchie, der Unordnung und des Chaos, die Zahl der Normüberschreitung schlechthin. Diese These versucht er folgendermaßen zu untermauern:

„Die Zahl Elf verweist in der christlichen Allegorese, soweit die negative Bedeutungsdimension angesprochen ist, stets und zu allen Zeiten entweder allgemein auf die Sünde oder im besonderen auf die letzte Stunde und die damit verbundenen Vorstellungen." (Moser, S. 171)

Die Zahl Elf kennzeichnet danach einen Menschen, der sich außerhalb des göttlich offenbarten Sittengesetzes stellt und, statt den Willen Gottes zu befolgen, lieber seinen eigenen Willen durchsetzen will. Da die Elf die Zeiger der Uhr sozusagen auf „kurz vor Zwölf" stellt, wurde sie von der christlichen Deutung her gerne als die Zahl des bevorstehenden Endes gedeutet, als Sinnbild und Warnung vor dem Jüngsten Gericht. Moser interpretiert die Elf als Zahl der Gottesferne, die mit göttlichen und himmlischen Dingen nicht das geringste zu tun habe. So wird das Narrentum bei ihm zum Inbegriff der Gotteslästerung, der allein das Aschekreuz am Aschermittwoch Einhalt gebieten kann. (vgl. Moser, S. 165 – 173) Vergessen scheint bei ihm der Spruch, dass Kinder und Narren die Wahrheit sagen, vergessen die Vorstellung des Spiegels in der Hand des Narren, der zur Selbsterkenntnis führt. So wird z. B. auch die Bütt, in die der Karnevalshumorist „steigt", als „ein Pokal" gedeutet, „aus dem der Wein der Wahrheit schäumen sollte." (Prass/Zöller, S. 27)

Mosers Ausführungen können schon für den biblischen Bereich keine Gültigkeit beanspruchen. Elf ist z. B. im Neuen Testament die Zahl der treuen Jünger Jesu, nachdem der Verräter Judas ausgeschieden ist. Dass die negative Beurteilung der Zahl Elf auch für das Alte Testament nicht gilt, zeigt sich etwa an den zwölf Söhnen Jakobs. Joseph, der erklärte Lieblingssohn des Patriarchen, ist der elfte seiner zwölf Sprösslinge. Für ihn ist es das erste Kind der Liebe überhaupt, denn Jakob hat es mit der von ihm einzig geliebten Frau Rachel in die Welt gesetzt. Bis dahin waren alle seine anderen zehn Söhne im wahrsten Sinne des Wortes aus der Not geboren. Dieser elfte aber, zugleich Rachels erster Sohn, war sein erklärter Liebling und Augapfel.

Die Elf hat eben noch ganz andere Aspekte als die des Unsittlichen oder Gesetzlosen. In der Quersumme ergibt sie die Zahl zwei, und das ist – nicht ganz zufällig – die Zahl der Liebe, der Intuition und des Gefühls. Gleichzeitig ist sie auch Sinnbild für die Schöpfung und das schöpferische Handeln Gottes, denn mit der Erschaffung der Welt setzte der biblische Gott sich ein Zweites, ein Du gegenüber, auf das er sich fortan beziehen konnte. Nach dem berühmten Judaisten und Kenner der Kabbala Friedrich Weinreb ist Schöpfung eigentlich „Zweimachung", sprich die Entstehung der Zwei-heit, wie sie durch die Erschaffung von Himmel und Erde einsetzt: Aus der 1, also aus Gott, der alles in sich hat, machte Gott die 2." (Weinreb, S. 60)

Beide Komponenten finden wir im Kölner Karneval wieder. Die Liebe ist geradezu sein Lebenselixier: „Wir lieben das Leben, die Liebe und die Lust“, singen „Die Höhner“ in ihrem Paradelied „Da simmer dabei, dat is prima.“ Und wer wollte andererseits bestreiten, dass Gesetzesüberschreitung enorm schöpferisch sein kann. Die Ordnung braucht als ihr Gegengewicht das schöpferische Chaos, damit sie nicht zur Erstarrung führt.

Im Tarot, dessen Gedankenwelt u. a. auch auf kabbalistische Zahlendeutungen zurückgeht, wird die Zahl Elf der Gerechtigkeit zugeordnet, die als Justitia bis heute als eine Frau dargestellt wird, die eine Waage mit zwei Waagschalen in Händen hält, die zum Ausgleich gebracht werden müssen. Mit dem Schwert der Unterscheidung, das sie in der rechten Hand hält, trennt sie das eine vom anderen und erzeugt so wiederum zwei Teile.

Wie sehr die Gerechtigkeit seit mehr als 4000 Jahren mit der Liebesgöttin verknüpft wird, habe ich bereits an anderer Stelle dargelegt. *Libra*, das lateinische Wort für Waage, und *Liber*, der andere Name des Bacchus, hängen eng zusammen. Als Gott der Fruchtbarkeit, der Lust und des sexuellen Verlangens *(pothos)* steht er natürlicherweise mit der Zwei in Verbindung, insofern sich vor allem Letzteres nur mit einem zweiten Wesen verwirklichen lässt. Da *liber* aber auch „frei“ heißt, bezeichnet Liber als Gott zugleich den Zwiespalt zwischen Liebestrieb und Freiheit.

Schon durch ihr äußeres Erscheinungsbild belehrt uns die 11 (1 neben 1) darüber, dass jedes Ding zwei Seiten hat. Das ist die der Schöpfung innewohnende Zweiheit, die uns in der biblischen Schöpfungsgeschichte von Gn 1 auf Schritt und Tritt begegnet: Himmel und Erde, Licht und Finsternis, Tag und Nacht, Mann und Frau, Arbeit und Ruhe ... Die Zwei, und mit ihr die Elf, sind also keineswegs widergöttlich, sondern gehören nach Weinreb zum göttlichen Bauplan der Welt. Auch Rachel Pollack sieht in ihrem Buch über den Tarot die 11 als „eine höhere Version der 1". (Pollack, S. 108)

Und schließlich gehört die 11 zu den sog. „Meisterzahlen", die der Volksmund wohl nicht ganz zu unrecht „Schnapszahlen" nennt. Zu ihnen gehören 22, 33, 44 usw., samt und sonders Multiplikationen der 11! Für die Elf bedeutet dies, „daß hier die ursprüngliche Energie der Zahl durch Verdoppelung der Idee" der Eins „eine solche Klarheit erhält, daß man diese Endform als meisterlich bezeichnen kann." (vgl. McLean, S. 173)

In der kabbalistischen Zahlenmystik ist die Elf die Zahl der Intuition, der Spiritualität, der Erkenntnis, der Kunst und der Kreativität. (vgl. Hoefler, S. 242)

In der Astrologie galt die Elf sogar als die alte Zahl der Tierkreiszeichen, denn von den zwölf Zeichen wird immer eines von der Sonne verdeckt, bleibt also unsichtbar. (vgl. Kutter, S. 274) Somit würde die Zahl Elf wieder in den Bereich des allgemein Menschlichen zurückverweisen und gleichzeitig den Himmel, die Welt der Sterne, mit der Erde verbinden.

So gesehen ist die Zahl Elf für den Karneval ein absoluter Glücksgriff! Sie ist so vielschichtig, zwiespältig und mehrdeutig wie das Leben selbst. Sie verweist auf die Kunst, die darin besteht, die Extreme ausbalancieren zu können. Als Zahl der Intuition und der Spiritualität verleiht sie dem Karneval etwas Magisch-Geheimnisvolles, bei dem Maskierung mit Demaskierung Hand in Hand gehen. Und die angebliche Gesetzlosigkeit, die mit Respektlosigkeit einher geht, kann sehr wohl im Dienste eines höheren Ideals stehen: der Ehrlichkeit. Unter der Maske eines Diakons mit Pappnase lässt sich z. B. die katholische Kirche um so besser kritisieren. Wie der indianische Clown prüft auch der Fastnachtsjeck, speziell in den Büttenreden, ob dem Gesetz oder der Politik Vernunft innewohnt, und wo nicht, fällt er mit spitzer Zunge darüber her, bis kein Auge mehr trocken bleibt. Wer sonst als der Narr hätte soviel Narrenfreiheit, dass er sich das ungestraft erlauben könnte?

Und wenn man niemanden sonst mehr durch den Kakao ziehen kann, kann man immer noch sich selbst auf den Arm nehmen, wie es z. B. das Colonia/Süper-Duett so unnachahmlich wie unvergesslich vorgemacht hat (auch hier 1 neben 1).

„Du bes Kölle, du bes supertolerant,
nimps jeden op d'r Ärm un an de Hand",

singt Tommy Engel, und weiter:

„Du bes Tünnes un Schäl un (Bischof) Meisner,
Du bes der Dom un der Bahnhofsklo."

Das ganze Lied – „Du bes Kölle" – ist „11" in Reinkultur, ein Feuerwerk der Extreme.

Mit Gesetzlosigkeit, gar Sittenwidrigkeit hat das alles wenig zu tun. Eher vielleicht mit einer anderen Form von Religiosität, in der Freude und Frohsinn das Zepter schwingen und die ihre Kraft aus ferneren Zeiten empfängt. Das werden wir auch bei dem Gremium sehen, das – mehr noch als der Elferrat – Herz und Mitte des gesamten Kölschen Karneval bildet: beim berühmten Dreigestirn.

Mit dem Dreigestirn nämlich kehren wir zurück in die Welt der Mythen, die der Kölner Karneval im Grunde nie verlassen hat.

6. Die Heilige Ursula mit ihren 11.000 Jungfrauen

Mit einem Sonderfall der Zahl Elf haben wir es bei der Geschichte der Hl. Ursula zu tun. Die Schutzpatronin der Stadt Köln war mit nicht weniger als 11.000 Gefährtinnen unterwegs; und auch in ihrer Geschichte spielt das Schiff eine zentrale Rolle.

Der Legende nach lebte Ursula im 5. Jahrhundert n. Chr. als Tochter des Königs Maurus in der Bretragne. Um ihrer Schönheit und Weisheit willen wurde sie bis weit über die Grenzen des Landes bekannt und verehrt. So blieb es nicht aus, dass ein angelsächsischer König sie von ihrem Vater als Gemahlin für seinen Sohn erbat. Ursula jedoch stellte folgende Bedingungen:

Der König solle zehn Jungfrauen für sie gewinnen, die ebenso edel und weise seien wie sie selbst. Dann wolle sie sich als elfte zu ihnen gesellen. Ferner solle der König zu jeder der elf Frauen 1000 weitere finden, damit sie zu einer Schar von 11.000 Gefährtinnen würden. Danach solle man ihnen ein Schiff bauen, auf dem sie alle zusammen Platz hätten und sich drei Jahre lang vergnügen könnten. Nach diesen drei Jahren erst, versprach Ursula, beabsichtige sie, den Königssohn zu heiraten.

Alle Forderungen, die Ursula gestellt hatte, wurden ihr erfüllt. Auf dem Schiff sodann war man kein Kind von Traurigkeit:

„Die Jungfrauen trieben viel Kurzweil auf dem Meer, und Sankt Ursulen Vater schickte ihnen viel Ritter und Knecht und Gesindes, und kamen auch viel Bischöf zu ihnen. Und da man nun das große Wunder höret und sah, da schlug der Wind die Schiffe zu dem Land Gallia. Und kamen darnach an den Rhein zu Cöllen." (Rüttger, S. 56)

Das ganze ausgelassene Treiben, wie es hier beschrieben wird, passt schlecht zum späteren Martyrium der Hl. Ursula und ihres gesamten Gefolges, das angeblich von den Hunnen unter König Attila ermordet worden sein soll. Die elf schwarzen Tropfen oder Flammen, die bis heute das Wappen der Stadt Köln zieren, werden jedenfalls gern mit deren Schutzpatronin in Verbindung gebracht und dann entsprechend als Tränen gedeutet. Auf diese Weise hat die Katholische Kirche versucht, eine weitere ursprünglich „freie Frau" in eine ihr genehme Heilige zu verwandeln.

Der Name Ursula verweist jedoch auf gänzlich andere Zusammenhänge, die hier kurz umrissen werden sollen (wobei ich mich an dieser Stelle auf die Schiffstradition beschränke und die Beziehungen zu Artemis und dem Bärenkult ausklammere). Die Gestalt der Ursula, auch Ursel oder Urschel genannt, scheint nicht nur auf dem Schiff, sondern auch im Berg zu Hause zu sein. Berühmt ist beispielsweise bis heute der Ursula- oder Urschelberg in Pfullingen bei Reutlingen, in dessen Höhenrücken man die Gestalt einer schlafenden Frau erkennt. Drinnen wohnt die Urschel, die der Sage nach folgendermaßen beschrieben wird: Sie ist klein und zierlich von Gestalt und sie trägt ein glänzend weißes Kleid mit einem goldenen Gürtel, an dem ein großer Schlüsselbund hängt. Weiß ist sie und strahlt wie der funkelnde Schnee. Ihr Schloss, das im Bergesinneren versteckt ist, beherbergt Säle mit goldenen Wänden und Leuchtern aus glänzenden Kristallen. Die Tafel ist dort stets mit köstlichen Speisen und Getränken gedeckt. (vgl. Fischer, S. 108-113; Wetzel, S. 43-50)

Schilderungen wie diese erinnern an die Göttin Holle und den Venusberg. Dass Venus und Holle eins waren, wurde bereits in Kap. V. erläutert. Der Venusberg wiederum wurde auch Hörsel- oder Horselberg genannt, oder eben „Frau Hollen Hofhaltung" – ein anderes Wort für „Unterwelt“, die in jenen alten Zeiten mit dem Paradies gleichgesetzt wurde, zu dem man in glücklicher Stunde entrückt werden konnte.

Allem Anschein nach haben wir es bei Ursel mit einer Hollenerscheinung zu tun. Ursel und Horsel sind nicht nur lautlich eng verwandt. (vgl. Kutter, S. 273)

Es scheint, als hätte die Hl. Ursula in christlicher Zeit nach und nach die Stelle der Göttin Holle (Holla) oder Hulda übernommen. „Südtiroler Varianten der Ursulalegende sprechen denn auch nicht von den 11.000 Jungfrauen, sondern von 11.000 Hulden“ (ebd.), wobei Hulda wiederum nur ein anderer Name für Holle ist.

Auch Frau Holle wird interessanterweise mit dem Schiff verbunden. Im Herbst, so erzählte man sich, fährt sie auf einem Schiff in ihr unterirdisches Reich zurück, begleitet von 11.000 Elben oder Naturgeistwesen, die zugleich den winterlichen Rückzug der Natur symbolisieren. Dieser „Umzug“ geschah – der Überlieferung zufolge – am 1. November, dem Tag, der in früheren Zeiten mit dem Winter- und Jahresbeginn gleichgesetzt wurde.

Noch eine weitere bemerkenswerte Göttin wird hier ins Spiel gebracht: Nehalennia, die von lateinischen Inschriften als eine Göttin vom Niederrhein bezeugt wird. Sie galt explizit als Beschützerin der Schiffe und war sogar gelegentlich am Bug von Schiffen abgebildet. (vgl. Holzapfel, S. 285) In Köln verschmolz Nehalennia verständlicherweise mit der Göttin Isis und ihrer beider Wesen wurde später auf Ursula übertragen. Weil sie alle mit dem Schiff ankommen, lag es nahe, ihre Geschichten miteinander zu verbinden, wenn nicht in eins zu setzen. (vgl. Rüttner-Cova, S. 114)

Alle Wege führen, wie man sieht, zu Isis, zum Schiff und nach Köln zurück. Die Geschichte der Ursula jedenfalls hat Wellen geschlagen bis nach Südtirol. Dort, im Johanneskirchlein von Karnol (im Bistum Brixen) wurde die Ankunft der Heiligen in Köln auf einem Fresko aus dem 15. Jh. festgehalten, das man noch heute besichtigen kann. Gezeigt wird ein großes Segelschiff, wie es gerade vor den Toren der mittelalterlichen Stadt Köln vor Anker geht. (vgl. Kutter, S. 170-172)

Wenn wir das Wort Jungfrau im alten Sinne als selbstbewusste und unabhängige Frau deuten, die eins ist mit sich selbst, dann erstrahlt auch das Bild der Ursula in einem neuen Glanz. Dann lässt es sich historisch gesehen sogar mit jener Frauenbewegung in Einklang bringen, die insbesondere im mittelalterlichen Köln von zentraler Bedeutung war: Gemeint ist die Beginenbewegung, die in der Zeit zwischen 1200 und 1600 in Köln einen grandiosen Aufschwung erlebte. Von Anbeginn war sie mit geistiger Unabhängigkeit wie auch wirtschaftlicher Eigenständigkeit gekoppelt. Allein für die Stadt Frankfurt lässt sich nachweisen, dass dort zwischen 1354 und 1463 ein Sechstel bis ein Viertel des steuerlichen Aufkommens von unverheirateten Frauen erbracht wurde. (vgl. Raymond, S. 106) Es steht zu vermuten, dass es sich in Köln kaum anders verhielt.

Der Kirche waren diese eigenständigen Frauen ein Dorn im Auge, widersprachen sie doch der biblischen Vorstellung, dass der Mann „das Haupt der Frau" zu sein habe. (1 Kor 11) Durch die Stilisierung der Ursula zur Heiligen und Märtyrerin versuchte sie, diesem freiheitlichen Frauenbild entgegenzuwirken. Geholfen hat es, auf lange Sicht, wenig. Das lustige Treiben um die Schiffe herum suchte sich neue Wege.

Die heutige Basilika St. Ursula wurde nachweislich über einem Isis-Tempel errichtet und auch die im Römisch-Germanischen Museum gezeigte Isis-Statue stammt von dort.

Dreigestirn von 1981 *(Prass/Zöller)*

Kapitel VIII

DAS DREIGESTIRN:

THE „ROYAL FAMILY OF COLOGNE“?

„Wenn im Kölner Rosenmontagszug die ewig alten, vertrauten und doch jungen Gestalten des Prinzen, des Kölner Bauern und der Kölner Jungfrau auftauchen, dann schlagen alle Herzen höher. Dieses ‚Dreigestirn' ist eine der typischen kölnischen Erscheinungen, die zurückreichen bis in die frühesten Zeiten, ähnlich wie der Karneval selber."

Ferdi Leisten

„Eimol Prinz zo sin
in Kölle am Rhing,
in nem Dreijestähn
voll Sunnesching ...

Doch dat Jlück is eetz komplett,
wenn mer echte Fründe hätt,
su ne staatse kölsche Buur,
en Jungfrau met Humor.

Wat wör dat schönste Dreijestähn,
ohne Jecke stünde mer im Rähn,
drum maht met uns hück eine dropp,
dann steht janz Kölle kopp!"

Wicky Junggeburth, der Prinz von 1993

„The royal family of Cologne"

Anwort auf die Frage eines Amerikaners, wer denn die drei prächtig kostümierten Gestalten in der Hotelhalle seien.

Der Karneval in seiner Form, wie wir ihn heute kennen, geht im Wesentlichen auf eine Reform aus dem Jahre 1823 zurück. Damals war es ein erklärtes Ziel in der Kölner Gesellschaft, den Karneval in einem romantischen, kultivierten und damit wohl auch märchenhaft-mythischen Sinn zu erneuern.

In erster Linie ging es darum, das Fest vor einer sich anbahnenden Verflachung und Verrohung zu bewahren. In dieser Zeit wurde – wenngleich noch nicht namentlich genannt – auch das Dreigestirn erfunden, das sich zunächst als Ergänzung um die zentrale Figur des Helden Carneval herausbildete.

Der Held wiederum wurde zum Vorläufer des heutigen Prinzen, der jedoch erst rund 50 Jahre später offiziell „inthronisiert" wurde. Dieser Held, der am Rosenmontag feierlich auf dem Neumarkt proklamiert wurde, „galt von Anfang an als der Fürst der Freude, der den Sieg des Frohsinns über Griesgram und Muckertum" symbolisierte. (Prass/Zöller, S. 12)

Während der Held von Beginn an zum festen Bestandteil und Oberhaupt des Rosenmontagszugs wurde, waren Jungfrau oder Bauer nur jeweils mit von der Partie, wenn ihr Auftreten sich mit Motto und Thema des Zugs vereinbaren ließ. Erst ab 1883 wurden beide zu feststehenden Größen im Kölner Karneval.

Zwölf Jahre zuvor bereits war aus dem Helden der Prinz geworden, so dass von nun an das Dreigestirn komplett war und dauerhaft zusammen arbeiten und auftreten konnte. Wie der Held wird auch die Jungfrau erstmalig im Rosenmontagszug von 1823 erwähnt, der Bauer dagegen erst 1825.

Die Dreiheit von Jungfrau, Bauer und Prinz wird auch gern „Trifolium" genannt, Dreiblatt, was an ein dreiblättriges Kleeblatt erinnern soll.

1. En Jungfrau …

„Du bes en Jungfrau un en ahle Möhn,
du bes uns Mamm, und du blievs iwig schön,
du bes uns Stadt, und du bes einfach schön!!!“
Die Bläck Fööss in „Du bes die Stadt“

Obwohl der Prinz aktuell als die höchste Repräsentanz des Kölner Karnevals gilt, möchte ich – getreu dem Thema dieses Buches – den Blick zunächst auf die Gestalt der Jungfrau lenken, die seit 1928 den Beinamen „Ihre Lieblichkeit“ trägt. Zwar wird sie bis heute von einem Mann dargestellt, doch von Außen besehen erscheint sie rundum weiblich, wozu nicht zuletzt ihre langen, dicken, blonden Zöpfe beitragen. Von Anbeginn steht diese Figur für „die unversehrte, freie, unabhängige und keiner fremden Macht unterworfene Stadt.“ (Prass/Zöller, S. 12) Entsprechend trägt sie eine Mauerkrone auf dem Kopf, die sich am Saum ihres vorwiegend weißen Gewandes wiederholt. Wir sehen, wie hier ein altes mythisches Bild in neue Zusammenhänge zurückkehrt. Seit mehr als 4000 Jahren steht das Symbol der Jungfrau für die unabhängige, niemandem als sich selbst verpflichtete, starke und eigenständige Liebes-Göttin, mag sie nun Inanna, Astarte, Aphrodite oder Isis heißen:

„Eine Jungfrau, so hoch wie der Himmel,
So weit wie die Erde,
So stark wie die Fundamente der Stadtmauer“
(Zingsem 2008, S. 54)

Mit diesen Worten wird die große mesopotamische Göttin Inanna angekündigt, als sie vor den Toren der Unterwelt um Einlass bittet!

„Ich bin die große Jungfrau. Siehe, ich bin an deiner Seite, ich bin es, die dein Herz liebt", sagt dem Mythos zufolge Isis zu Osiris. (Giebel, S. 152)

Auch hier ist das Wort „Jungfrau" ein Sinnbild für Kraft und Unabhängigkeit, für sinnliche Liebe und beschützende Wachsamkeit. Anders als bei der Jungfrau Maria hat dieses ursprüngliche Ideal nichts mit biologischer „Unversehrtheit" zu tun. Ganz im Gegenteil wurden diese Göttinnen selbst dann noch als Jungfrauen bezeichnet, wenn sie bereits erwachsene Kinder hatten. Von Liebesgöttinnen wurde allerdings sowieso nicht erwartet, dass sie sexuell abstinent lebten, auch nicht im reifen Alter.

Die Kölner Jungfrau kommt diesem altehrwürdigen Symbol in der Tat sehr nahe. Zumal ja die Männer, die sich im Laufe der Zeit hinter ihrer Maske verborgen hatten, meist altersmäßig auch schon den Zenit überschritten hatten und 40 oder 50 Jahre alt sein konnten. Auf jugendliches Aussehen scheint diese Jungfrau somit keineswegs festgelegt zu sein. Folglich muss es selbst hier auf andere Werte ankommen, wobei allen voran ihre beschützenden und kämpferischen Qualitäten zu nennen wären.

Wie sehr andererseits bei der Göttin Venus – und den sie darstellenden Frauen – Jungfräulichkeit mit berückender Sinnlichkeit Hand in Hand gehen konnte, mag der folgende Text aus dem „Goldenen Esel" des Apuleius belegen:

„Unnennbare Grazie war über ihr ganzes Wesen verbreitet, und die Farbe der Lilie blühte auf ihrem Antlitz. Es war Venus, aber die jungfräuliche Venus. Kein Gewand verdeckte die tadellose Schönheit ihres Leibes; sie ging nackend einher, nur ein durchsichtiger Schleier beschattete ihre Blöße. Bald erhoben buhlerische Winde mutwillig den leichten Flor, und die Blume der Jugend prangte unverhüllt; bald drückte ihn ein brünstiger Hauch fest an den Körper an, und unter der luftigen Hülle ward sichtbar jeglicher wollüstiger Umriß. Man bemerkte nur zweierlei Farben an der Göttin; weiß der

Leib, denn sie stammt vom Himmel ab, grün ihr Schleier, weil sie aus dem Meer entsprossen.

Auch die lieblichen Töchter jungfräulicher Schönen, die holden Grazien und die reizenden Horen bewarfen ihre Herrin mit Sträußen und Blumen und schwebten in künstlichem Reigen einher, nachdem sie so mit den Erstlingen des Lenzes der Mutter der Wollust gehuldigt.

[...] Nun hub, lieblicher denn alle Musik, Venus sich zu bewegen an. Langsam erhob sich ihr Fuß, anmutig schmiegte sich ihr Körper mit sanft auf die Seite gebogenem Haupt, jede reizende Stellung in Harmonie mit dem weichen Getön der Flöten. Bald lächelte Huld und Milde auf ihrer Stirn, bald schreckte drohender Ernst; zuweilen tanzte sie allein mit den Augen." (S. 295-96)

Die Farbe Weiß wird in diesem durch und durch erotischen Text ganz offensichtlich weniger mit Reinheit als vielmehr mit der Qualität des Himmels und der himmlischen Freuden verbunden! Und auch die beiden Facetten der Venus – liebliche Milde wie auch drohender Ernst – zeigen sich im Tanz. Das Venusisch-Jungfräuliche erscheint selbst in dieser Szene noch in seinem Doppelaspekt von Liebe und Kampf.

Bei der kölschen Jungfrau wird die Mauerkrone in der Regel auf die Zinnen der Kölner Stadtmauer bezogen, deren Uneinnehmbarkeit und Unabhängigkeit sie repräsentieren soll. Auch sollen die Karnevalsgründer von 1823 mit ihr die vergöttlichte Stadtgründerin Agrippina Augusta assoziiert haben. Sie war die Frau des römischen Kaisers Claudius und die Mutter des späteren Kaisers Nero. Sie war die erste römische Kaiserin, die den Titel *Augusta* (die Hochheilig-Ehrwürdige) bereits zu Lebzeiten verliehen bekam, der auch auf Münzen der damaligen Zeit erschien. Ihre Macht zeigte sie bei der Gründung der Stadt Köln, dem Ort – *Ara Ubiorum* (Denkmal der Ubier) –, an dem sie ca. 15 n. Chr. geboren wurde und den sie nun in ihr eigenes Denkmal umbenannte: *Colonia Claudia Ara Agrippinensis*. Wie erst 2012 in einer Ausstellung im Römisch-Germanischen Museum zu bewundern war, ließ sich Agrippina gern selbst als Göttin darstellen. Eine Statuette aus der Zeit zwischen 54 und 58 n. Chr. zeigt sie als die Glücksgöttin Fortuna, die mit einem Füllhorn im linken Arm der Welt ihren Segen spendet. Hier trifft sich ihre Darstellung wieder mit der Göttin Isis, die just um dieselbe Zeit herum ebenfalls als Erntegöttin *(Hermutis oder Renenutet)* mit einem Füllhorn in der linken Hand abgebildet wurde (Zingsem 2008, S. 403):

„Reichtumspendende Königin der Götter, Allmächtige, Heil und Glück spendende, hochberühmte Isis“ wurde sie als Erntegöttin angerufen, „Reichtum, Glück und (sittlich) angemessene Klugheit“ galten als ihre Gaben. (Zingsem 2008, S. 399 u. 401)

Wer allerdings würde bei „Mauerkrone“ nicht sofort an die große Göttin Kybele denken, sie, die Magna Mater, die Große Mutter, sie geht als „die Göttin mit der Mauerkrone“ unsterblich in die Religionsgeschichte ein. Die Römer nahmen sie mit in ihre Kolonien, wo sie ihr Tempel und Heiligtümer errichteten. So scheinen sich in der Jungfrau des Dreigestirns – bewusst oder unbewusst – die Symbole der größten Göttinnen wieder zu vereinen, allen voran Isis und Kybele. Die dicken langen blonden Flechten, die bis heute das Wahrzeichen der Kölschen Jungfrau sind, erinnern zudem an die „blonde“ Korn- und Erdgöttin Demeter, an das Gold der Ähren und der Sonne. Zöpfe, wie wir sie bereits auf einem Relief der Göttin Inanna aus dem Jahre 2400 v. Chr. bewundern können! (Zingsem 2008, S. 38) Das strohblonde Haar gehört ebenso zu Demeter wie zu den nordischen Göttinnen Freya, Sif oder eben Holle, die allesamt Göttinnen der Erde sind.

Die Gestalt der Jungfrau ist somit weit symbolhaltiger, als man auf den ersten Blick vermuten würde. Auch dass sie von einem Mann ausgefüllt wird, erscheint durchaus sinnvoll, denn die Großen Jungfrauen der Mythologie erscheinen stets als androgyne Wesen. Dabei spielt es keine Rolle, ob man das alles von vorneherein bewusst arrangiert hatte. So wie nach C. G. Jung das Kollektive Unbewusste in unseren persönlichen Träumen auftaucht, so kann es sich sehr wohl auch in kollektiven Träumen Bahn brechen. Und der Kölner Karneval ist ein Traum, den Millionen Menschen träumen und geträumt haben.

Die Jungfrau des Trifoliums wird bis heute unverheiratet vorgestellt, bleibt also auch in diesem Sinne unabhängig. Im Unterschied zu den Prinzenpaaren anderer Karnevalshochburgen wurde in Köln nie der Versuch unternommen, sie mit dem Helden oder Prinzen Karneval dauerhaft zu vermählen. Im Rosenmontagszug fahren sie bis heute auf getrennten Wagen. Zwar stellte man sich eine zeitlang die Jungfrau als die Braut des Bauern vor, doch so richtig durchgesetzt hat sich diese Version nicht. (vgl. Prass/Zöller, S. 42) Dem Helden wurde stattdessen eine andere Frau an die Seite gestellt, die in den ersten Jahrzehnten nach der Reform von 1823 als seine „holde Lebensgefährtin" galt: Die Prinzessin Venetia erschien als die Auserwählte seines Herzens und als seine „ewige Braut" (Prass/Zöller, S. 24 u. 42), die ihm aus dem Süden, aus „Rom" quasi, zugeführt wurde und den Karneval des Südens (Venedig, Viareggio) mit dem Norden vereinen sollte. Die Legende sagte ihnen sogar eine Schar von Kindern nach.

Auch bei der Venetia finden wir schon früh die Symbole alter Göttinnen wieder: Der Wagen, in dem sie 1824 am Rosenmontag beim Helden Carneval vorfuhr, hatte die Form eines Schwans, der des Helden war dagegen als Delphin gebildet. Beide Tiere galten als der Liebesgöttin Aphrodite heilig. Auch später noch wird die Venetia mit den Symbolen der goldenen, muschelgeborenen Liebesgöttin umgeben. Der Wagen von 1878, auf dem sie mit dem Prinzen zusammen thronte, zeigte einen Wasserfall, aus dem Delphine emporschossen. „Die Wassergeister gossen Blumen und Früchte aus Füllhörnern, während die Delphine eine silberne Muschel zogen, die innen vergoldet war.“ Der Thron des Paares befand sich im Inneren der Muschel. (Prass/Zöller, S. 27) Auch der Prinzenwagen von 1889 wurde von einem Schwan gezogen, den die Venetia eigenhändig lenkte. (vgl. Prass/Zöller, S. 40) Danach allerdings verschwand die Prinzessin allmählich aus dem Blickfeld.

Neben der Jungfrau, aber keinesfalls mit ihr identisch, wie immer wieder behauptet wird, fand sich noch eine andere weibliche Gestalt, die der Kölner Karneval mit einer Mauerkrone versah: Es war dies die „Mutter Colonia“. Auch sie wurde oft gezeigt mit einem Füllhorn, das sie über die Bürger der Stadt ausschüttete.

Jungfrau und Colonia können schon deshalb nicht als identisch angesehen werden, weil die Colonia während der Rosenmontagszüge entweder auf dem Prinzenwagen zu Gast war, während zur gleichen Zeit die Jungfrau sich traditionsgemäß ihren Prunkwagen mit dem Bauern teilte. Oder aber die Colonia fuhr im Wagen von Jungfrau und Bauer mit. Im Jahr 1902 saß die Colonia sogar mit der Venetia zusammen im Prinzenwagen. Eher sieht es so aus, als habe die Mutter Colonia allmählich die Prinzessin Venetia abgelöst.

Erst ab dem Jahr 1929 hat es sich überhaupt eingebürgert, die Jungfrau mit einem Mädchennamen zu rufen, in der Regel die weibliche Namensform zum Namen des Mannes, der sie verkörpert: Ist es ein Martin, wird es eine Martina, ist es ein Hans, dann eine Johanna usw. Die Chronistin Ilse Prass meint, dass die Männerrolle sich zunächst ohne Überlegung ergeben habe, weil der Karneval seit eh und je, so weit es um seine organisierte Form geht, „eine reine Männerangelegenheit war. Die traditionsbewussten Gesellschaften, die auch heute noch die meisten Dreigestirne stellen, haben keine Frauen als Mitglieder." (Prass/Zöller, S. 92)

Ein Grund, den sie nicht erwähnt, der jedoch mit Sicherheit eine Rolle gepielt hat, ist die finanzielle Situation. Eine Rolle im Dreigestirn zu übernehmen, erfordert/e nicht nur viel Zeit und großen Idealismus, sondern auch einen erheblichen finanziellen Aufwand. Nicht umsonst kommen die drei Repräsentanten in der Regel aus betuchten, wenn nicht begüterten Kölner Familien. Zu den Zeiten, als sich das Dreigestirn zu etablieren begann, verfügten Frauen so gut wie über kein eigenes Vermögen. Das hat sich im Wesentlichen – Ausnahmen mögen die Regel bestätigen – bis heute nicht verändert. Welche Frau könnte es sich leisten, derart große Summen auszugeben, ohne ihren Mann mit einbeziehen zu müssen? Ganz abgesehen von dem Zeitaufwand, der hier gefordert ist. Da die meisten Frauen, im Unterschied zu den Männern, sehr stark in ihre Familien eingebunden sind, müssten sie in dieser Zeit auf jemanden zurückgreifen können, der ihren Platz einnimmt. Auch dazu haben sich in der Vergangenheit wohl die wenigsten Ehemänner bereit gefunden.

Es gab nur zwei Jahre, in denen die Rolle der Jungfrau von einer Frau übernommen werden musste: 1938 und 1939 erzwangen die Nationalsozialisten diese Änderung, da sie bei Männern in Frauenkleidung einen Verdacht auf Homosexualität hegten, die sie aufs Schärfste bekämpften. Auch die „Tanzmariechen" wurden nun richtige Frauen! „Die Tanzmariechen sind geblieben, denn sie haben mit Charme, Grazie und akrobatischem Können die Männer in den Hintergrund getanzt. Die Jungfrau dagegen wurde wieder ein Mann." (Prass/Zöller, S. 93)

Alles andere wurde als ein Verstoß gegen die Tradition empfunden. Den wahren Grund verrät uns Ilse Prass ein paar Zeilen später: „Eine solch echte Lieblichkeit hätte schnell den Prinzen zur Nebensache abwerten können."

(Prass/Zöller, S. 94) Natürlich betont sie ebenfalls die Vorteile einer „männlichen Jungfrau“, die so witzig und komisch daherkomme, dass man sie in Köln einfach nicht missen wolle. Fest steht, dass eine weibliche Jungfrau aktuell für viele Karnevalsanhänger/innen noch immer eine große Herausforderung bedeuten würde. Prass selbst wirft allerdings auch die Frage auf, ob man sich nicht eine neue Figur ausdenken könnte, „vielleicht eine Mutter Colonia.“ (Prass/ZöllerS. 93) Ein Gedanke, der ausbaufähig wäre. Ich werde darauf zurückkommen.

Während mit dem Symbol der Jungfrau eher die kraft- und machtvolle Seite des Weiblichen betont wird, dazu das jugendlich Frische, das alle Neuanfänge kennzeichnet, würde die Mutter Colonia mehr den fürsorglichen und verantwortungsbewussten Aspekt der reifen Frau hervorheben, die weiß, was sie kann und will, und die deshalb kein Blatt mehr vor den Mund nehmen muss. Nicht umsonst sprechen wir ja von Mutterwitz!

Die aktuelle Jungfrau von 2014 ist übrigens tatsächlich ein Mann mit homosexueller Lebensausrichtung, was offen kommuniziert wird. Dass er außerdem ein exzellenter Tänzer ist, kann der Auslegung der Jungfrauenrolle nur zugute kommen! Bei der Prinzenproklamation wurden nicht nur die Frauen an der Seite von Bauer und Prinz, sondern ganz selbstverständlich auch der Lebensgefährte der Jungfrau vorgestellt. Dem Dreigestirn auf der Bühne – zwei Männer und eine Frau – entsprach so das „zivile“ Dreigestirn von zwei Frauen mit einem Mann, fast so etwas wie eine neue Variante der Elf. Mutig ist es obendrein: In einer Zeit, wo im Süden Deutschlands Unterschriftenlisten und Petitionen kursieren, die sich gegen eine Thematisierung von Homosexualität im Schulunterricht wehren, setzt man in Köln auf die Akzeptanz von Vielfalt. So bekommt der Karneval noch zusätzlich eine aufklärerische Note und zeigt zudem, dass die oft beschworene Toleranz nicht nur ein Wort ist.

2. ... un en ahle Möhn

Zu Weiberfastnacht, dem Tag, der um 11 Uhr 11 die Hoch-Zeit des Karnevals einläutet, steht dann ausgerechnet die alte Frau, die „ahl Möhn“ (alte Muhme) im Vordergrund. Weiberfastnacht, im Rheinland auch „Altweiber“ genannt, gehört traditionell den Möhnen, die als schwarz oder dunkel gekleidete, mit Kopftuch vermummte und zum Teil mit Hexenmasken versehene alte Frauen die Straßen unsicher machen und im Rathaus das Regiment übernehmen. Als Kind fand ich diese Gestalten, vor allem, wenn sie durch die Dämmerung huschten, immer schaurig schön, habe sie aber am liebsten nur von Weitem gesehen. Sie faszinieren ebenso, wie sie Angst einflößen können. Erst recht, wenn sie den Männern – symbolisch – an Kragen und Krawatte gehen. Ihr schwarzes Gewand erinnert an den Tod, an Ende, (Auf-)Lösung und hoffentlich Erfüllung unseres Lebens.

In vielen Gegenden Deutschlands erhielt gleich der gesamte Monat Februar den Namen Weibermonat oder Altweibermonat. Auf diese Weise wurde signalisiert, dass die Winterzeit sich nun dem Ende zuneige und das Abgelebte, Unfruchtbare und Stroherne (wie beim Nubbel) dem Frühlings-Erwachen zu weichen habe. (vgl. Rüttner-Cova, S. 186) Im Brauchtum wurde diese Übergangszeit traditionell mit viel Spaß, ausgelassenen Tänzen und tollem Treiben unterstützt. Im heutigen Altweiber-Donnerstag konzentriert sich somit die Quintessenz des ganzen Monats Februar. Wieder hat sich in den Karneval ein Brauchtum gerettet, das die Kirchen am liebsten abgeschaft hätten: die Verehrung der Frauenkraft, der in heidnischer Zeit ein ganzer Monat gewidmet war. Mit der heute üblichen „Mädchensitzung“ im Kölner Karneval, die standesgemäß zu Altweiber zelebriert wird, stellt man die „lustigen Weiber“ einen ganzen Abend lang in den Mittelpunkt.

Dass ausgerechnet am Tag der Frauen der Straßenkarneval eröffnet wird, ist vielleicht mehr als nur ein Zufall; denn dies war erwiesenermaßen sogar schon Tradition vor 1823, gehört mithin zum echten karnevalistischen Urgestein: Altweiber oder Weiberfastnacht stellt den Karneval in den Schutz und Schatten der Frauen, die in der christlichen Welt nicht gerade den Ton angeben durften. Verkehrte Welt also auch hier!

Die alte Frau wurde früher jedoch sicher mehr geehrt als heute. Die Alte, das war auch die wissende Frau, die Weise, die mit dem Tod spielen kann, weil sie ihn schon kennengelernt und ihm u. U. sein Teil abgetrotzt hat. Mit allen Wassern gewaschen, ist mit ihr nicht gut Kirschen essen. Respekt ist also angesagt.

In der „ahl Möhn" vollendet sich gewissermaßen die Jungfrau. Was die Junge begann, findet in der Alten seinen Kontrapunkt. Beide umschreiben sozusagen den Kreis des Lebens, von der Geburt bis zum Tod, von der Liebe bis zum Leid:

„Du häs e herrlich Laache em Jeseech, du bes en Frau, die Rotz un Wasser kriesch", singen die Bläck Fööss im Refrain ihrer Hymne auf Köln „Du bes die Stadt" und bringen die Ambivalenz damit genau auf den Punkt.

Im Schwarzen liegt die Trauer, doch auch die Fähigkeit zum Neubeginn. Aphrodite, Holle, Demeter, Isis in ihrem dunklen Aspekt waren die Göttinnen, die das Tote ins Leben zurück und Trauer in Freude verwandeln konnten. Genauso wie es bis heute noch von der „Schwarzen Madonna" erwartet wird, die als die machtvollste und heilkräftigste von allen Mariendarstellungen verehrt und angefleht wird. Demeter und Isis – wie auch die hiesige Göttin Holle - mischten sich gern, als alte Frau im schwarzen Gewand verkleidet, unerkannt unter die Menschen, nicht selten, um deren Herz zu prüfen, doch auch um ihnen ihre Gunst zu schenken. Während Demeter noch um die in der

Unterwelt weilende Tochter weint, stiftet sie bereits den Kult in Eleusis, der den Menschen im Durchgang durch eine Todeserfahrung neues Leben bescheren wird.

Demeter, Aphrodite und Isis als schwarze Göttinnen gehen selbst durch Zeiten des Verlusts und der Trauer, bevor sie das Tote in Lebendiges umwandeln können. In der Dreiheit von Jungfrau, Mutter und Alte Frau sind sie zum Symbol der Einheit in der Wandlung, des Todes im Leben und des Lebens im Tod geworden.

Wenn wir die tollen Tage mit Altweiber beginnen, das Alte somit am Anfang steht, dann bewegen wir uns, wie dereinst in den antiken Mysterien und im ursprünglichen christlichen Taufritus, sinnbildlich von West nach Ost, von Tod zu Leben, von Dunkelheit zu Licht, von Alt zu Jung. Womit die Karnevalszeit zu einem echten Jungbrunnen wird, dem Lebenselixier schlechthin! Am Ende wartet allerdings mit der Nubbelverbrennung erneut der Tod: „Et is vorbei, et is vorbei“ – doch: „nächstes Johr fange mer neu wieder aan“, singt Carolin Kebekus mit den „Imis“ bei der Nubbelverbrennung.

Es ist faszinierend zu beobachten, mit wieviel Verständnis die aktuellen Karnevalslieder diese Prozesse auch heute noch begleiten und abbilden.

„Du bes en Jungfrau un en ahle Möhn, du bes uns Mamm un du blievs iwig schön“, das klingt schon verdächtig nach dem Ende von Goethes „Faust II“:

„Jungfrau, Mutter, Königin,
Göttin bleibe gnädig.“

Kybele *(mit Mauerkrone) auf dem Thron,*
flankiert von zwei Löwen
(3. Jh., Neapel, Archäologisches Nationalmuseum)

3. Held, Prinz und Bauer

Die Tore auf, die Herzen auf, der Freudenkönig naht.
Prinzenmotto von 1904

Es hat ein rundes Jahrhundert gedauert, ehe das Dreigestirn zu der Einheit zusammengefunden hat, in der wir es heute kennen und lieben. Seine zentrale Figur bildete ab 1823 zunächst der Held Carneval, der einer romantischen Märchenwelt zu entsteigen schien. Er wurde erst 1871/72 offiziell vom Prinzen abgelöst, obgleich der Aspekt des Heldischen der Figur weiter innewohnte. 1883 hat man den Prinzen erstmals als „Seine Tollität"angeprochen. Von da an bildete er mit Bauer und Jungfrau zusammen eine Einheit. (vgl. Prass/Zöller, S. 32) Auch der Name „Dreigestirn" hat sich verhältnismäßig spät eingebürgert und erst seit 1992 wurde die Prinzenproklamation zur Proklamation des Dreigestirns erweitert. Der Prinz jedoch ist und bleibt das Zentrum. Er ist der Fürst der Freude: Zu allen Zeiten war es seine Aufgabe, das närrische Treiben und den Humor zu hüten und zu bewahren. Als König der Narren wird er in seinem Erscheinungsbild selbst zum Symbol der Freude. Das lässt sich auch am Motto ablesen, das jeder Prinz seiner Regentschaft verleiht und in dem durch alle Sessionen hindurch das Wort Freude überproportional vertreten ist. Wie kann es auch anders sein, wenn noch 1992 betont wird: „Für Spaß an d'r Freud sin mer jebore." Im Jahre 1965 wurde sogar ein „Olympia der Freude" ausgerufen. Das erste Prinzenmotto nach dem 2. Weltkrieg hieß 1949 bezeichnenderweise „Friede und Freude."

„Freude, Frohsinn und Humor", das Motto von 1957; dies ist das eigentliche – ideelle – Dreigestirn, das den Karneval bis heute regiert.

Vom ersten Tag seines Regiments an machte der Held Carneval seinem Namen alle Ehre. Sein Ornat war dem eines Kaisers nachgebildet, zu einem mit Hermelin besetzten Purpurmantel trug er eine goldene Krone mit einem Pfauenschweif. Die Pfauenfedern, die in späteren Zeiten den Hut des Bauern zieren werden, gelten als altes Symbol der Unsterblichkeit und stehen heute für die Unsterblichkeit der Stadt Köln. Damals allerdings sollten sie sicherlich auch dem Helden Carneval zu unsterblichem Ruhm verhelfen. Bei seiner ersten Inthonisation trug er in der rechten Hand ein Zepter, als Zeichen seiner Regentenschaft, und in der Linken eine Pritsche, die er wie eine „Waffe" über sein närrisches Volk schwingen sollte. Sie gilt als das Zeichen seiner Würde. Seit 1823 ist diese Pritsche *das* charakteristische Herrschaftsinsignium des Helden, ohne das er auch in der Gegenwart einfach nicht denkbar wäre. Mit ihrer feierlichen Überreichung erst ist das Karnevalsfest eröffnet. Seit 1936 gibt es eine offizielle Prinzenproklamation, aus deren Anlass der Kölner Oberbürgermeister dem designierten Prinzen Pritsche und Belle übergibt. (vgl. Prass/Zöller, S. 12) Die Pritsche ist ein gut 500 Jahre altes Instrument, das aus dünnem Holz, meist aber aus harten Kartonstreifen gebildet ist, die längs- und zieharmonikaförmig gefaltet sind. Hier ist nicht an ein direktes Zuschlagen, sondern eher an ein symbolisches Disziplinieren gedacht; so wie wir es aus dem Kasperletheater kennen, wenn der Kasper seine Pritsche schwingt und dem Krokodil eins auf die Nase gibt. Neben der Pritsche gehörte auch die Belle, ein kugelförmiges Glöckchen zur Ausstattung des Prinzen.

Held wie auch Prinz stellen den höchsten Repräsentanten des Kölner Karneval dar. Im Rosenmontagszug thront er immer auf dem allerletzten Wagen, der zugleich der größte und prunkvollste des ganzen Unternehmens ist. Sein heutiges Ornat ist der burgundischen Mode aus der zweiten Hälfte des 15. Jahrhunderts nachempfunden, was seiner äußeren Erscheinung ein romantisches Flair verleiht und zugleich zu erkennen gibt, dass er „nicht ganz von dieser Welt“ ist. Ein Prinz der Jecken und ein jecker Prinz. Doch da – nach kölschem Verständnis – jeder Jeck anders (jeck) ist und es daher so viele Abweichungen von der Normalität gibt, wie es Menschen gibt, ist er letztlich auch nur ein Gleicher unter Gleichen, der jeck genug ist, sich für ein solch aufreibendes Amt zur Verfügung zu stellen.

Ab 1926 wurde vom Prinzen erwartet, dass er auf jeder Sitzung eine Rede halten sollte. (vgl. Prass/Zöller, S. 76) Da kommt in einer Session von heute mit bis zu zehn Auftritten pro Tag schon einiges zusammen, selbst wenn man nur ein paar Begrüßungssätze von sich gibt. Das Dreigestirn besucht neben den großen karnevalistischen Sitzungen auch Schulen, Kinderheime, Krankenhäuser, Altersheime, Hospize, „es kommt zur Bundeswehr und zu Schornsteinfegern, zu Kriegsopfern und zu Bürgervereinen“ und schneit sogar mal unverhofft bei kleineren privaten Jubiläumsfeiern zur Tür herein. (Prass/Zöller, S. 120)

„Einmol Prinz zo sin ...“, ein zweites Mal würde man so einen Stress auch kaum durchhalten, ganz zu schweigen von den finanziellen Auslagen, die auch heute noch immens sind. Es wird erwartet, dass man die während der Amtszeit entstehenden Kosten in voller Höhe oder doch zu großen Teilen selbst trägt, sprich für die Erfüllung seines Traums auch die entsprechenden finanziellen Opfer bringt. Was auf der anderen Seite die Institution des Dreigestirns – und mit ihr den Karneval im ganzen – vor allzu großer Kommerzialisierung schützt, deren Einzug sich ohnehin nicht wirklich verhindern lässt.

Die Triumphe, die der Held (und später Prinz) in jeder Karnevalssession feiert, sind von anderer Art als in Mythos oder Politik. Die Drachen, die er seit 1823 zu besiegen hat, heißen Griesgram, Niedergeschlagenheit, Resignation, Gleichgültigkeit und Pessimismus, neuerdings kommt die Zeitkrankheit Burnout dazu. Noch 1983 lautete das Prinzenmotto:

„Vegeßt die Sorgen, dem Griesgram stopp,
mer drei stelle Kölle op d'r Kopp."

Vom ersten Tag, da er die Pritsche mit dem Glöckchen schwang, verfocht der Held den Sieg des Frohsinns und der Freude in oftmals hart bedrängten Zeiten. Er wird als der „König der Freude" ausgerufen, der die Stadt erobert. Er soll mit der Sonne um die Wette strahlen oder sie am besten gleich ganz verkörpern:

„Dort kommt der Held geschritten,
der heut das Zepter führt,
der auf der Völker Bitten
sich mit der Herrschaft ziert.
Er naht – oh, stolze Sonne,
laß ab von deinem Glanz!
Vor lauter Lust und Wonne
Vergehen wir sonst ganz!"

Chr. Samuel Schier

Für zahlreiche Jahre blieb dieses Lied das eigens für die erste Thronbesteigung des Helden Carneval am Rosenmontag verfasst wurde, das Eröffnungslied aller Sitzungen. (vgl. Prass/Zöller, S. 13) Im Triumphwagen aus dem Jahre 1866 „schwebte auf Wolken ein Sonnenball, dessen Strahlen oben eine Krone bildeten. In dieser Krone thronte der Held." (Prass/Zöller, S. 19) Ein anderes Mal steht der Prinz im Wagen vor einem dreiköpfigen Drachen, den er gerade besiegt hat. Aus dem erschlagenen Ungetüm erheben sich zwei Gestalten: Humor und Freude. Er steht auf Weltkugeln zum Zeichen seiner Macht, er wird – in Siegfriedmanier – zum Töter von Drachen stilisiert, die Symbole des

Griesgrams sind, der die Menschen von innen heraus vergiftet. Zu seinen Füßen lässt man einen Brunnen der Freude spudeln. Mutter Colonia setzt ihm einen Lorbeerkranz aufs Haupt, schließlich steht 1897 sogar ein ganzer Rosenmontagszug unter dem Motto „Die Griesgramschlacht"! Sein Wagen ist dabei einem Tempel nachgebildet, vor dem Frauen die Lyra des Apollo spielen und auf dessen Dach der Gott selber als goldene Bildsäule erscheint, während der prinzliche Held nur wenig unterhalb davon auf einem Balkon seine Pritsche schwingt.

All das erreicht einen vorläufigen Gipfel im Rosenmontagszug von 1901, als man den Wagen nach dem Motto gestaltete: „Besuch des Prinzen bei den Gestirnen" (siehe Titelbild). Der Held badet geradezu im Glanz der Sonnenstrahlen und sein Triumphwagen, vorne selbst noch mit einer feurigen Sonne geschmückt, wird von Sonnenrossen gezogen. (vgl. Prass/Zöller, S. 56f) Hier wird er endgültig mit Apollo, dem Sonnengott, gleichgesetzt. Doch auch Venus, die Göttin von Abend- und Morgenstern, ist zugegen in Form von acht- und fünfzackigen Sternen unterschiedlichster Größe. Ganz vorne auf dem Wagen aber schwebt eine schmale Mondsichel wie ein Zeichen aus längst vergangenen Zeiten, da Isis noch als die große Göttin von Colonia Agrippina verehrt wurde. Hier zeigt sich, wie sehr man sich im ersten Jahrhundert nach der Reform des Karnevals dem Mythos noch verbunden fühlte.

Beim Rückgriff auf den Mythos steht auch der Bauer, der Dritte im Bunde, kaum hintenan. Während der Prinz – auch mit seinem jeweiligen Motto – eher für die hochfliegenden Ideale des Karnevals zuständig ist, vertritt der Bauer, getreu seiner „Berufsbezeichnung", mehr den bodenständigen, bukolischen Part des Dreigestirns. Zusammen mit der Jungfrau fährt er im Rosenmontagszug von Anbeginn auf Wagen, die von Weinranken, Weinbergen und Weinkelchen nebst Weinfässern, Früchten, Blumen, Ähren und Füllhörnern nur so überquellen. Häufig ist dazu noch Erntedank das Thema. Schnitterinnen bündeln goldgelbe Ähren zu Garben. Dazu passt – als das unübersehbare Attribut des Bauern – der mannshohe Dreschflegel, den er in der linken Hand trägt.

Seinem Amt kommt zusätzlich eine eher politische Note zu, denn der Bauer wurde schon früh zum Symbol für die Wehrhaftigkeit der Stadt Köln. Insbesondere steht er für die Befreiung der Stadt aus der Macht der Erzbischöfe, die mit der berühmten Schlacht von Worringen aus dem Jahre 1288 verbunden wird. Von dieser Zeit an duldete die Stadt keinen anderen Herren über sich als den Kaiser und das Reich. Diese Art von Freiheitswillen bringt man mit der Gestalt des Bauern zum Ausdruck, der zunächst Schildhalter des Reichswappens, später dann des Stadtwappens wurde. Vor allem ging es wohl darum, sich gegen die Machtansprüche der katholischen Kirche zur Wehr zu setzen. Daran erinnert noch heute der alte Wahlspruch des Bauern: „Halt faß am Rich, du kölsche Boor, mag et fallen söß op soor." (Prass/Zöller, S. 69)

Offensichtlich stand man in Köln dem kaiserlichen Regiment positiv gegenüber, weshalb auch das erste Prinzenkostüm dem kaiserlichen Ornat nachempfunden wurde. Lieber unterstellte man sich weltlicher Regierung als kirchlicher Herrschaft, wofür der Ausgang der Schlacht von Worringen ein entscheidendes Zeichen setzte.

Meiner Meinung nach ist dies ein weiteres Signal dafür, dass der Kölner Karneval mit der Kirche und ihren Reglementierungen ursprünglich nichts zu tun gehabt haben kann. Warum denn sollte der Karneval als Fest einer Institution gefeiert werden, deren aggressive Machtausübung man bereits im Mittelalter ganz entschieden zurückwies? Das ergäbe kaum einen Sinn. Zumal in dieser Zeit die Freudenfeste um die „Wagenschiffe" fröhliche Urständ feierten!

Der robuste Bauer – den man auch „Seine Deftigkeit" nennt – beschützt die Stadt im Äußeren, so wie der Prinz sie im Inneren davor bewahrt, dass ihr der Humor abhanden kommt. Eine durchaus gelungene Arbeitsteilung. Als Bewahrer der Stadt trägt der Bauer sinnigerweise die Stadtschlüssel an seinem Gürtel, die er jedes Jahr anlässlich seiner Proklamation vom Kölner Oberbürgermeister verliehen bekommt. Das Auffälligste am Bauern aber ist sein prachtvoller Hut, auf dem nicht weniger als 125 Pfauenfedern angebracht sind, die ihm ein imposanteres Aussehen als dem Prinzen verleihen. Diese blaugrünen Federn, die wie ein Springbrunnen aus seiner Kopfbedeckung hervorbrechen, sind ein Symbol für die Unsterblichkeit des Stadt Köln. Gleichzeitg könnten die 125 „Pfauenaugen" ein Zeichen für die von einem Beschützer nun mal verlangte Wachsamkeit sein.

Von Außen und ganz unbefangen betrachtet könnte man den Bauern für die machtvollste Erscheinung des Dreigestirns halten. Allein durch seine phantastische Kopfbedeckung überragt er den Prinzen um mehr als Haupteslänge, selbst wenn er klein von Statur ist. Die vier schmächtigen Fasanenfedern, die mittlerweile den Hut des Prinzen kennzeichnen, können da ganz entschieden nicht mithalten. Die Pfauenfedern strahlen daneben wie eine blaugrüne, schillernde Wolke, die wie ein Regenbogen dazu angetan ist, den Himmel mit der Erde zu verbinden.

Die Jungfrau, könnte man sagen, fasst all diese Pracht durch ihre Lieblichkeit zusammen und hält den anderen beiden den Spiegel vor. Bei der Proklamation wird ihr dieser Spiegel feierlich verliehen und natürlich wird er gern als – belangloses – Zeichen weiblicher Eitelkeit gedeutet. Doch der Spiegel galt schon immer als das Symbol des Narren, des Eulenspiegel etwa, weshalb er früh zum Symbol der Selbsterkenntnis wurde. Im Spiegel sehen wir etwas, dessen wir sonst nicht gewahr werden könnten: uns selbst – aber verkehrt herum! In den alten Zeiten, als uns nur die glatte Oberfläche von Brunnen, Teichen und Seen unser Bild zurückwerfen konnte, galt der Spiegel auch als Pforte in die Tiefe und damit in eine Welt, die jenseits unserer alltäglichen Erfahrung lag und die man deshalb bevorzugt mit der Sphäre des Göttlichen verband.

Der Spiegel ist das komplette Abbild der Elf, der Dualität und Ambivalenz der Welt. Es bedurfte der Fähigkeit, sich zu sich selbst in Distanz zu setzen, um zu erkennen, dass der Mensch, der einem aus der Tiefe entgegenblickte, kein anderer war als man selbst. So erfassen auch kleine Kinder erst ab einem bestimmten Alter, dass sie es selbst sind, die sie im Spiegel erblicken, und demente Menschen verlieren diese Fähgkeit manchmal wieder. Das Vermögen zur Selbstdistanzierung, die Bereitschaft, sich selbst „auf die Schüppe zu nehmen", ist sogar die eigentliche Quelle des Humors, der Spiegel in der Hand des Narren/der Närrin mithin ein geradezu ideales Symbol.

Ein Spiegel findet sich oft in den Händen der Liebesgöttinnen, was gern als ein Zeichen ihrer Eitelkeit oder Selbstverliebtheit gedeutet wird. Doch der Spiegel verweist uns auch auf den Gedanken, dass wir ein Du brauchen, um lieben zu können. Ein Du, mit dessen Hilfe wir, wenn wir Glück haben, einander unsere besten Eigenschaften spiegeln.

Darüber hinaus ist die Jungfrau das Symbol der gesamten Stadt Köln. Im Unterschied zu Prinz und Bauer, die jeweils nur einen Teilaspekt verkörpern, ist die Jungfrau genau genommen Grund und Ursache dafür, dass die beiden anderen überhaupt in Aktion treten können. Beide verteidigen das, was die Jungfrau zutiefst repräsentiert: das große Ganze der Stadt, das der Bauer nach Außen hin vor „Feinden" beschützt und dem der Prinz die ideelle Krone der Freude aufsetzt. Doch ohne Stadt, ohne „Mutter Colonia", kein Prinz und auch kein Bauer.

„Jeden Tag bestimmtest du zur Freude.“ Mit diesen Worten wurde in der alten Welt die Göttin Isis gepriesen, die Große Jungfrau, Mutter des Gottes Horus, der in der Antike sowohl mit dem Sonnengott Apollo als auch mit Eros/Amor, dem Gott der Liebe gleichgesetzt wurde. Ihr Gemahl Osiris wurde mit Zepter (Hirtenstab) und „Wedel“ (Geißel) in den Händen dargestellt, wobei vor allem letzterer eine fatale Ähnlichkeit mit dem Dreschflegel des Bauern zu erkennen gibt. (vgl. Keel, S. 67-69) Ist es die alte göttliche Familie, wie sie zur Römerzeit und bis ins vierte nachristliche Jahrhundert hinein in Colonia Agrippina verehrt wurde, die selbst im aktuellen Dreigestirn noch durchscheint? Mit Sicherheit lässt sich so etwas natürlich nicht behaupten, doch von der Hand zu weisen ist es erst recht nicht.

Wie sieht sie aus, diese antike heilige Familie, die es dereinst bis nach Köln am Rhein geschafft hatte? Während Isis, die allumfassende Universalgöttin verkörperte, die als solche auch mit der Göttin Erde eins war, verehrte man ihren Gemahl Osiris als „den Herrn der Nahrung“. Er, so hieß es, hatte Götter wie Menschen erst stark gemacht, indem er die Gerste und den Weizen geschaffen hatte. (vgl. Brunner-Traut, S. 104-105) Er galt zudem als der Spender von Wasser und Wein. Horus, das Kind der Liebe eines solchen Elternpaares, steigt später als strahlender Held und Sonnenfalke an den Himmel (der gleichzeitig der Leib seiner Mutter ist). In der Römerzeit dann wird der Sonnengott zugleich zum Gott der Liebe. Die Ähnlichkeiten sind kaum zu übersehen.

Das Dreigestirn, so könnte man einwenden, soll ja wohl keine Familie darstellen. Und doch wurde es einem fragenden Ausländer gegenüber spontan als „the royal family of Cologne“ ausgegeben. „Treffender“, so applaudiert die Chronistin Ilse Prass, „kann man es nicht sagen.“ (Prass/Zöller, S. 121)

4. Ausblick und Vision

Wie schön, dass es inzwischen die ersten rein weiblichen Karnevalsgesellschaften gibt: die *Colombinen* seit 1999 sowie die *Schmuckstückchen*, die 2008 gegründet wurden. Interessant ist, dass sich diese Colombinen – „de kölsche Düvjer“ – gleich wieder mit dem Symbol der Taube schmücken, dem vielleicht ältesten Symbol der Liebesgöttin überhaupt, das uns seit rund 4000 Jahren bekannt ist. (vgl. Keel, S. 112 –113) Beide Vereine haben übrigens inzwischen Aufnahmestopp, was für Nachholbedarf unter den jecken Frauen spricht. Das sind erste Veränderungen, die Mut machen in Hinblick auch auf eine weibliche Erweiterung des Dreigestirns wie des Kölschen Karneval überhaupt.

Ob man die Rolle der Jungfrau dann endlich wieder mit einer echten Frau besetzen wird? Schön wär's – einerseits. Andererseits aber auch wieder nicht. Was sich lange bewährt hat, kann man nicht so ohne Weiteres aufgeben. Und ein Mann in Frauenkleidern, das hat was, der hat die Lacher wie von selbst auf seiner Seite. (Warum eigentlich?!) - Also dann doch lieber gleich eine Frau ins Prinzenkostüm? Das würde wahrscheinlich erst recht als Sakrileg empfunden, obwohl es durchaus Charme haben könnte.

Frauen in Männerkleidern kennen wir aus dem Berufsleben inzwischen zur Genüge. Eine Gelegenheit, die Männerwelt „auf die Schüppe“ zu nehmen, ergibt sich da allerdings eher selten. Im Prinzenkostüm – nicht als Prinzessin wohlgemerkt (und schon gar nicht als die auf der Erbse) – hätten die Frauen beide Möglichkeiten: Sie könnten in eine führende Männerrolle schlüpfen, zu der sie sich gleichzeitig – auf humorvolle Weise – in Distanz setzen könnten. Indem sie etwa sogenannt „männliche“ Eigenschaften durch

Übertreibung aufs Korn nähmen, würden sie der Männerwelt ihren Spiegel vorhalten.

Denkbar wäre auch, Jungfrau und Prinz in unregelmäßigen Abständen abwechselnd von einer Frau und einem Mann darstellen zu lassen und vor der Session nicht bekanntzugeben, wer in welcher Rolle zu sehen sein wird. So könnte sich – zufällig – durchaus ein Jahr ergeben, in dem gleich beide Rollen mit Frauen besetzt wären. Das würde dem Charakter des Dreigestirns eine neue und überraschende Note verleihen. Und zudem noch an die antike römische Götterdreiheit von Jupiter, Juno und Minerva (griech. Zeus, Hera und Athene) erinnern!

Neuen Wein in alte Schläuche zu füllen, kann immer nur eine Verlegenheitslösung sein. Besser wäre es, gleich ein „neues Fass" aufzumachen, um im Karnevalsjargon zu bleiben. Mit einer Göttin auf dem Prinzenwagen, die hinter dem Prinzen steht, sozusagen als Macht hinter dem Thron – die alte Position der Isis überdies! – könnte man ja mal vorsichtig anfangen. Oder wie wäre es, das Dreigestirn – im Sinne der „Mutter Colonia" – zum Quartett, bzw. zum vierblättrigen Kleeblatt zu erweitern? Um eines Tages mit einer Göttin im Sternenmantel auf einem eigenen Wagen weiterzugehen, pardon zu –fahren. Der natürlich dann als letzter und prachtvollster den Abschluss des Zuges bilden müsste.

Und ich wüsste für den Anfang auch schon ein Lied dazu. Dazu müsste man nur die schöne Komposition von Wicky Junggeburth – „eimol Prinz zo sin" – ein bisschen umdichten:

„Eimol Jöttin sin
in Kölle am Rhing,
hinger nem Dreijestähn
voll Sunnesching,

davon hann ich doch als Mädsche schon jedräump,
eimol Jöttin sin, sonst häs de jet versäump.

Doch dat Jlöck is eetz komplett,
wenn man echte Fründe hätt,
eine Jungfrau janz adrett
mit Boor un Prinz im Quartett.

Wat wör dat schönste Dreijestähn,
ohne Jöttin stünd et halv im Rähn,
die mäht mit üsch hück eine dropp,
dann steht janz Kölle Kopp."

In einer Sitzung könnte man z. B. unter den Klängen von Marita Köllners „Wille wille witt, mer sind se quitt" Prinz und Bauer verabschieden und die Göttin begrüßen, die oben auf der Bühne zusammen mit der Jungfrau noch eine kesse Sohle aufs Parkett legt ... Dies natürlich nicht in dem Sinn, dass man Prinz und Bauer ablehnen wollte; sie gäbe ihnen huldvoll einfach mal ein Viertelstündchen frei, um sich ein frisches Kölsch zu Gemüte zu führen. Zumal die Jungfrau, mit der sie tanzt, ja auch wieder ein Mann sein könnte ... Es ergäben sich also ungeahnte Möglichkeiten.

Da Göttinnen selten bis nie als Alleinherrscherinnen auftreten, könnte man sie – insbesondere im „Göttinnenwagen" – auch als Dreiheit von junger, reifer und alter Frau auftreten lassen. Je nach Lust und Laune könnte „Isis" die Göttinnen – wie auch Götter – anderer Kulturen zu sich auf den Wagen „einladen", so wie weiland der Held Carneval die Venetia als Repräsentantin einer fremden Kultur an seiner Seite hatte. Das verliehe dem Karneval nicht nur eine weibliche Note, sondern würde ihn dazu noch gekonnt interkulturell aufstellen. Köln als Zentrum, in dem die Göttinnen der ganzen Welt sich ein Stelldichein geben. Und das vor den Toren des Kölner Doms und des Erzbischofs. Das hätte mehr als einen Knüller und einen Lacher auf seiner Seite. Das wäre schon exorbitant!

Und wem das jetzt alles zu göttinnenlich angehaucht ist, dem sei noch kurz verraten, dass unser Wort „Frau“ etymologisch identisch ist mit dem Wort „Freyja“, der größten Göttin des germanischen Pantheons. Die Frau ist somit – wie Jacob Grimm betont – ihrem Namen nach bereits Göttin! (vgl. S. 330 und S. 346; vgl. Diederichs, S. 143) Zusätzlich hebt Grimm den Zusammenhang „des wortes frau mit froh und freude“ hervor. (S. 248f; vgl. Zingsem 2008, S. 229 und S. 319)

So werden die Perspektiven einerseits bescheidener, andererseits noch viel „doller“. Hauptsache der Phantasie und dem Humor werden keine Grenzen gesetzt! Und die Stadt würde ein weiteres Mal beweisen, was wir sowieso schon wissen und die Höhner uns immer wieder mit Begeisterung vorsingen:

„Dat Hätz vun der Welt jo dat is Kölle,
dat Hätz vun de Welt dat schlät am Rhing.“

* * *

Triumpfwagen des Prinzen Carneval von 1898
(Kölner Karnevalsmuseum)

Literaturhinweise

Achterberg, Jeanne: Die Frau als Heilerin, München 1991

Alic, Margaret: Hypatias Töchter. Der verleugnete Anteil der Frauen an der Naturwissenschaft, Zürich 1987

Apuleius: Der goldene Esel, übers. v. August Rode, Leipzig 1975

Bergmann, Jan: Ich bin Isis. Studien zum memphitischen Hintergrund der griechischen Isisaretalogien, Lund 1968

Brunner-Traut, Emma: Altägyptische Märchen, Köln 1983

Csampai, Attila u. Holland, Dietmar (Hg.): Wolfgang Amadeus Mozart. Die Zauberflöte. Texte, Materialien, Kommentare, Reinbek 1982

Diederichs, Ulf: Germanische Götterlehre, Köln 1984

Euripides: Die Backchen, übers. u. bearbeitet von Géza Révay, Text der Inszenierung des Theaters „tri-bühne", Stuttgart 1984

Dazu: Wissenschaftliche Kommentare zu Dionysos und den „Bakchen", hg. v. Theater „tri-bühne", Stuttgart 1984, in der Zitation abgekürzt als „Kommentare"

Ferchl, Irene: Annette von Droste-Hülshoff am Bodensee, Tübingen 1998

Findeisen, Hans/Gehrts, Heino: Die Schamanen. Jadghelfer und Ratgeber, Seelenführer und Heiler, Köln 1983

Fischer, Hermann u. a. (Hg.): Pfullingen einst und jetzt, Pfullingen 1982

Frisch, Max: Meisterdramen, Frankfurt 1974

Giebel, Marion: Das Geheimnis der Mysterien. Antike Kulte in Griechenland, Rom und Ägypten, München 1990

Grigson, Geoffrey: Aphrodite – Göttin der Liebe, Bergisch Gladbach 1978

Grimm, Jacob: Deutsche Mythologie, Bände I – III, Wiesbaden 1992

Grimm, Brüder Jacob und Wilhelm: Kinder- und Hausmärchen Bd. 1, Stuttgart 1984

Harding, Esther: Frauenmysterien einst und jetzt, Berlin 1982

Hoefler, Angelika: Namen – Das ausgesprochene Geheimnis. Neue Systeme zur Entschlüsselung der spirituellen Bedeutung unseres Namens, Aitrang 2000

Holzapfel, Otto: Lexikon der abendländischen Mythologie, Köln 2010

Hopfner, Theodor: siehe unter Plutarch

Hornung, Erik: Der Eine und die Vielen, Darmstadt 1971

Ders.: Die Welt als Spiegel der Zeichen, Eranos Jahrbuch 1986, S. 430 – 438

Ders.: Geist der Pharaonenzeit, München 1989

Homerische Hymnen, hg. von Anton Weiher, München 1951

Houston, Jean: The Passion Of Isis And Osiris. A Gateway To Transcendent Love, New York 1995

Imperium der Götter. Isis – Mithras – Christus. Kulte und Religionen im Römischen Reich. Hg. vom Badischen Landesmuseum Karlsruhe, 2013

Jacq, Christian: Die letzten Tage von Philae, Reinbek 1998

Ders.: Osiris. Das Geheimnis der Götter, München 2008

Keel, Othmar: Gott weiblich. Eine verborgene Seite des biblischen Gottes, Freiburg CH 2008

Kutter, Erni: Der Kult der drei Jungfrauen, München 1997

Manniche, Lise: Liebe und Sexualität im alten Ägypten, München 1988

McCants, Glynis: Kleines Handbuch der Numerologie. Was Ihre Zahlen über Sie und Ihr Schicksal verraten, München 2005

McLean, Penny: Numerologie und Schicksal, München 2000

Menge, Hermann/Pertsch, Erich: Langenscheidts Taschenwörterbuch Lateinisch-Deutsch, Berlin 1968

Menzel-Tettenborn, Helga: Lexikothek.Das Reich der Pflanzen, Gütersloh 1978

Merkelbach, Reinhold: Roman und Mysterium in der Antike, München 1962

Moser, Dietz-Rüdiger:Fastnacht-Fasching-Karneval. Das Fest der „Verkehrten Welt“, Köln 1986

Müller, Anna Avital: Vergleich des Karnevals im Mittelalter mit dem Kölner Karneval in der heutigen Zeit, München 2008

Ovid: Metamorphosen, übers. v. Michael von Albrecht, München 1981

Ovid: Die Fasten, Bde 1-2, übersetzt v. Franz Böhmer, Heidelberg 1957 u. 1958

Pennick, Nigel: Das Runenorakel, München 1990

Plutarch: Über Isis und Osiris. Text, Übersetzung und Kommentar in zwei Bänden von Theodor Hopfner, Prag 1940 und 1941

Pollack, Rachel: Tarot – 78 Stufen der Weisheit, Berlin 1983

Prass, Ilse/Zöller, Klaus: Vom Helden Carneval zum Kölner Dreigestirn 1823-1992, Köln 1993

Pritchard, James. B.: The Ancient Near East. An Anthology of Texts and Pictures, Bde. I u. II, Princeton 1973 u. 1975

Quellen persischer Weisheit, St. Gallen 1967

Ranke-Graves, Robert v.: Griechische Mythologie. Quellen und Deutung Bd. 1, Reinbek 1982

Raymond, Janice G.: Frauenfreundschaft. Philosophie der Zuneigung, München 1990

Riedel, Ingrid: Demeters Suche. Mütter und Töchter, Zürich 1986

Rüttner-Cova, Sonja: Frau Holle. Die gestürzte Göttin, Basel 1986

Rüttger, Severin: Der Heiligen Leben und Leiden, Leipzig 1922

Sadat, Jehan: Ich bin eine Frau aus Ägypten, München 1991

Sappho, neu übertragen und kommentiert von Stefanie Preiswerk-zum Stein, Frankfurt 1990

Schulze, Peter H.: Herrin beider Länder. Hatschepsut. Frau, Gott, Pharao, Augsburg 1990

Silver, Jules: Numerologie. Magie und Mystik der Zahlen, München 2000

Sofos: Die Zahl, dein Leben. Eine Numerologie des 21. Jahrhunderts, München 2001

Steiner, Gertraud: Die Frau im Berg. Die Verwandlungsfahrten der Wildfrauen, München 1984

Storm, Hyemeyohsts: Der Gesang des Heyoehkah. Die große Saga einer Visions-Suche, Interlaken 1984

Tedlock, Barbara und Dennis: Über den Rand des tiefen Canyon. Lehren indianischer Schamanen, Köln 1983

Weinreb, Friedrich: Der göttliche Bauplan der Welt. Der Sinn der Bibel nach der ältesten jüdischen Überlieferung, Zürich 1973

Zingsem, Vera: Der Himmel ist mein, die Erde ist mein. Göttinnen großer Kulturen im Wandel der Zeiten, Schalksmühle 2008

Dies.: Freya, Iduna & Thor. Vom Charme der germanischen Göttermythen, Tübingen 2010

Pomaska-Brand-Verlag
Holthausen 1, 58579 Schalksmühle
Telefon 02355-903339 · Fax 903338
mail: info@pomaska-brand-verlag.de
www.pomaska-brand-verlag.de
2 - 2015